Misión de la Universidad
y otros ensayos

José Ortega y Gasset

Misión de la Universidad y otros ensayos

Alianza editorial
El libro de bolsillo

Primera edición: noviembre de 2025

Diseño de colección: Estrada Design
Diseño de cubierta: Manuel Estrada
Fotografía de Javier Ayuso

PAPEL DE FIBRA
CERTIFICADA

Índice

Nota preliminar

El origen del libro *Misión de la Universidad* se halla en una conferencia pronunciada por Ortega el 9 de octubre de 1930 en el Paraninfo de la Universidad Central de Madrid, titulada «Sobre la reforma universitaria», invitado por la Federación Universitaria Escolar (F.U.E.), agrupación estudiantil. Según indica el propio Ortega, la acústica le impidió desarrollarla íntegramente, por lo que pocos días después decidió publicar en *El Sol* las notas preparadas para la conferencia, en una serie de artículos con el título «La misión de la Universidad».

La serie de prensa consta de siete entregas, publicadas los días 12, 17, 19, 24 y 26 de octubre, y 2 y 9 de noviembre de 1930. En diciembre los recoge en forma de libro en cinco capítulos, con título *Misión de la Universidad: sobre reforma universitaria*, en la editorial Revista de Occidente. Y antepone a los artículos una dedicatoria a la F.U.E. y las palabras iniciales de la conferencia del 9 de octubre, con el título «Temple para la reforma». Mantiene estos dos textos en las siguientes ediciones de la obra, en 1932 y 1936, en las *Obras de José Ortega y Gasset*, y en su segunda edición en Revista de Occidente, ya sin el subtítulo y junto con otras dos, *Kant* y *La deshumanización del arte*, en 1936. Pero los elimina cuando incluye la monografía en *El libro de las misiones*, publicado en Buenos Aires en Espasa-Calpe Argentina en 1940, durante su exilio en el país americano tras la Guerra Civil, pues contienen páginas que remitían al contexto del final de la dictadura de Primo de Rivera, en vísperas de las Cortes Constituyentes que proclamarían la II República. En las siguientes ediciones del título y en su inclusión en *Obras* y en *Obras completas* mantendría esta supresión, hasta que, ya de manera póstuma, Paulino Garagorri recupera ambos textos en su edición de 1982. Finalmente, cuando se ofrece de nuevo la monografía separada en la última edición de *Obras completas* de 2004-2010, se publican los textos como anexos al volumen IV. Por ello, incluimos ambos en esta edición, como *Anexos* a la obra: «A la F.U.E. de Madrid», que es la dedicatoria a la agrupación de estudiantes, y «I. Temple para la reforma», que contiene las palabras iniciales de Ortega en su intervención en el Paraninfo. También incluimos un tercer anexo, con título «Misión de la Universidad.– La cuestión fundamental. [Borrador]», la parte del manuscrito preparado para la conferencia que es la versión inicial del primer capítulo del libro. Contiene las páginas del manuscrito a continuación de «Temple para la reforma», preparadas por Ortega como notas a desarrollar en la alocución.

Ofrecemos a continuación los ensayos de Ortega relacionados con la educación y la pedagogía en orden cronológico.

Con «La Universidad española y la Universidad alemana» abrimos el arco de fechas, artículo que vio la luz en seis entregas en *El Imparcial*, entre el 16 de enero y el 28 de febrero de 1906, que Ortega redacta para el periódico familiar durante su estancia de estudios en Alemania y donde compara la organización de los estudios superiores en ambos países. Reproducimos también las tres entregas del ensayo «Moralejas», que publica el mismo periódico entre el 6 de agosto y el 17 de septiembre de ese año. En la tercera, Ortega configura por primera vez la denominada «pedagogía del paisaje». El artículo «Sobre los estudios clásicos», que ofrecemos a continuación, aparece en *El Imparcial* el 28 de octubre de 1907, en el que Ortega reivindica el aprendizaje de la lengua y cultura clásicas. Reproducimos tras él la «Lección del quince de diciembre.– [Escuela Superior del Magisterio]», manuscrito de 1909, publicado póstumamente, preparado para las clases que como profesor de Psicología, Lógica y Ética imparte en la Escuela Superior de Magisterio de Madrid para formar a profesores. Compatibilizaría durante unos años la docencia en la Escuela con la Cátedra de Metafísica de la Universidad Central, que obtendría en 1910. Es necesario señalar que el 12 de marzo de ese año pronuncia su conferencia «La pedagogía social como programa político» en la sociedad «El Sitio» de Bilbao, que supone todo un acontecimiento, donde reclama la absorción de la cultura europea para elevar el nivel de la vida española, publicada en *Meditación de Europa y otros ensayos*, en esta misma colección. En la misma línea, durante su estancia en Alemania pensionado por la Junta de Ampliación de Estudios, en el artículo que recogemos a continuación, «Alemán, latín y griego», publicado en *El*

13

Imparcial el 10 de septiembre de 1911, incide en la importancia de difundir la cultura germánica como vanguardia de la cultura europea. Publicamos después el manuscrito «[La hora del maestro]», datado en 1913 y publicado póstumamente por primera vez por Paulino Garagorri en 1982, que Ortega prepara para su intervención en la clausura de la asamblea de antiguos alumnos de la Escuela Superior del Magisterio. De 1914, recogemos su «Prólogo a *Pedagogía general derivada del fin de la educación*, de J. F. Herbart», publicado en *La Lectura*. El siguiente es «La Universidad de Murcia», publicado en el semanario *España* el 2 de abril de 1915. Incluimos tras él «[La pedagogía de la contaminación]», manuscrito fechado en 1917 por Garagorri cuando lo publica póstumamente, que es el texto de una conferencia pronunciada por el filósofo en la Escuela Superior de Magisterio. Recuperamos también «El *Quijote* en la escuela», ensayo que ve la luz en seis entregas en *El Sol* entre el 16 de marzo y el 22 de junio de 1920, incluido después por Ortega en *El Espectador III*, ya publicado en esta misma colección. Ofrecemos después el ensayo «Pedagogía y anacronismo», que aparece en el número trece de *Revista de Pedagogía* en 1923. A continuación, «[Para los niños españoles]», publicado originalmente sin título por Ortega en 1928 en el libro *Nuestra raza* (Reus, Editorial Hispano-Americana), tanto en la versión facsímil del manuscrito, como en letra de imprenta. El filósofo trata «Sobre el estudiar y el estudiante. (Primera lección de un curso)» en el ensayo que editamos a continuación, que ve la luz en *La Nación* de Buenos Aires el 23 de abril de 1933, en el que reproduce, como su título indica, la primera lección del curso de 1932-1933 «Principios de Metafísica según la razón vital». Tras él, recogemos su ensayo «Sobre las carreras», publicado en cinco entregas también en *La Nación*, donde estudia la relación entre la vocación, los modos de vida humanos y las profesiones.

Tras su exilio por la guerra civil española, en 1948, Ortega pone en marcha en Madrid un proyecto educativo propio en colaboración con su discípulo Julián Marías: el Instituto de Humanidades. El programa del Instituto lo publica ese año con título homónimo, tanto en el número siete de la *Revista de Psicología General y Aplicada*, como en forma de folleto titulado *Aula Nueva: Instituto de Humanidades* en la Imprenta Viuda de Galo Sáez. También recogemos el «[Boletín número uno del Instituto de Humanidades]», escrito ese año con el propósito de intervenir periódicamente en el debate sobre las ciencias de lo humano, pero que no llega a ser publicado hasta 1960. Además, ofrecemos los «[Apuntes para una Escuela de Humanidades en Estados Unidos]», que Ortega envía en carta de 26 de octubre de 1949 a Walter Paepcke respondiendo a su petición de un informe para constituir un instituto acorde en la ciudad estadounidense de Aspen. Paepcke era el promotor del encuentro que había tenido lugar allí en verano a propósito del bicentenario del nacimiento de Goethe. El texto no llegaría a ser publicado hasta 1974, en inglés, con el título «Text of the manuscript notes of José Ortega y Gasset outlining his idea for an eventual Institute for Humanities at Aspen. (October, 1949)», en *Aspen Institute for Humanistic Studies. 1974. 25th. Anniversary Year*, en coedición por Revista de Occidente y Aspen Institute for Humanistic Studies, y posteriormente, en 1982, sería traducido al español por Garagorri con el título actual. Reproducimos más adelante el «Prólogo a *Schuld und Schuldigkeit der Universität*», que escribe para la traducción al alemán de *Misión de la Universidad* por la editorial Oldenbourg en 1952. Finalmente, editamos el último ensayo de tema pedagógico de Ortega, «[Apuntes sobre una educación para el futuro]», que escribe en preparación de sus intervenciones en la reunión organizada por el Fondo para el Progreso de la Educación, promovido por la Ford Foundation, que tuvo lugar en Londres entre el 4 y el 8 de mayo de 1953 y que no veía la luz hasta 1961, publicado en París en el número cincuenta y cuatro de *Cuadernos del Congreso por la Libertad de la Cultura*.

Los volúmenes de esta «Biblioteca de autor José Ortega y Gasset» presentan un texto nacido del trabajo filosófico, filológico e historiográfico del equipo del Centro de Estudios Orteguianos de la Fundación José Ortega y Gasset – Gregorio Marañón. La investigación se ha desarrollado durante más de una década y ha permitido depurar malas lecturas y erratas de ediciones anteriores, al tiempo que se han descubierto numerosos textos desconocidos, algunos de los cuales no se habían vuelto a publicar desde su primera edición y otros eran inéditos; en ambos casos, enriquecen esta «Biblioteca».

Se ofrece al lector el texto según la última versión que el autor publicó. En el caso de la obra editada de forma póstuma, se sigue el manuscrito más próximo a una versión definitiva. El exhaustivo análisis de los testimonios conservados en el archivo del filósofo ha permitido una fijación textual que en numerosos casos difiere de las ediciones anteriores. Se ha respetado esencialmente la puntuación del propio Ortega, aunque se ha revisado en el caso de la obra póstuma. Se conservan los rasgos estilísticos del autor —como por ejemplo su reconocible «rigoroso» frente al más común «riguroso»—, los resaltes expresivos y particularidades morfosintácticas de su uso lingüístico (mayúsculas para remarcar un concepto, concordancias *ad sensum*, leísmos, laísmos), así como las distintas grafías en nombres de personas y lugares.

En la medida de lo posible, se evita la intervención de los editores en el texto, de modo que se mantiene la versión original incluso cuando se ha detectado algún lapsus —generalmente de precisión de una fuente al citar el autor de memoria. No se pretende dar un texto perfeccionado sino aquel que Ortega entregó a las prensas o en el que trabajaba para su publicación si nos referimos a la obra que dejó inédita. Los añadidos de los editores van siempre entre corchetes, así como los títulos que no son originales del filósofo. Las notas al pie de los editores se indican con *.

En la edición de los textos del presente volumen han participado Ignacio Blanco Alfonso e Iván Caja Hernández-Ranera, quienes agradecen el trabajo de investigación y fijación textual previo de sus compañeros Carmen Asenjo Pinilla, Cristina Blas Nistal, Enrique Cabrero Blasco, José Ramón Carriazo Ruiz, María Isabel Ferreiro Lavedán, Iñaki Gabaráin Gaztelumendi, Patricia Giménez Eguíbar, Felipe González Alcázar, Alejandro de Haro Honrubia, Azucena López Cobo, Juan Padilla Moreno, Mariana Urquijo y Javier Zamora Bonilla.

Misión de la Universidad

I

LA CUESTIÓN FUNDAMENTAL

Las condiciones acústicas del Paraninfo universitario me impidieron desarrollar en su integridad mi conferencia «Sobre reforma universitaria». En aquel local, que rezuma la amarga tristeza de todas las capillas exclaustradas —bien que fuese capilla, bien que no lo fuese, mal que sea ex-capilla—, la voz del orador queda en el aire asesinada a pocos metros de la boca emisora. Para hacerse medio oír es forzoso gritar. Gritar es cosa muy diferente de hablar. En el grito, la fonación es otra. No se «dice» la frase en su natural aglutinación, que hace de ella un cuerpo unitario y elástico, sino que es preciso tomar cada palabra, ponerla en la honda del grito, y después de hacer ésta girar, como David frente a Goliat, lanzarla con puntería a la oreja del auditorio.

Esto trae consigo una consecuencia notoria a todo el que perora: la pérdida de tiempo.

Pero no quisiera que por el azar de unos micrófonos ausentes quedase tan manco mi discurso. Dije lo que juzgaba más urgente sobre el temple que los estudiantes deben conquistar si quieren, en efecto y en serio, ocuparse de una reforma universitaria. Es la cuestión preliminar e ineludible si honradamente se considera el estado de ánimo que domina hoy a la clase escolar. Pero luego había que tratar, aunque fuese con riguroso laconismo, el tema visceral de toda la imaginable reforma universitaria, a saber: la misión de la Universidad.

Doy a continuación las notas que sobre este grave asunto llevaba yo al púlpito del Paraninfo. Van en la forma esquemática, a veces de abreviatura o cifra, que para aquel uso era bastante. Sólo agrego ahora los desarrollos que son estrictamente necesarios para hacer inteligibles aquellos lemas.

* * *

La reforma universitaria no puede reducirse, ni siquiera consistir principalmente, a la corrección de abusos. Reforma es siempre creación de usos nuevos. Los abusos tienen siempre escasa importancia. Porque una de dos: o son abusos en el sentido más natural de la palabra, es decir, casos aislados, poco frecuentes, de contravención a los buenos usos, o son tan frecuentes, consuetudinarios, pertinaces y tolerados que no ha lugar a llamarlos abusos. En el primer caso, es seguro que serán corregidos automáticamente; en el segundo, fuera vano corregirlos, porque su frecuencia y naturalidad indican que no son anomalías, sino resultado inevitable de los usos que son malos. Contra éstos habrá que ir y no contra los abusos.

Todo movimiento de reforma reducido a corregir los chabacanos abusos que se cometen en nuestra Universidad llevará indefectiblemente a una reforma también chabacana.

Lo importante son los usos. Es más: un síntoma claro en que se conoce cuándo los usos constitutivos de una institución son acertados, es que aguanta sin notable quebranto una buena dosis de abusos, como el hombre sano soporta excesos que aniquilarían al débil. Pero a su vez una institución no puede constituirse en buenos usos si no se ha acertado con todo rigor al determinar su misión.

Una institución es una máquina, y toda su estructura y funcionamiento han de ir prefijados por el servicio que de ella se espera. En otras palabras: la raíz de la reforma universitaria está en acertar plenamente con su misión. Todo cambio, adobo, retoque de esta nuestra casa que no parta de haber revisado previamente con enérgica claridad, con decisión y veracidad, el problema de su misión, serán penas de amor perdidas.

Por no hacerlo así, todos los intentos de mejora, en algunos casos movidos por excelente voluntad, incluyendo los proyectos elaborados hace años por el Claustro mismo no han servido ni pueden servir de nada, no lograrán lo único suficiente e imprescindible para que un ser —individual o colectivo— exista con plenitud, a saber: colocarlo en su verdad, darle su *autenticidad* y no empeñarnos en que sea lo que no es, falsificando su destino inexorable con nuestro arbitrario deseo.

Entre esos intentos de los últimos quince años —no hablemos de los peores—, los mejores, en vez de plantearse directamente, sin permitirse escape, la cuestión de «¿para qué existe, está ahí y tiene que estar la Universidad?», han hecho lo más cómodo y lo más estéril: mirar de reojo lo que se hacía en las Universidades de pueblos ejemplares.

No censuro que nos informemos mirando al prójimo ejemplar; al contrario, hay que hacerlo; pero sin que ello pueda eximirnos de resolver luego nosotros originalmente nuestro propio destino. Con esto no digo que hay que ser «castizo» y demás zarandajas. Aunque, en efecto, fuésemos todos —hombres o países— idénticos, sería funesta la imitación. Porque al imitar eludimos aquel esfuerzo creador de lucha con el problema que puede hacernos comprender el verdadero sentido y los límites o defectos de la solución que imitamos. Nada, pues, de «casticismo», que es, en España sobre todo, pelo de la dehesa. No importa que lleguemos a las mismas conclusiones y formas que otros países; lo importante es que lleguemos a ellas por nuestro pie, tras personal combate con la cuestión substantiva misma.

Razonamiento erróneo de los mejores: la vida inglesa ha sido, aún es, una maravilla; *luego* las instituciones inglesas de segunda enseñanza tienen que ser ejemplares, *porque* de ellas ha salido aquella vida. La ciencia alemana es un prodigio; *luego* la Universidad alemana es una institución modelo, *puesto que* engendra aquélla. Imitemos las instituciones secundarias inglesas y la enseñanza superior alemana.

El error viene de todo el siglo XIX. Los ingleses derrotan a Napoleón I: «La batalla de Waterloo ha sido ganada por los campos de juego de Eton». Bismarck machaca a Napoleón III: «La guerra del 70 es la victoria del maestro de escuela prusiano y del profesor alemán».

Esto nace de un *error fundamental que es preciso arrancar de las cabezas*, y consiste en suponer que las naciones son grandes *porque* su escuela —elemental, secundaria o superior— es buena. Esto es un residuo de la beatería «idealista» del siglo pasado. Atribuye a la escuela una fuerza que no tiene ni puede tener. Aquel siglo, para entusiasmarse y aun estimar hondamente algo, necesitaba exagerarlo, mitologizarlo. Ciertamente, *cuando* una nación es grande es buena también su escuela. No hay nación grande si su escuela no es buena. Pero lo mismo debe decirse de su religión, de su política, de su economía y de mil cosas más.

La fortaleza de una nación se produce íntegramente. Si un pueblo es políticamente vil, es vano esperar nada de la escuela más perfecta. Sólo cabe entonces la escuela de minorías que viven aparte y contra el resto del país. Acaso un día los educados en ésta influyan en la vida total de su país y al través de su totalidad consigan que la escuela nacional (y no la excepcional) sea buena.

Principio de educación: la escuela, como institución normal de un país, depende mucho más del aire público en que íntegramente flota que del aire pedagógico artificialmente producido dentro de sus muros. Sólo cuando hay ecuación entre la presión de uno y otro aire la escuela es buena.

Consecuencia: aunque fuesen perfectas la segunda enseñanza inglesa y la Universidad alemana, serían intransferibles, porque ellas son sólo una porción de sí mismas. Su realidad íntegra es el país que las creó y mantiene.

Pero, además, este razonamiento erróneo y de circuito corto impidió a los que en él cayeron mirar de frente a esas escuelas y ver lo que ellas, *como tales instituciones* o máquinas, eran. Confundían éstas con lo que en ellas por fuerza había de vida inglesa, de pensamiento alemán. Pero como no es la vida inglesa ni el pensamiento alemán lo que podemos transportar aquí, sino, a lo sumo, sólo las instituciones pedagógicas escuetas y como tales, importa mucho que se mire lo que éstas son por sí, *abstrayendo de las virtudes ambientes y generales de esos países*.

Entonces se ve que la Universidad alemana es, *como institución*, una cosa más bien deplorable. Si la ciencia alemana tuviese que nacer puramente de las virtudes institucionales de la Universidad, sería bien poca cosa. Por fortuna, el aire libre que orea al alma alemana está cargado de incitación y de dotes para la ciencia y suple defectos garrafales de su Universidad. No conozco bien la segunda enseñanza inglesa; pero lo que entreveo de ella me hace pensar que también es defectuosísima como régimen institucional.

Mas no se trata de apreciaciones mías. Es un hecho que en Inglaterra la segunda enseñanza y en Alemania la Universidad están en crisis. Crítica radical de esta última por el primer ministro de Instrucción prusiano después de instaurada la República: Becker. Discusión que sigue desde entonces.

Por contentarse con imitar y eludir el imperativo de pensar o repensar por sí mismos las cuestiones, nuestros profesores mejores viven *en todo* con un espíritu quince o veinte años retrasado, aunque en el detalle de sus ciencias estén al día. Es el retraso trágico de todo el que quiere evitarse el esfuerzo de ser auténtico, de crear sus propias convicciones. El número de años de este retraso no es casual. Toda creación histórica —ciencia, política— proviene de cierto espíritu o modalidad de la mente humana. Esa modalidad aparece con una pulsación o ritmo fijo —con cada generación. Una generación, emanando de su espíritu, crea ideas, valoraciones, etcétera. El que imita esas creaciones tiene que esperar a que estén hechas, es decir, a que concluya su faena la generación anterior, y adopta sus principios cuando empiezan a decaer y otra nueva generación inicia ya su reforma, el reino de un nuevo espíritu. Cada generación lucha quince años para vencer y tienen vigencia sus modos otros quince años. Inexorable anacronismo de los pueblos imitadores o sin autenticidad.

Búsquese en el extranjero información, pero no modelo.

No hay, pues, manera de eludir el planteamiento de la cuestión capital: ¿cuál es la misión de la Universidad?

* * *

¿Cuál es la misión de la Universidad? A fin de averiguarlo, fijémonos en lo que de hecho significa hoy la Universidad, dentro y fuera de España. Cualesquiera sean las diferencias de rango entre ellas, todas las Universidades europeas ostentan una fisonomía que en sus caracteres generales es homogénea[1].

1. Se suele exagerar, por ejemplo, la discrepancia entre la Universidad inglesa y la continental, no advirtiendo que las diferencias mayores no van a cuenta de la Universidad, sino del peculiarísimo carácter inglés. Lo que importa comparar entre unos y otros países es el hecho de las tendencias dominantes hoy en los organismos universitarios, y no el grado de su realización, que es, naturalmente, distinto aquí y allá. Así, la tenacidad conservadora del inglés le hace mantener *apariencias* en sus Institutos superiores que no sólo reconoce él mismo como extemporáneas, sino que en la realidad de la vida universitaria británica valen como meras ficciones. Me parecería ridículo que se creyese alguien con derecho a coartar el albedrío del inglés, censurándole porque se dio el lujo, ya que lo quiso y lo pudo, de sostener, muy a sabiendas, esas ficciones. Pero no sería menos inocente tomarlas en serio, es decir, suponer que el inglés se

Encontramos, por lo pronto, que la Universidad es la institución donde reciben la enseñanza superior casi todos los que en cada país la reciben. El «casi» alude a las Escuelas Especiales, cuya existencia aparte de la Universidad daría ocasión a un problema también aparte. Hecha esta salvedad, podemos borrar el «casi» y quedarnos con que en la Universidad reciben la enseñanza superior todos los que la reciben. Pero entonces caemos en la cuenta de otra limitación más importante que la de las Escuelas Especiales. Todos los que reciben enseñanza superior no son todos los que podían y debían recibirla; son sólo los hijos de clases acomodadas. La Universidad significa un privilegio difícilmente justificable y sostenible. Tema: los obreros en la

hace ilusiones sobre su carácter ficticio. En los estudios sobre la institución universitaria inglesa que he leído se cae siempre en la exquisita trampa de la ironía y del *cant* ingleses. No se advierte que si Inglaterra conserva el *aspecto* no profesional de sus Universidades y la peluca de sus magistrados no es porque se obstine en creer actuales aquél y ésta, sino todo lo contrario, porque son cosas anticuadas, pasado y superfluidad. De otro modo, lujo, deporte, culto y otras cosas más hondas que el inglés busca en esas *apariencias.* Pero, eso sí, bajo la peluca hace manar la justicia más moderna, y bajo el *aspecto* no profesional, la Universidad inglesa se ha hecho en los últimos cuarenta años tan profesional como cualquier otra.

Tampoco tiene la más ligera importancia para nuestro tema radical –misión de la Universidad– que las Universidades inglesas no sean institutos del Estado. Este hecho, de alta significación para la vida e historia del pueblo inglés, no impide que su Universidad actúe en lo esencial como las estatales del continente. Apurando las cosas, vendría a resultar que también en Inglaterra son las Universidades instituciones del Estado, sólo que el inglés entiende por el Estado cosa muy distinta que el continente. Quiero decir con todo esto: primero, que las enormes diferencias existentes entre las Universidades de los distintos países no son tanto diferencias universitarias como de los países, y segundo, que el hecho más saliente de los últimos cincuenta años es el movimiento de convergencia en todas las Universidades europeas, que las va haciendo homogéneas.

Universidad. Quede intacto. Por dos razones: Primera, si se cree debido, como yo creo, llevar al obrero el saber universitario es porque éste se considera valioso y deseable. El problema de universalizar la Universidad supone, en consecuencia, la previa determinación de lo que sea ese saber y esa enseñanza universitarios. Segunda, la tarea de hacer porosa la Universidad al obrero es en mínima parte cuestión de la Universidad y es casi totalmente cuestión del Estado. Sólo una gran reforma de éste hará efectiva aquélla. Fracaso de todos los intentos hasta ahora hechos, como «extensión universitaria», etcétera.

Lo importante ahora es dejar bien subrayado que en la Universidad reciben la enseñanza superior todos los que hoy la reciben. Si mañana la reciben mayor número que hoy, tanta más fuerza tendrán los razonamientos que siguen.

¿En qué consiste esa enseñanza superior ofrecida en la Universidad a la legión inmensa de los jóvenes? En dos cosas:

A) La enseñanza de las profesiones intelectuales.

B) La investigación científica y la preparación de futuros investigadores.

La Universidad enseña a ser médico, farmacéutico, abogado, juez, notario, economista, administrador público, profesor de ciencias y de letras en la segunda enseñanza, etcétera.

Además, en la Universidad se cultiva la ciencia misma, se investiga y se enseña a ello. En España esta función creadora de ciencia y promotora de científicos está aún reducida al mínimum, pero no por defecto de la Universidad, como tal, no por creer ella que no es su misión, sino por la notoria falta de vocaciones científicas y de dotes para la investigación que estigmatiza a nuestra raza. Quiero decir que si en España se hiciese en abundancia ciencia, se haría preferentemente en la Universidad, como acontece, más o menos, en los otros países. Sirva este punto de ejemplo para que no sea necesario repetir lo mismo a cada paso: el terco retraso de España en todas las actividades intelectuales trae consigo que aparezca aquí en estado germinal o de mera tendencia lo que en otras partes vive ya con pleno desarrollo. Para el planteamiento radical del asunto universitario, que ahora ensayo, esas diferencias de grado en la evolución son indiferentes. Me basta con el hecho de que todas las reformas de los últimos años acusan decididamente el propósito de acrecer en nuestras Universidades el trabajo de investigación y la labor educadora de científicos, *de orientar la institución entera en este sentido.* No se me estorbe el andar con objeciones triviales o de mala fe. Es de sobra notorio que nuestros profesores mejores, los que más influyen en el proceso de las reformas universitarias, piensan que nuestro Instituto debe emparejarse en este punto con lo que hasta hoy venían haciendo los extranjeros. Con esto me basta.

La enseñanza superior consiste, pues, en profesionalismo e investigación. Sin afrontar ahora el tema, anotemos de paso nuestra sorpresa al ver juntas y fundidas dos tareas tan dispares. Porque no hay duda: ser abogado, juez, médico, boticario, profesor de Latín o de Historia en un Instituto de Segunda Enseñanza, son cosas muy diferentes de ser jurista, fisiólogo, bioquímico, filólogo, etcétera. Aquéllos son nombres de profesiones prácticas, éstos son nombres de ejercicios puramente científicos. Por otra parte, la sociedad necesita muchos médicos, farmacéuticos, pedagogos; pero sólo necesita un número reducido de científicos[1]. Si necesitase verdaderamente muchos de éstos sería catastrófico, porque la vocación para la ciencia es especialísima e infrecuente. Sorprende, pues, que aparezcan fundidas la enseñanza profesional, que es para todos, y la investigación, que es para poquísimos. Pero quede la cuestión quieta hasta dentro de unos minutos. ¿No es la enseñanza superior más que profesionalismo e investigación? A simple vista no descubrimos otra cosa. No obstante, si tomamos la lupa y escrutamos los planes de enseñanza nos encontramos con que casi siempre se exige al estudiante, sobre su aprendizaje profesional y lo que trabaje en la investigación, la asistencia a un curso de carácter general –Filosofía, Historia.

No hace falta aguzar mucho la pupila para reconocer en esta exigencia un último y triste residuo de algo más grande e importante. El síntoma de que algo es residuo –en biología como en historia– consiste en que no se comprende por qué está ahí. Tal y como aparece no sirve ya de nada, y es preciso retroceder a otra época de la evolución en que se encuentra completo y eficiente lo que hoy es sólo un muñón y un resto[2]. La justificación que hoy se da a aquel

1. Este número tiene que ser mayor que el logrado hasta hoy; pero aun así, incomparablemente menor que el de las otras profesiones.

2. Imagínese el conjunto de la vida primitiva. Uno de sus caracteres generales es la falta de seguridad personal. La aproximación de dos personas es siempre peligrosa, porque todo el mundo va armado. Es preciso, pues, asegurar el acercamiento mediante normas y ceremonias en que conste que se han dejado las armas y que la mano no va súbitamente a tomar una que se lleva escondida. Para este fin, lo mejor es que al acer-

precepto universitario es muy vaga: conviene —se dice— que el estudiante reciba algo de «cultura general».

«Cultura general». Lo absurdo del término, su filisteísmo, revela su insinceridad. «Cultura», referida al espíritu humano —y no al ganado o a los cereales—, no puede ser sino general. No se es «culto» en física o en matemática. Eso es ser sabio en una materia. Al usar esa expresión de «cultura general» se declara la intención de que el estudiante reciba algún conocimiento ornamental y vagamente educativo de su carácter o de su inteligencia. Para tan vago propósito tanto da una disciplina como otra, dentro de las que se consideran menos técnicas y más vagarosas: ¡vaya por la filosofía, o por la historia, o por la sociología!

Pero el caso es que si brincamos a la época en que la Universidad fue creada —Edad Media—, vemos que el residuo actual es la humilde supervivencia de lo que entonces constituía, entera y propiamente, la enseñanza superior.

La Universidad medieval no investiga[1]; se ocupa muy poco de profesión; todo es... «cultura general» —teología, filosofía, «artes».

Pero eso que hoy llaman «cultura general» no lo era para la Edad Media; no era ornato de la mente o disciplina del carácter; era, por el contrario, el sistema de ideas sobre el mundo y la humanidad que el hombre de entonces poseía. Era, pues, el repertorio de convicciones que había de dirigir efectivamente su existencia.

---

carse cada hombre agarre la mano del otro, la mano de matar, que es normalmente la derecha. Éste es el origen y ésta la eficiencia del saludo con apretón de manos, que hoy, aislado de aquel tipo de vida, es incomprensible y, por tanto, un residuo.

1. Lo cual no es decir que en la Edad Media no se investigase.

La vida es un caos, una selva salvaje, una confusión. El hombre se pierde en ella. Pero su mente reacciona ante esa sensación de naufragio y perdimiento: trabaja por encontrar en la selva «vías», «caminos»[1]; es decir: ideas claras y firmes sobre el Universo, convicciones positivas sobre lo que son las cosas y el mundo. El conjunto, el sistema de ellas, es la cultura en el sentido verdadero de la palabra; todo lo contrario, pues, que ornamento. Cultura es lo que salva del naufragio vital, lo que permite al hombre vivir sin que su vida sea tragedia sin sentido o radical envilecimiento.

No podemos vivir humanamente sin ideas. De ellas depende lo que hagamos, y vivir no es sino hacer esto o lo otro. Así el viejísimo libro de la India: «Nuestros actos siguen a nuestros pensamientos como la rueda del carro sigue a la pezuña del buey». En tal sentido —que por sí mismo no tiene nada de intelectualista[2]— *somos* nuestras ideas.

Gedeón, en este caso sobremanera profundo, haría constar que el hombre nace siempre en una época. Es decir, que es llamado a ejercitar la vida en una altura determinada de la evolución de los destinos humanos. El hombre pertenece consubstancialmente a una generación, y toda generación se instala no en cualquier parte, sino muy precisamente sobre la anterior. Esto significa que es forzoso vivir a la *altura de los tiempos*[3], y muy especialmente a la *altura de las ideas del tiempo.*

1. De aquí que en el comienzo de todas las culturas aparezca el término que expresa «camino» —el *hodós* y *méthodos*, de los griegos; el *tao* y el *te*, de los chinos; el *sendero* y *vehículo*, de los indios.
2. Nuestras ideas o convicciones pueden muy bien ser anti-intelectualistas. Así las mías, y, en general, las de nuestro tiempo.
3. Sobre este concepto de «altura de los tiempos», véase mi [libro] *La rebelión de las masas.*

Cultura es el sistema *vital* de las ideas en cada tiempo. Importa un comino que esas ideas o convicciones no sean, en parte ni en todo, científicas. Cultura no es ciencia. Es característico de nuestra cultura actual que gran porción de su contenido proceda de la ciencia; pero en otras culturas no fue así, ni está dicho que en la nuestra lo sea siempre en la misma medida que ahora.

Comparada con la medieval, la Universidad contemporánea ha complicado enormemente la enseñanza profesional que aquélla en germen proporcionaba, y ha añadido la investigación quitando casi por completo la enseñanza o transmisión de la cultura.

Esto ha sido evidentemente una atrocidad. Funestas consecuencias de ello que ahora paga Europa. El carácter catastrófico de la situación presente europea se debe a que el inglés medio, el francés medio, el alemán medio son incultos, no poseen el sistema vital de ideas sobre el mundo y el hombre correspondientes al tiempo. Ese personaje medio es el *nuevo bárbaro, retrasado con respecto a su época, arcaico y primitivo* en comparación con la terrible actualidad y fecha de sus problemas[1]. Este nuevo bárbaro es principalmente el profesional, más sabio que nunca, pero más inculto también —el ingeniero, el médico, el abogado, el científico.

De esa barbarie inesperada, de ese esencial y trágico anacronismo tienen la culpa sobre todo las pretenciosas Universidades del siglo XIX, las de todos los países, y si aquélla, en el frenesí de una revolución, las arrasase, les faltaría la última razón para quejarse. Si se medita bien la cuestión se acaba por reconocer que su culpa no queda compensada

1. En el libro antes citado analizo largamente estos graves hechos.

con el desarrollo, en verdad prodigioso, genial, que ellas mismas han dado a la ciencia. No seamos *paletos* de la ciencia. La ciencia es el mayor portento humano; pero por encima de ella está la vida humana misma que la hace posible. De aquí que un crimen contra las condiciones elementales de ésta no pueda ser compensado por aquélla.

El mal es tan hondo ya y tan grave que difícilmente me entenderán las generaciones anteriores a la vuestra, jóvenes.

En el libro de un pensador chino, que vivió por el siglo IV antes de Cristo, Chuang Tse, se hace hablar a personajes simbólicos, y uno de ellos, a quien llama el Dios del Mar del Norte, dice: «¿Cómo podré hablar del mar con la rana si no ha salido de su charca? ¿Cómo podré hablar del hielo con el pájaro de estío si está retenido en su estación? ¿Cómo podré hablar con el sabio acerca de la Vida si es prisionero de su doctrina?»

* * *

La sociedad necesita buenos profesionales —jueces, médicos, ingenieros—, y por eso está ahí la Universidad con su enseñanza profesional. Pero necesita antes que eso y más que eso asegurar la capacidad en otro género de profesión: la de mandar. En toda sociedad manda alguien —grupo o clase, pocos o muchos. Y por mandar no entiendo tanto el ejercicio jurídico de una autoridad como la presión e influjo difusos sobre el cuerpo social. Hoy mandan en las sociedades europeas las clases burguesas, la mayoría de cuyos individuos es profesional. Importa, pues, mucho a aquéllas que estos profesionales, aparte de su especial profesión, sean capaces de vivir e influir vitalmente según la altura de los tiempos. Por eso es ineludible crear de nuevo en la Universidad la enseñanza de la cultura o sistema de las ideas vivas que el tiempo posee. Ésa es la tarea universitaria radical. Eso tiene que ser, antes y más que ninguna otra cosa, la Universidad.

Si mañana mandan los obreros, la cuestión será idéntica: tendrán que mandar desde la altura de su tiempo; de otro modo serán suplantados[1].

Cuando se piensa que los países europeos han podido considerar admisible que se conceda un título profesional, que se dé de alta a un magistrado, a un médico, sin estar seguro de que ese hombre tiene, por ejemplo, una idea clara de la concepción física del mundo a que ha llegado hoy la ciencia y del carácter y límites de esta ciencia maravillosa con que se ha llegado a tal idea, no debemos extrañarnos de que las cosas marchen tan mal en Europa. Porque no andemos en punto tan grave con eufemismos. No se trata, repito, de vagos deseos de una vaga cultura. La física y su modo mental es una de las grandes ruedas íntimas del alma humana contemporánea. En ella desembocan cuatro siglos de entrenamiento intelectivo, y su doctrina está mezclada con todas las demás cosas esenciales del hombre vigente —con su idea de Dios y de la sociedad, de la materia y de lo que no es materia. Puede uno ignorarla, sin que esta ignorancia implique ignominia ni desdoro ni aun defecto, a saber: cuando se es un humilde pastor en los puertos serranos, o un labrantín adscrito a la gleba, o un obrero manual esclavizado por la máquina. Pero el señor que dice ser

---

1. Como de hecho hoy ya mandan también y comanditan con los burgueses, es urgente extender a ellos la enseñanza universitaria.

médico o magistrado o general o filólogo u obispo —es decir, que pertenece a la clase directora de la sociedad—, si ignora lo que es hoy el cosmos físico para el hombre europeo es un perfecto bárbaro, por mucho que sepa de sus leyes, o de sus mejunjes, o de sus santos padres. Y lo mismo diría de quien no poseyese una imagen medianamente ordenada de los grandes cambios históricos que han traído a la humanidad hasta la encrucijada del hoy (todo hoy es una encrucijada). Y lo mismo de quien no tenga idea alguna precisa sobre cómo la mente filosófica enfronta al presente su ensayo perpetuo de formarse un plano del Universo o de la interpretación que la biología general da a los hechos fundamentales de la vida orgánica.

No se perturbe la evidencia de esto suscitando ahora la cuestión de cómo puede un abogado que no tiene preparación superior en matemática entender la idea actual de la física. Eso ya lo veremos luego. Ahora hay que abrirse con decencia de mente a la claridad que esa observación irradia. Quien no posea la idea física (no la ciencia física misma, sino la idea vital del mundo que ella ha creado), la idea histórica y biológica, ese plan filosófico, no es un hombre culto. Como no esté compensado por dotes espontáneas excepcionales es sobremanera inverosímil que un hombre así pueda en verdad ser un buen médico, o un buen juez, o un buen técnico. Pero es seguro que todas las demás actuaciones de su vida o cuanto en las profesionales mismas trascienda del estricto oficio, resultarán deplorables. Sus ideas y actos políticos serán ineptos; sus amores, empezando por el tipo de mujer que preferirá, serán extemporáneos y ridículos; llevará a su vida familiar un ambiente inactual, maniático y mísero, que envenenará para siempre a sus hijos, y en la tertulia del café emanará pensamientos monstruosos y una torrencial chabacanería.

No hay remedio: para andar con acierto en la selva de la vida hay que ser culto, hay que conocer su topografía, sus rutas o «métodos»; es decir, hay que tener una idea del espacio y del tiempo en que se vive, una cultura actual. Ahora bien: esa cultura, o se recibe o se inventa. El que tenga arrestos para comprometerse a inventarla él solo, a hacer por sí lo que han hecho treinta siglos de humanidad, es el único que tendría derecho a negar la necesidad de que la Universidad se encargue ante todo de enseñar la cultura. Por desgracia, ese único ser que podría con fundamento oponerse a mi tesis sería... un demente.

Ha sido menester esperar hasta los comienzos del siglo XX para que se presenciase un espectáculo increíble: el de la peculiarísima brutalidad y la agresiva estupidez con que se comporta un hombre cuando sabe mucho de una cosa e ignora de raíz todas las demás[1]. El profesionalismo y el especialismo, *al no ser debidamente compensados*, han roto en pedazos al hombre europeo, que por lo mismo está ausente de todos los puntos donde pretende y necesita estar. En el ingeniero está la ingeniería, que es sólo un trozo y una dimensión del hombre europeo; pero éste, que es un *integrum*, no se halla en su fragmento «ingeniero». Y así en todos los demás casos. Cuando, creyendo usar tan sólo una manera de decir barroca y exagerada, se asegura que «Europa está hecha pedazos», se está diciendo mayor verdad que se presume. En efecto: el desmoronamiento de nuestra

---

1. Véase en *La rebelión de las masas* el capítulo titulado «La barbarie del especialismo».

Europa, visible hoy, es el resultado de la invisible fragmentación que progresivamente ha padecido el hombre europeo[1].

La gran tarea inmediata tiene algo de rompecabezas, sea dicho sin alusión contundente. Hay que reconstruir con los pedazos dispersos —*disiecta membra*— la unidad vital del hombre europeo. Es preciso lograr que cada individuo o —evitando utopismos— muchos individuos lleguen a ser, cada uno por sí, entero ese hombre. ¿Quién puede hacer esto sino la Universidad?

No hay, pues, más remedio que agregar a las faenas que hoy ya pretende la Universidad cumplir esta otra inexcusable e ingente.

Por eso, fuera de España se anuncia con gran vigor un movimiento para el cual la enseñanza superior es *primordialmente* enseñanza de la cultura o transmisión a la nueva generación del sistema de ideas sobre el mundo y el hombre que llegó a madurez en la anterior.

Con esto tenemos que la enseñanza universitaria nos aparece integrada por estas tres funciones:

I. Transmisión de la cultura.
II. Enseñanza de las profesiones.
III. Investigación científica y educación de nuevos hombres de ciencia.

¿Hemos contestado con esto a nuestra pregunta sobre cuál era la misión de la Universidad?

---

1. El hecho es tan verdadero, que no sólo puede afirmarse en general y en vago, sino que pueden determinarse con todo rigor las etapas y los modos de esa fragmentación progresiva en las tres generaciones del siglo pasado y la primera del XX.

De ningún modo; no hemos hecho más que reunir en un montón inorgánico todo lo que hoy cree la Universidad que debe ocuparla y algo que, a nuestro juicio, no hace, pero es forzoso que haga. Con esto hemos preparado la cuestión; pero nada más.

Me parece vana o, cuando más, subalterna la discusión trabada hace unos años entre el filósofo Scheler y el ministro Becker sobre si esas funciones han de ser servidas por una sola institución o por varias. Es vana porque a la postre todas ellas se reunirían en el estudiante, todas ellas vendrían a gravitar sobre su juventud.

La cuestión es otra. Ésta:

Aun reducida la enseñanza, como hasta aquí, al profesionalismo y la investigación, forma una masa fabulosa de estudios. Es imposible que el buen estudiante medio consiga ni remotamente aprender de verdad lo que la Universidad *pretende* enseñarle. Ahora bien: las instituciones existen —son necesarias y tienen sentido— porque el hombre medio existe. Si sólo hubiese criaturas de excepción, es muy probable que no hubiese instituciones ni pedagógicas ni de Poder público[1]. Es, pues, forzoso referir toda institución al hombre de dotes medias; para él está hecha y él tiene que ser su unidad de medida.

Supongamos por un momento que en la Universidad actual no aconteciese cosa alguna merecedora de ser llamada abuso. Todo marcha como debe marchar según lo que la Universidad pretende ser. Pues bien: yo digo que aun en-

---

1. El anarquismo es lógico cuando propugna la inutilidad y, en consecuencia, la perniciosidad de toda institución, porque parte de suponer que todo hombre es *a nativitate* excepcional —bueno, discreto, inteligente y justo.

tonces la Universidad actual es un puro y constitucional abuso, porque es una falsedad.

De tal modo es imposible que el estudiante medio aprenda en efecto y de verdad lo que se pretende enseñarle, que se ha hecho constitutivo de la vida universitaria aceptar ese fracaso. Es decir, la norma efectiva consiste hoy en dar por anticipado como irreal lo que la Universidad pretende ser. Se acepta, pues, la falsedad de la propia vida institucional. Se hace de su misma falsificación la esencia de la institución. Ésta es la raíz de todos los males —como lo es siempre en la vida, sea individual o sea colectiva. El pecado original radica en eso: no ser auténticamente lo que se es. Podemos *pretender* ser cuanto queramos, pero no es lícito fingir que somos lo que no somos, consentir en estafarnos a nosotros mismos, habituarnos a la mentira substancial. Cuando el régimen normal de un hombre o de una institución es ficticio, brota de él una omnímoda desmoralización. A la postre se produce el envilecimiento, porque no es posible acomodarse a la falsificación de sí mismo sin haber perdido el respeto a sí propio.

Por eso decía Leonardo: *Chi non può quel che vuol, quel che può voglia.* («El que no puede lo que quiere, que quiera lo que puede»).

Este imperativo leonardesco tiene que ser quien dirija *radicalmente* toda reforma universitaria. Sólo puede crear algo una apasionada resolución de ser lo que estrictamente se es. No sólo la universitaria, sino *toda la vida nueva tiene que estar hecha con una materia cuyo nombre es autenticidad* (¡oigan ustedes bien esto, jóvenes, que si no, están perdidos, que ya empiezan a estarlo!)

Una institución en que se *finge* dar y exigir lo que no se puede exigir ni dar es una institución falsa y desmoralizada. Sin embargo, este principio de la ficción inspira todos los planes y la estructura de la actual Universidad.

Por eso yo creo que es ineludible volver del revés toda la Universidad o, lo que es lo mismo, reformarla radicalmente, partiendo del principio opuesto. En vez de enseñar lo que, según un utópico deseo, *debería* enseñarse, hay que enseñar *sólo* lo que se *puede* enseñar, es decir, lo que se *puede aprender.*

Trataré de desarrollar las implicaciones que van en esa fórmula.

Se trata, en verdad, de un problema más amplio que el de la enseñanza superior.

Es la cuestión capital de la enseñanza en todos sus grados.

¿Cuál fue el gran paso dado en la historia entera de la Pedagogía? Sin duda aquel viraje genial inspirado por Rousseau, Pestalozzi, Fröbel y el idealismo alemán, que consistió en radicalizar algo perogrullesco. En la enseñanza —y más en general en la educación— hay tres términos: lo que habría que enseñar —o el saber—, el que enseña o maestro y el que aprende o discípulo. Pues bien: con inconcebible obcecación, la enseñanza partía del saber y del maestro. El discípulo, el aprendiz, no era principio de la Pedagogía. La innovación de Rousseau y sus sucesores fue simplemente trasladar el fundamento de la ciencia pedagógica del saber y del maestro al discípulo y reconocer que son éste y sus condiciones peculiares lo único que puede guiarnos para construir un organismo con la enseñanza. La actividad científica, el saber, tiene su organización propia, distinta de esta otra actividad en que se pretende enseñar el saber. El principio de la Pedagogía es muy diferente del principio de la cultura y de la ciencia.

Pero hay que dar un paso más. En vez de perderse, desde luego, en estudiar minuciosamente la condición del discípulo como niño, joven, etcétera, es preciso circunscribir, por lo pronto, el tema y considerar al niño, al joven, desde un punto de vista más modesto, pero más preciso, a saber: como discípulo, como aprendiz. Entonces se cae en la cuenta de que, a su vez, no es el niño como niño, ni el joven porque joven, lo que nos obliga a ejercitar una actividad especial que llamamos «enseñanza», sino algo sobremanera formal y simple.

Verán ustedes.

II

PRINCIPIO DE LA ECONOMÍA
EN LA ENSEÑANZA

La ciencia de la Economía política salió de la guerra tan
destrozada como la economía misma de las naciones beli-
gerantes. No ha tenido más remedio que buscar una reconstrucción radical de su propio cuerpo. Aventuras tales
suelen ser benéficas para las ciencias vivas, porque las obligan a buscar un asiento más firme que el usado hasta
entonces, un principio más hondo y elemental. En efecto:
estos años renace de sus cenizas la Economía política, merced a un razonamiento tan perogrullesco que da vergüenza
enunciarlo. Se dice: la *ciencia* económica tiene que partir
del principio mismo que engendra la *actividad* económica del
hombre. ¿Por qué acontece que la especie humana ejercita

actos económicos, producción, administración, cambio, ahorro, valoración, etcétera? Por una razón estupefaciente y sólo por ella: porque muchas de las cosas que desea y necesita no se dan con absoluta abundancia. Si de todo lo que habemos menester hubiese copia sobrada, no se les habría ocurrido a los humanos fatigarse en esfuerzos económicos. Así, el aire no suele ocasionar ocupaciones que puedan llamarse económicas. Sin embargo, basta que en algún sentido adquiera el aire la condición de escasez para que inmediatamente suscite faenas de economía. Por ejemplo: los niños reunidos en el aula escolar necesitan una cierta cantidad de aire. Si el local escolar es pequeño, hay escasez de él. Entonces plantea un problema económico, obligando a construir escuelas más grandes y, consecuentemente, más caras.

Aunque hay en el planeta aire de sobra, no todo él es de la misma calidad. El «aire puro» se da sólo en ciertos lugares de la tierra, a cierta altura sobre el nivel del mar, bajo un clima determinado. Es decir, el «aire puro» es escaso. Este simple hecho provoca una intensa actividad económica en los suizos —hoteles, sanatorios—, que con la «escasa» primera materia de su aire puro fabrican salud a tanto el día.

La cosa, repito, es de una simplicidad estupefaciente, pero innegable; la escasez es el principio de la actividad económica, y por eso, hace unos años, el sueco Cassel renovó la ciencia económica partiendo del *principio de la escasez*[1]. «Si existiese el movimiento continuo no habría física», ha

1. Véase Gustavo Cassel, *Theoretische Sozialoekonomie*, 1921, págs. 3 y sigs. En parte significa un retorno a ciertas posiciones de la economía clásica frente a la de los últimos sesenta años.

dicho muchas veces Einstein. Lo mismo puede decirse que en Jauja no hay actividades económicas y, por consiguiente, ciencia de la Economía.

Pues yo encuentro que con la enseñanza nos acaece algo parecido. ¿Por qué existen actividades docentes? ¿Por qué es la Pedagogía una ocupación y una preocupación del hombre? A estas preguntas daban los románticos las respuestas más lucidas, conmovedoras y trascendentes, mezclando en ellas todo lo humano y buena porción de lo divino. Para ellos se trataba siempre de sacar las cosas de quicio, de exorbitarlas y hojarascarlas melodramáticamente. Pero nosotros —¿no es cierto, jóvenes?— nos complacemos sencillamente en que las cosas sean, por lo pronto, lo que son, y nada más; amamos su desnudez. No nos importan el frío, la intemperie. Sabemos que la vida es —sobre todo, va a ser— dura. Aceptamos su rigor; no intentamos sofisticar el destino. Porque sea dura no deja de parecernos magnífica la vida. Al contrario, si es dura, es sólida, magra: tendón y nervio; sobre todo, limpia. Queremos limpieza en nuestro trato con las cosas. Por eso las desnudamos y, nudificadas, las lavamos al mirarlas, viendo lo que ellas son *in puris naturalibus*.

El hombre se ocupa y preocupa de enseñanza por una razón tan simple como seca y tan seca como lamentable: para vivir con firmeza, desahogo y corrección hace falta saber una cantidad enorme de cosas, y el niño, el joven, tienen una capacidad limitadísima de aprender. Ésta es la razón. Si la niñez y la juventud durasen cada una cien años, o el niño y el joven poseyesen memoria, inteligencia y atención en dosis prácticamente ilimitada, no existiría la actividad docente. Todas aquellas razones conmovedoras y trascendentes hubieran sido inoperantes para obligar al hombre a constituir el tipo de existencia humana que se llama «maestro».

La escasez, la limitación en la capacidad de aprender, es el principio de la instrucción. Hay que preocuparse de enseñar exactamente en la medida en que no se puede aprender.

¿No era demasiado casual que la actividad pedagógica entre en plena erupción hacia mediados del siglo XVIII, y desde entonces no haya hecho sino crecer? ¿Por qué no antes? La explicación es sencilla: justamente en esta fecha viene a granar la primera gran cosecha de la cultura moderna. En poco tiempo aumenta gigantescamente el tesoro de efectivo saber humano. La vida, entrando de lleno en el nuevo capitalismo, que los recientes inventos habían hecho posible, adquiere una gran complicación y exige creciente pertrecho de técnicas. Por eso, porque era forzoso saber muchas cosas cuya cuantía desbordaba la capacidad de aprender, se intensifica y amplía también de pronto la actividad pedagógica, la enseñanza.

En cambio, apenas si hay enseñanza en las épocas primitivas. ¿Para qué, si apenas hay que enseñar, si la facultad de aprendizaje supera con mucho la materia asimilable? Sobra capacidad. Sólo hay algunos *saberes*: ciertas recetas mágicas y rituales para fabricar los más difíciles utensilios —por ejemplo, la canoa—, o bien para curar enfermedades y distraer a los demonios. Sólo esto hay de enseñable. Pero precisamente porque es tan poco, cualquiera, sin más, sin apreciable esfuerzo lo aprendería. Entonces se produce un fenómeno sorprendente, que de la manera más inesperada confirma mi tesis. En efecto: la enseñanza aparece en los pueblos primitivos con un aspecto inverso: la función de enseñar consiste —¿quién lo diría?— en ocultar. Aquellas recetas se conservan como un secreto que se transmite arcanamente a unos pocos. Los demás las aprenderían demasiado pronto. De ahí el hecho universal de los ritos técnicos secretos.

Es tan tenaz, que reaparece a cualquier altura de la civilización siempre que surge una especie novísima de saber, superior cualitativamente a todos los conocidos. Como de ese nuevo saber admirable sólo hay al comienzo poca cantidad —es un germen, un primer botín—, vuelve a hacerse secreta su enseñanza. Así aconteció con la filosofía exacta de los pitagóricos; así con un pedagogo tan consciente como Platón. Pues qué, ¿no está ahí su famosa carta séptima, escrita no más que para protestar como de un crimen nefando contra la acusación de haber enseñado su filosofía a Dionisio de Siracusa? Toda enseñanza primitiva, en que hay poco que enseñar, es esotérica, ocultadora; por tanto, es lo contrario de la enseñanza.

Ésta brota cuando el saber que es preciso adquirir contrasta con la limitación en la facultad de aprender. Hoy más que nunca el exceso mismo de riqueza cultural y técnica amenaza con convertirse en una catástrofe para la humanidad, porque a cada nueva generación le es más difícil o imposible absorberla.

Urge, pues, instaurar la ciencia de la enseñanza, sus métodos, sus instituciones, partiendo de este humilde y seco principio: el niño o el joven es un discípulo, un aprendiz, y esto quiere decir que *no* puede aprender todo lo que habría que enseñarle. *Principio de la economía en la enseñanza.*

Como no podía menos, esta consideración ha actuado siempre en la acción pedagógica; pero sólo por la fuerza de las cosas y subsidiariamente. Nunca se ha hecho de ella un principio, tal vez porque a primera vista no es melodramática, no habla de cosas complicadas y trascendentes.

La Universidad, tal y como hoy se presenta fuera de España más aún que en España, es un bosque tropical de enseñanzas. Si a ellas añadimos lo que antes nos pareció más ineludible —la enseñanza de la cultura—, el bosque crece hasta cubrir el horizonte; el horizonte de la juventud, que debe estar claro, abierto y dejando visibles los incendios incitadores de ultranza. No hay más remedio que revolverse ahora contra esa inmensidad y usar del principio de economía, por lo pronto, como un hacha. *Primero*, poda inexorable.

El principio de economía no sugiere sólo que es menester economizar, ahorrar en las materias enseñadas, sino que implica también esto: *en la organización de la enseñanza superior, en la construcción de la Universidad, hay que partir del estudiante*, no del saber ni del profesor. *La Universidad tiene que ser la proyección institucional del estudiante*, cuyas dos dimensiones esenciales son: una, lo que él es: escasez de su facultad adquisitiva de saber; otra, lo que él necesita saber para vivir.

(—En el movimiento estudiantil de ahora intervienen muchos ingredientes. Si los ciframos convencionalmente en diez, siete de ellos son pura jarana. Pero los otros tres son perfectamente razonables y bastan y sobran para justificar la agitación escolar. Uno es la inquietud política del país, la sustancia nacional que se estremece; otro es la serie de concretos e increíbles abusos que cometen algunos profesores; pero el tercero, que es el más importante y decisivo, actúa en los escolares sin que se den cuenta clara de él. Consiste en que no ellos, ni nadie en particular, sino el tiempo, la situación actual de la enseñanza en todo el mundo, obliga a que *de nuevo* se centre la Universidad en el estudiante, que la Universidad vuelva a ser ante todo el estudiante y no el profesor, como lo fue en su hora más auténtica. Las necesidades del tiempo operan inevitablemente, aunque los hombres movidos por ellas no se den cuenta clara ni sepan definirlas o nombrarlas. Es preciso que los estudiantes eliminen los ingredientes torpes de su movimiento y acentúen estos otros en que tienen toda la razón, sobre todo el último)[1].

Hay que partir del estudiante medio y considerar como núcleo de la institución universitaria, como su torso o figura primaria, *exclusivamente* aquel cuerpo de enseñanzas que se le pueden con absoluto rigor exigir, o lo que es igual, aquellas enseñanzas que un buen estudiante medio puede de verdad aprender. Eso, repito, deberá ser la Universidad en su sentido primero y más estricto. Ya veremos cómo la Universidad tiene que ser además y luego algunas otras cosas no menos importantes. Pero ahora lo importante es no

---

1. Hasta en un sentido casi material tiene que ser la Universidad primariamente el estudiante. Es absurdo que, como hasta aquí, se considere el edificio universitario como la casa del profesor, que recibe en ella a los discípulos, cuando debe ser lo contrario: los inmediatos dueños de la casa son los estudiantes, completados en cuerpo institucional con el claustro de profesores. Es preciso acabar con el bochorno de que sean los profesores, con la guardia suiza de los bedeles, quienes mantienen la disciplina corporal dentro de la Universidad, dando lugar a esas batallas vergonzosas en que aparecen, de un lado, los catedráticos y sus subalternos; de otro, la horda escolar. Sólo la estupidez puede tranquilizarse con echar la culpa de escenas tales a los estudiantes. Cuando hechos tan repugnantes se producen, y además con frecuencia, no tiene nadie en particular la culpa, sino la institución misma, que está mal planteada. Son los estudiantes quienes, previamente organizados para ello, deben dirigir el orden interior de la Universidad, asegurar el decoro de los usos y maneras, imponer la disciplina material y sentirse responsables de ella.

confundir todo y separar enérgicamente los distintos órganos y funciones de la gran institución universitaria.

¿Cómo determinar el conjunto de enseñanzas que han de constituir el torso o *mínimum* de Universidad? Sometiendo la muchedumbre fabulosa de los saberes a una doble selección.

1.º Quedándose sólo con aquéllos que se consideren estrictamente necesarios para la vida del hombre que hoy es estudiante. La vida efectiva y sus ineludibles urgencias es el punto de vista que debe dirigir este primer golpe de podadera.

2.º Esto que ha quedado por juzgarlo estrictamente necesario tiene que ser aún reducido a lo que de hecho puede el estudiante aprender con holgura y plenitud.

No basta que algo sea necesario. A lo mejor, aunque necesario, supera prácticamente las posibilidades del estudiante, y sería utópico hacer aspavientos sobre su carácter de imprescindible. No se debe enseñar sino lo que se puede de verdad aprender. En este punto hay que ser inexorable y proceder a rajatabla.

III

LO QUE LA UNIVERSIDAD TIENE
QUE SER «PRIMERO».
LA UNIVERSIDAD, LA PROFESIÓN Y LA CIENCIA

Aplicando estos principios nos encontramos con los siguientes lemas:

A) La Universidad consiste, *primero y por lo pronto*, en la enseñanza superior que debe recibir el hombre medio.

B) Hay que hacer del hombre medio, *ante todo*, un hombre culto —situarlo a la altura de los tiempos. Por tanto, la función *primaria y central* de la Universidad es la enseñanza de las grandes disciplinas culturales.

Éstas son:

1. Imagen física del mundo (Física).
2. Los temas fundamentales de la vida orgánica (Biología).
3. El proceso histórico de la especie humana (Historia).
4. La estructura y funcionamiento de la vida social (Sociología).
5. El plano del Universo (Filosofía).

C) Hay que hacer del hombre medio un buen profesional. Junto al aprendizaje de la cultura la Universidad le enseñará, por los procedimientos intelectualmente más sobrios, inmediatos y eficaces, a ser un buen médico, un buen juez, un buen profesor de Matemáticas o de Historia en un Instituto. Pero lo específico de la enseñanza profesional no aparecerá claro mientras no discutamos el lema.

D) No se ve razón ninguna densa para que el hombre medio necesite ni deba ser un hombre científico. Consecuencia escandalosa: la ciencia en su sentido propio, esto es, la investigación científica, no pertenece de una manera inmediata y constitutiva a las funciones *primarias* de la Universidad ni tiene que ver *sin más ni más* con ellas. En qué sentido, no obstante, la Universidad es inseparable de la ciencia y por tanto tiene que ser *también* o *además* investigación científica, es cosa que más adelante veremos.

Es lo más probable que sobre esta opinión heterodoxa caiga el diluvio de tonterías que sobre cualquier asunto amenaza siempre desde el horizonte, torrencial como panza de nube gorda. No dudo de que existan objeciones serias a mi tesis; pero antes de que éstas lleguen se producirá la habitual erupción en el volcán de lugares comunes que es todo hombre cuando habla de una cosa sin haber pensado antes en ella.

Este plan universitario supone en el lector la benévola resolución de no querer confundir tres cosas que son de sobra diferentes: cultura, ciencia y profesión intelectual. Evitemos que todos los gatos se nos vuelvan pardos, porque ello acusaría en nosotros un inmoderado apetito de nocturnidad.

Ante todo separemos profesión y ciencia. Ciencia no es cualquier cosa. No es ciencia comprarse un microscopio o barrer un laboratorio; pero *tampoco lo es explicar o aprender el contenido de una ciencia*. En su propio y auténtico sentido, ciencia es sólo investigación: plantearse problemas, trabajar en resolverlos y llegar a una solución. En cuanto se ha arribado a ésta, todo lo demás que con esta solución se haga[1] ya no es ciencia. *Por eso no es ciencia aprender una ciencia ni enseñarla*, como no lo es usarla ni aplicarla. Tal vez convenga —ya veremos con qué reservas— que el hombre encargado de enseñar una ciencia sea por su persona un científico. Pero en puro rigor no es necesario, y de hecho ha habido y hay formidables maestros de ciencias que no son investigadores, es decir, científicos. Basta con que sepan su ciencia. Pero saber no es investigar. Investigar es descubrir una verdad, o su inverso: demostrar un error. Saber es simplemente enterarse bien de esa verdad, poseerla una vez hecha, lograda.

En los comienzos de la ciencia, allá en Grecia, cuando aún no había apenas ciencia hecha, no se corría el mismo riesgo que ahora de confundirla con lo que no es ella. Has-

---

1. Salvo volverla a poner en cuestión, convertirla de nuevo en problema (criticarla) y, por tanto, reiterar todo el proceso en que consiste la investigación.

ta el punto de que las palabras con que se la denominaba mostraban a la intemperie su estricto consistir en pura búsqueda, trabajo creador, investigación. Todavía el contemporáneo de Platón, y aun de Aristóteles, carecía de un término que correspondiese exactamente —incluso en sus valores equívocos— a nuestro vocablo ciencia. Decía «historia», «exétaxis», «filosofía», que significan —con uno u otro matiz— ocupación, ejercicio, indagación, tendencia; pero no posesión. El nombre mismo «filosofía» se originó en el empeño de no confundir la sólita sabiduría con aquel género de actividad nueva que no era *encontrarse sabiendo*, sino *buscar un saber*[1].

La ciencia es una de las cosas más altas que el hombre hace y produce. Desde luego es cosa más alta que la Universidad en cuanto ésta es institución *docente*. Porque la ciencia es creación, y la acción pedagógica se propone sólo enseñar esa creación, transmitirla, inyectarla y digerirla. Es cosa tan alta la ciencia, que es delicadísima y —quiérase o no— excluye de sí al hombre medio. Implica una vocación peculiarísima y sobremanera infrecuente en la especie humana. El científico viene a ser el monje moderno.

Pretender que el estudiante normal sea un científico es, por lo pronto, una pretensión ridícula que sólo ha podido abrigar (las pretensiones se abrigan, como los catarros y demás inflamaciones) el vicio de utopismo característico de las generaciones anteriores a la nuestra. Pero además no es tampoco deseable ni aun idealmente. La ciencia es una de

---

1. La voz *episteme* corresponde más bien al conjunto de significados que remueve en nosotros la voz *conocimiento*. Sobre la extrañeza por la novedad del nombre *filosofía* recuérdese lo de Cicerón en *Tusculanae disputationes*, V, 3.

las cosas más altas, pero no la única. Hay otras pares a su lado, y no hay razón para que aquélla llene a la humanidad, desalojando éstas. Y, sobre todo, la ciencia es de lo más alto: la ciencia, pero no el científico. El hombre de ciencia es un modo de existencia humana tan limitado como otro cualquiera, y aun más que algunos imaginables y posibles. Yo no puedo ni quiero extenderme ahora en el análisis de lo que es ser hombre de ciencia. La ocasión no es oportuna, y algo de lo que dijese podría parecer nocivo. Resumo sólo lo urgente haciendo notar que con notoria frecuencia el *verdadero* científico ha sido, hasta ahora al menos, como hombre, un monstruo, un maniático, cuando no un demente. Lo valioso, lo maravilloso, es lo que ese hombre limitadísimo segrega: la perla, no la ostra perlera. No vale «idealizar» y presentarnos como ideal que todos los hombres fuesen de ciencia, sin hacerse bien cargo de todas las condiciones —prodigiosas unas, semimorbosas otras— que hacen posible normalmente al científico[1].

Es preciso separar la enseñanza profesional de la investigación científica y que ni en los profesores ni en los muchachos se confunda lo uno con lo otro, so pena de que, como ahora, lo uno dañe a lo otro. Sin duda el aprendizaje profesional incluye muy principalmente la recepción del contenido sistemático de no pocas ciencias. Pero se trata del *contenido*, no de la investigación, que en él termina. En tesis general, el estudiante o aprendiz normal no es un aprendiz científico. El médico tiene que aprender a curar, y en cuan-

---

1. Es notoria, por ejemplo, la facilidad con que los científicos se han entregado siempre a las tiranías. Esto ni es un azar ni casi una responsabilidad. Tiene una causa honda y seria y hasta respetabilísima.

to médico, no tiene que aprender más: para ello necesita conocer el sistema de la fisiología *clásico* en su tiempo; pero ni necesita ser ni hay que soñar en que sea, hablando en serio, un fisiólogo. ¿Por qué empeñarse en lo imposible? No comprendo. A mí me produce repugnancia ese prurito de hacerse ilusiones (hay que tenerlas, pero no hacérselas), esa constante megalomanía, ese utopismo obstinado en fingirse que se consigue lo que no se consigue. El utopismo lleva a la pedagogía de Onán.

La virtud del niño es el deseo, y su papel, soñar. Pero la virtud del hombre es querer, y su papel, hacer, realizar[1]. El imperativo de hacer, de conseguir efectivamente algo, nos fuerza a limitarnos. Y eso, limitarse, es la verdad, la autenticidad de la vida. Por eso toda vida es destino. Si fuese nuestra existencia ilimitada en formas posibles y en duración, no habría destino. ¡Jóvenes, la vida auténtica consiste en la alegre aceptación del inexorable destino, de nuestra incanjeable limitación! Eso es lo que con honda intuición llamaban los místicos hallarse en «estado de gracia». El que de verdad ha aceptado una vez *su* destino, su limitación, quien les ha dicho «sí», es inconmovible. *Impavidum ferient ruinae!*

El que tiene vocación de médico y nada más, que no flirtee con la ciencia: hará sólo ciencia chirle. Ya es mucho, ya es todo, si es buen médico. Lo mismo digo del que va a ser profesor de Historia en un Instituto de Segunda Enseñanza. ¿No es un error perturbarlo en la Universidad haciéndole creer que va a ser un historiador? ¿Qué se gana con

---

1. El querer se diferencia del deseo en que es siempre un *querer hacer, querer lograr.*

ello? Hacerle perder tiempo con el estudio fracasado de técnicas necesarias para la ciencia de la Historia, pero sin sentido para un profesor de Historia, y quitárselo para que llegue a poseer una idea clara, estructurada y sencilla del cuerpo general de la historia humana que es su misión enseñar[1].

Ha sido desastrosa la tendencia que ha llevado al predominio de la «investigación» en la Universidad. Ella ha sido la causa de que se elimine lo principal: la cultura. Además, ha hecho que no se cultive intensamente el propósito de educar profesionales *ad hoc*. En las Facultades de Medicina se aspira a que se enseñe hiperexacta fisiología o química superferolítica; pero tal vez en ninguna del mundo se ocupa nadie en serio de pensar qué es hoy ser un buen médico, cuál debe ser el tipo modelo del médico actual. La profesión, que después de la cultura es lo más urgente, se deja a la buena de Dios. Pero el daño que esta confusión acarrea es recíproco. También la ciencia padece de este utópico acercamiento a las profesiones.

La pedantería y la falta de reflexión han sido grandes agentes de este vicio de «cientificismo» que la Universidad padece. En España comienzan ambas potencias deplorables a representar un gravísimo estorbo. Cualquier pelafustán que ha estado seis meses en un laboratorio o seminario alemán o norteamericano, cualquier sinsonte que ha hecho un descubrimientillo científico, se repatría convertido en un «nuevo rico» de la ciencia, en un *parvenu* de la investiga-

---

1. Ni que decir tiene, ha de enseñársele también en qué consisten las técnicas por las cuales se obtiene la Historia. Pero esto no significa que se le fuerce a adquirir esas técnicas.

ción. Y sin pensar un cuarto de hora en la misión de la Universidad, propone las reformas más ridículas y pedantes. En cambio, es incapaz de enseñar su «asignatura», porque ni siquiera conoce íntegra la disciplina.

Hay, pues, que sacudir bien de ciencia el árbol de las profesiones, a fin de que quede de ella lo estrictamente necesario y pueda atenderse a las profesiones mismas, *cuya enseñanza se halla hoy completamente silvestre*. En este punto todo está por iniciar[1]. Una ingeniosa racionalización pedagógica permitiría enseñar mucho más eficaz y redondeadamente las profesiones, en menos tiempo y con mucho menos esfuerzo.

Pero ahora acudamos a la otra distinción entre ciencia y cultura.

---

1. La misma idea o prototipo de cada profesión —lo que es ser médico, juez, abogado, profesor de Instituto, etcétera— no está hoy dibujado en la mente pública, ni nadie se ocupa de estudiarlo y fijarlo.

IV

CULTURA Y CIENCIA

Si resumimos el sentido de las relaciones entre profesión y ciencia, nos encontramos con algunas ideas claras. Por ejemplo, que la Medicina no es ciencia. Es precisamente una profesión, una actividad práctica. Como tal, significa un punto de vista distinto del de la ciencia. Se propone curar o mantener la salud en la especie humana. A este fin echa mano de cuanto parezca a propósito: entra en la ciencia y toma de sus resultados cuanto considera eficaz; pero deja el resto. Deja de la ciencia sobre todo lo que es más característico: la fruición por lo problemático. Bastaría esto para diferenciar radicalmente la Medicina de la ciencia. Ésta consiste en un «prurito» de plantear problemas. Cuanto más sea esto, más puramente cumple su misión. Pero la

Medicina está ahí para aprontar soluciones. Si son científicas, mejor. Pero no es necesario que lo sean. Pueden proceder de una experiencia milenaria que la ciencia aún no ha explicado, ni siquiera consagrado.

En los últimos cincuenta años, la Medicina se ha dejado arrollar por la ciencia, e infiel a su misión, no ha sabido afirmar debidamente su punto de vista profesional[1]. Ha cometido el pecado de toda esa época: no aceptar su destino, bizquear, querer ser *lo otro* —en este caso, querer ser ciencia pura.

No confundamos, pues; la ciencia, al entrar en la profesión, tiene que desarticularse como ciencia, para organizarse, según otro centro y principio, como técnica profesional. Y si esto es así, también debe tenerse en cuenta para la enseñanza de las profesiones.

Algo parejo acontece en las relaciones entre cultura y ciencia. Su distinción me parece bastante clara. Pero yo quisiera no sólo dejar bien preciso en la mente del lector el concepto de cultura, sino mostrar su radical fundamento. Esto supone al lector la tarea de leer con algún detenimiento y rumiar el apretado escorzo que sigue: cultura es el sistema de ideas vivas que cada tiempo posee. Mejor: el sistema de ideas *desde* las cuales el tiempo vive. Porque no hay

---

1. A su vez, siendo fiel a su punto de vista —curar—, es como la labor médica resulta más fecunda para la ciencia. La fisiología contemporánea nació (a comienzos del siglo pasado), no de los hombres de ciencia, sino de los médicos, que desentendiéndose del escolasticismo reinante en la biología del siglo XVIII (anatomismo, sistemática, etcétera), aceptaron la urgencia de su misión y procedieron mediante teorías *pragmáticas* de cura. Véase sobre esto el libro —que conforme pasa el tiempo más admirable parece— de Radl, *Historia de las teorías biológicas*, tomo II. Revista de Occidente, Madrid.

remedio ni evasión posible: el hombre vive siempre desde unas ideas determinadas, que constituyen el suelo donde se apoya su existencia. Ésas que llamo «ideas vivas o de que se vive» son, ni más ni menos, el repertorio de nuestras *efectivas* convicciones sobre lo que es el mundo y son los prójimos, sobre la jerarquía de los valores que tienen las cosas y las acciones: cuáles son más estimables, cuáles son menos.

No está en nuestra mano poseer o no un repertorio tal de convicciones. Se trata de una necesidad ineludible, constitutiva de toda vida humana, sea la que sea. La realidad que solemos nombrar «vida humana», nuestra vida, la de cada cual, no tiene nada que ver con la biología o ciencia de los cuerpos orgánicos. La biología, como cualquiera otra ciencia, no es más que una ocupación a que algunos hombres dedican su «vida». El sentido primario y más verdadero de esta palabra «vida» no es, pues, biológico, sino biográfico, que es el que posee desde siempre en el lenguaje vulgar. Significa el conjunto de lo que hacemos y somos, esa terrible faena —que cada hombre tiene que ejecutar por su cuenta— de sostenerse en el Universo, de llevarse o conducirse por entre las cosas y seres del mundo. «Vivir es, de cierto, tratar con el mundo, dirigirse a él, actuar en él, ocuparse de él»[1]. Si estos actos y ocupaciones en que nuestro vivir consiste se produjesen en nosotros mecánicamente, no serían vivir, vida humana. El autómata no vive. Lo grave del asunto es que la vida no nos es dada hecha, sino que, queramos o no, tenemos que irla decidiendo nosotros ins-

---

1. Tomo esta fórmula de mi ensayo «El Estado, la juventud y el Carnaval», publicado en *La Nación*, de Buenos Aires, en diciembre de 1924 y reproducido en *El Espectador*, tomo VII, 1930, con el título «El origen deportivo del Estado». [En esta misma colección, véase página 82].

tante tras instante. En cada minuto necesitamos resolver lo que vamos a hacer en el inmediato, y esto quiere decir que la vida del hombre constituye para él un problema perenne. Para decidir ahora lo que va a hacer y ser dentro de un momento, tiene, quiera o no, que formarse un plan, por simple o pueril que éste sea. No es que *deba* formárselo, sino que no hay vida posible, sublime o ínfima, discreta o estúpida, que no consista esencialmente en conducirse según un plan[1]. Incluso abandonar nuestra vida a la deriva en una hora de desesperación es ya adoptar un plan. Toda vida, por fuerza, «se planea» a sí misma. O lo que es igual: al decidir cada acto nuestro nos decidimos *porque* nos parece ser el que, dadas las circunstancias, tiene mejor sentido. *Es decir, que toda vida necesita —quiera o no— justificarse ante sus propios ojos.* La justificación ante sí misma es un ingrediente consubstancial a nuestra vida. Tanto da decir que vivir es comportarse según un plan como decir que la vida es incesante justificación de sí misma. Pero ese plan y esa justificación implican que nos hemos formado una «idea» de lo que es el mundo y las cosas en él, y nuestros actos posibles sobre él. En suma: *el hombre no puede vivir sin reaccionar ante el aspecto primerizo de su contorno o mundo, forjándose una interpretación intelectual de él y de su posible conducta en él.* Esta interpretación es el repertorio de convicciones o «ideas» sobre el Universo y sobre sí mismo a que arriba me refiero y que —ahora se ve claro— no pueden faltar en vida ninguna[2].

1. Lo sublime o ínfimo, discreto o estúpido de una vida es precisamente su plan. Bien entendido que nuestro plan no es único para toda la vida; puede variar constantemente. Lo importante es que nunca falte uno u otro.
2. Se comprende que cuando tan radical ingrediente de nuestra vida, como es su modo de justificarse ante sí misma, funciona anómalamente,

La casi totalidad de esas convicciones o «ideas» no se las fabrica robinsonescamente el individuo, sino que las recibe de su medio histórico, de su tiempo. En éste se dan, naturalmente, sistemas de convicciones muy distintos. Unos son supervivencia herrumbrosa y torpe de otros tiempos. Pero hay siempre un sistema de ideas vivas que representa el nivel superior del tiempo, un sistema que es plenamente actual. Ese sistema es la cultura. Quien quede por debajo de él, quien viva de ideas arcaicas, se condena a una vida menor, más difícil, penosa y tosca. Es el caso del hombre o del pueblo incultos. Su existencia va en carreta, mientras a la vera pasan otras en poderosos automóviles. Tiene aquélla una idea del mundo menos certera, rica y aguda que éstas. Al quedar el hombre bajo el nivel vital de su tiempo se convierte —relativamente— en un infrahombre.

En nuestra época, el contenido de la cultura viene en su mayor parte de la ciencia. Pero lo dicho basta para hacer notar que la cultura no es la ciencia. El que hoy se *crea* más que en nada en la ciencia no es a su vez un hecho científico, sino una fe vital —por tanto, una convicción característica de nuestra cultura. Hace quinientos años se creía en los Concilios, y el contenido de la cultura emanaba en buena porción de ellos.

La cultura, pues, hace con la ciencia lo mismo que hacía la profesión. Espuma de aquélla lo vitalmente necesario para interpretar nuestra existencia. *Hay pedazos enteros de la ciencia que no son cultura, sino pura técnica científica.* Viceversa: la cultura necesita —por fuerza, quiérase o no— poseer

---

la enfermedad es gravísima. Esto acontece en el nuevo tipo de hombre que estudia mi libro *La rebelión de las masas.*

una idea completa del mundo y del hombre; no le es dado detenerse, como la ciencia, allí donde los métodos del absoluto rigor teórico casualmente terminan. *La vida no puede esperar a que las ciencias expliquen científicamente el Universo.* No se puede vivir *ad kalendas graecas.* El atributo más esencial de la existencia es su perentoriedad: la vida es siempre urgente. Se vive aquí y ahora sin posible demora ni traspaso. La vida nos es disparada a quemarropa. Y la cultura, que no es sino su interpretación, no puede tampoco esperar.

Esto confirma su diferencia de las ciencias. De la ciencia no se vive. Si el físico tuviese que vivir de las ideas de su física, estad seguros de que no se andaría con remilgos y no esperaría a que dentro de cien años complete otro investigador las observaciones que él ha iniciado. Renunciaría a una solución total exacta y completaría con anticipaciones aproximadas o verosímiles lo que falta aún —lo que faltará siempre— al riguroso cuerpo doctrinal de la física.

El régimen interior de la actividad científica no es vital; el de la cultura, sí. Por eso, a la ciencia le traen sin cuidado nuestras urgencias y sigue sus propias necesidades. Por eso se especializa y diversifica indefinidamente; por eso no acaba nunca. Pero la cultura va regida por la vida como tal, y tiene que ser en todo instante un sistema completo, integral y claramente estructurado. *Es ella el plano de la vida*, la guía de caminos por la selva de la existencia.

Esta metáfora de las ideas como vías, caminos (= *méthodos*), es tan vieja como la cultura misma. Se comprende muy bien su origen. Cuando nos hallamos en una situación difícil, confusa, nos parece tener delante una selva tupida, enmarañada y tenebrosa, por donde no podemos caminar, so pena de perdernos. Alguien nos explica la situación con una idea feliz, y entonces sentimos en nosotros una súbita iluminación. Es la luz de la evidencia. La maraña nos parece ahora ordenada, con líneas claras de estructura, que semejan caminos francos abiertos en ella. De ahí que vayan juntos los vocablos *método* e iluminación, ilustración, *Aufklärung*. Lo que hoy llamamos «hombre culto», hace no más de un siglo se decía «hombre ilustrado» —esto es, hombre que ve a plena luz los caminos de la vida.

Hay que acabar para siempre con cualquiera vagarosa imagen de la ilustración y la cultura donde éstas aparezcan como aditamento ornamental que algunos hombres ociosos ponen sobre su vida. No cabe tergiversación mayor. La cultura es un menester imprescindible de toda vida, es una dimensión constitutiva de la existencia humana, como las manos son un atributo del hombre.

El hombre a veces no tiene manos; pero entonces no es tampoco un hombre, sino un hombre manco. Lo mismo, sólo que mucho más radicalmente, puede decirse que una vida sin cultura es una vida manca, fracasada y falsa. El hombre que no vive a la altura de su tiempo vive por debajo de lo que sería su auténtica vida, es decir, falsifica o estafa su propia vida, la desvive.

Hoy atravesamos —contra ciertas presunciones y apariencias— una época de terrible incultura. Nunca tal vez el hombre medio ha estado tan por debajo de su propio tiempo, de lo que éste le demanda. Por lo mismo, nunca han abundado tanto las existencias falsificadas, fraudulentas. Casi nadie está en su quicio, hincado en su auténtico destino. El hombre al uso vive de subterfugios con que se miente a sí mismo, fingiéndose en torno un mundo muy simple y arbitrario, a pesar de que la conciencia vital le hace constar a gritos que su verdadero mundo, el que corresponde a la plena actualidad, es enormemente complejo, preciso y exigente. Pero tiene miedo —el hombre medio es hoy muy débil, a despecho de sus gesticulaciones matonescas—, tiene miedo de abrirse a ese mundo verdadero, que exigiría mucho de él, y prefiere falsificar su vida reteniéndola hermética en el capullo gusanil de su mundo ficticio y simplicísimo.

De aquí la importancia histórica que tiene devolver a la Universidad su tarea central de «ilustración» del hombre, de enseñarle la plena cultura del tiempo, de descubrirle con claridad y precisión el gigantesco mundo presente, donde tiene que encajarse su vida para ser auténtica.

Yo haría de una «Facultad» de Cultura el núcleo de la Universidad y de toda la enseñanza superior. Más arriba queda dibujado el cuadro de sus disciplinas. Cada una lleva dos nombres. Por ejemplo, se dice «Imagen física del mundo» (Física). Con esta dualidad en la denominación se quiere sugerir la diferencia que hay entre una disciplina cultural, esto es, vital, y la ciencia correspondiente de que aquélla se nutre. En la «Facultad» de Cultura no se explicará Física según ésta se presenta a quien va a ser de por vida un investigador físicomatemático. La física de la Cultura es la rigorosa síntesis ideológica de la figura y funcionamiento del cosmos material, según éstas resultan de la investigación física hecha hasta el día. Además, esa disciplina expondrá en qué consiste el modo de conocimiento que emplea el físico para llegar a su portentosa construcción, lo cual obliga a aclarar y analizar los principios de la Física y a escorzar breve, pero muy estrictamente, su evolución histórica. Esto último permitirá al estudiante darse clara cuenta de lo que era el «mundo» hacia el cual vivía el hombre de ayer y de anteayer, o de hace mil años, y, por contraste, cobrar conciencia plena de la peculiaridad de nuestro «mundo» actual.

Éste es el momento de contestar a una objeción que, surgida en el comienzo de mi ensayo, quedó demorada. ¿Cómo podrá –se dice– resultar inteligible la actual imagen física de la materia para quien no es ducho en alta matemática? Cada día el método matemático penetra más hasta la medula el cuerpo de la Física.

Yo quisiera que el lector se hiciese bien cargo de la tragedia sin escape que para el porvenir humano representaría el que eso fuese cierto. Una de dos: o para no vivir ineptamente, sin noticia de lo que es el mundo material en que nos movemos, tendrían todos los hombres –*velis nolis*– que ser físicos, que dedicarse[1] a la investigación, o resignarse a una existencia que por una de sus dimensiones sería estúpida. Frente al hombre corriente se colocaría el físico como un ser dotado de un saber mágico y hierático. Ambas soluciones serían, entre otras cosas, ridículas.

Pero, por fortuna, no hay tal. En primer lugar, la doctrina aquí sustentada lleva a demandar una racionalización intensísima en los métodos de la enseñanza, desde la primaria a la superior. Precisamente al subrayar la diferencia entre ciencia y enseñanza de la ciencia se hace posible desarticular aquélla para hacerla más fácilmente asimilable. El «principio de la economía en la enseñanza» no se contenta con eliminar disciplinas que el estudiante no puede apren-

1. Nótese que todo dedicarse, si es verdadero, es dedicar la vida. Nada menos.

der, sino que economiza también en los modos como ha de enseñarse lo que se enseñe. De esta suerte se obtiene un doble margen de holgura en la capacidad del estudiante para que pueda a la postre *aprender más cosas que hoy*[1]. Yo creo, pues, que el día de mañana ningún estudiante llegará a la Universidad sin conocer la matemática física lo suficientemente bien para poder siquiera entender las fórmulas.

Los matemáticos exageran un poco las dificultades de su sabiduría. Las matemáticas, aunque muy extensas, son, después de todo, habas contadas. Si hoy parecen tan difíciles es porque falta la labor directamente dirigida a simplificar su enseñanza. Esto me sirve de ocasión para declarar por primera vez con cierta solemnidad que si no se fomenta ese género de labor intelectual, dedicada no tanto a aumentar la ciencia en el sentido habitual de la investigación cuanto a simplificarla y producir en ella síntesis quintaesenciadas, sin pérdida de substancia y calidad, el porvenir de la ciencia misma sería desastroso.

Es preciso que no prosigan la dispersión y complicación actuales del trabajo científico sin que sean compensadas por otro trabajo científico especial inspirado en un interés opuesto: la concentración y la simplificación del saber. *Y hay que criar y depurar un tipo de talentos específicamente sintetizadores.* Va en ello el destino de la ciencia misma.

Pero, en segundo lugar, niego rotundamente que las ideas fundamentales –principios, modo del conocimiento y últimas conclusiones– de una ciencia *real*, sea la que sea, requieran por fuerza para ser comprendidas una formal

1. Precisamente porque se ahorra en el enseñar se obtiene más cantidad de efectivo aprendizaje.

habituación técnica. La verdad es lo contrario: conforme dentro de una ciencia se va llegando a ideas que exigen ineludiblemente hábito técnico, es que esas ideas van en la misma medida perdiendo su carácter fundamental y van siendo sólo asuntos intracientíficos, es decir, instrumentales[1]. El dominio de la alta matemática es imprescindible para *hacer* Física, pero no para entenderla humanamente.

A un tiempo por suerte y por desgracia, la nación que hoy lleva gloriosa e indisputadamente la dirección de la ciencia es la alemana. Ahora bien: el alemán, junto a su prodigioso genio y su seriedad para la ciencia, arrastra un defecto congénito y muy difícil de extirpar: es pedante y hermético. Lo es *a nativitate*. Esto trae consigo que no pocos lados y cosas de la ciencia actual no sean en verdad pura y efectiva ciencia, sino ganga pedantesca y... «falta de mundo». Una de las faenas que Europa necesita realizar pronto es libertar la ciencia contemporánea de sus excrecencias, ritos y manías exclusivamente alemanes y dejar exenta su porción esencial[2].

Europa no se salva si no entra de nuevo en caja, y este encaje tiene que ser más riguroso que los hasta ahora usados y abusados. Nadie deberá escapar a él. Tampoco el hombre de ciencia. Hoy queda en éste no poco de feudalismo, de egoísmo, de indisciplina, engreimiento y gesto hierático.

---

1. En pura verdad, la matemática tiene íntegramente este carácter instrumental y no fundamental o real, como le acontece a la ciencia que estudia el microscopio.
2. No se olvide, para entender lo aquí insinuado, que va dicho por quien debe a Alemania las cuatro quintas partes de su haber intelectual y que siente hoy con más consciencia que nunca la superioridad indiscutible y gigantesca de la ciencia alemana sobre todas las demás. La cuestión aludida no tiene que ver con esto.

Hay que humanizar al científico, que a mediados del siglo último se insubordinó, contaminándose vergonzosamente del evangelio de rebelión, que es desde entonces la gran vulgaridad, la gran falsedad del tiempo[1]. Es preciso que el hombre de ciencia deje de ser lo que hoy es con deplorable frecuencia: un bárbaro que sabe mucho de una cosa. Por fortuna, las primeras figuras de la actual generación de científicos se han sentido forzadas, *por necesidades internas de su ciencia misma*, a complementar su especialismo con una cultura integral. Los demás, inevitablemente, seguirán sus pasos. La merina sigue siempre al carnero adalid.

Todo aprieta para que se intente una nueva integración del saber, que hoy anda hecho pedazos por el mundo. Pero la faena que ello impone es tremenda y no se puede lograr mientras no exista una metodología de la enseñanza superior, pareja al menos de la que ya existe en los otros grados de la enseñanza. Hoy falta por completo, aunque parezca mentira, una pedagogía universitaria.

Ha llegado a ser un asunto urgentísimo e inexcusable de la humanidad inventar una técnica para habérselas adecuadamente con la acumulación de saber que hoy posee. Si no encuentra maneras fáciles para dominar esa vegetación exuberante, quedará el hombre ahogado por ella. Sobre la selva primaria de la vida vendría a yuxtaponerse esta selva

1. En el orden moral, la tarea máxima del presente consiste en convencer a los hombres vulgares —los no vulgares no han caído nunca en la trampa— de toda la necedad inane que encierra ese imperativo de rebelión, tan barato, tan poco exigente, y cómo, sin embargo, casi todas las cosas contra las cuales el hombre se ha rebelado merecen, en efecto, ser enterradas. La única verdadera rebelión es la creación —la rebelión contra la nada, el antinihilismo. Luzbel es el patrono de los pseudorrebeldes.

secundaria de la ciencia, cuya intención era simplificar aquélla. Si la ciencia puso orden en la vida, ahora será preciso poner también orden en la ciencia, organizarla —ya que no es posible reglamentarla—, hacer posible su perduración sana. Para ello hay que vitalizarla, esto es, *dotarla de una forma compatible con la vida humana que la hizo y para la cual fue hecha.* De otro modo —no vale recostarse en vagos optimismos—, la ciencia se volatilizará; el hombre se desinteresará de ella.

Véase por dónde, al meditar sobre cuál sea la misión de la Universidad y descubrir el carácter peculiar —sintético y sistemático— de sus disciplinas culturales, desembocamos en vastas perspectivas, que rebasan el recinto pedagógico y nos hacen ver en la institución universitaria un órgano de salvación para la ciencia misma.

La necesidad de crear vigorosas síntesis y sistematizaciones del saber para enseñarlas en la «Facultad» de Cultura irá fomentando un género de talento científico que hasta ahora sólo se ha producido por azar: el talento integrador. En rigor, significa éste —como ineluctablemente todo esfuerzo creador— una especialización; pero aquí el hombre se especializa precisamente en la construcción de una totalidad. Y el movimiento que lleva a la investigación a disociarse indefinidamente en problemas particulares, a pulverizarse, exige una regulación compensatoria —como sobreviene en todo organismo saludable— mediante un movimiento de dirección inversa que contraiga y retenga en un riguroso sistema la ciencia centrífuga.

Hombres dotados de este genuino talento andan más cerca de ser buenos profesores que los sumergidos en la habitual investigación. Porque uno de los males traídos por la

confusión de ciencia y Universidad ha sido entregar las cátedras, según la manía del tiempo, a los investigadores, los
cuales son casi siempre pésimos profesores, que sienten la
enseñanza como un robo de horas hecho a su labor de
laboratorio o de archivo. Así me ha acontecido durante mis
años de estudio en Alemania: he convivido con muchos de
los hombres de ciencia más altos de la época, pero no he
topado con un solo buen maestro[1]. ¡Para que venga nadie a
contarme que la Universidad alemana es, como institución,
un modelo!...

1. Lo cual no es decir que no los haya; pero sí que no los hay con la mínima frecuencia exigible.

V

LO QUE LA UNIVERSIDAD TIENE
QUE SER «ADEMÁS»

El «principio de la economía», que es a la par la voluntad de tomar las cosas según son, y no utópicamente, nos ha llevado a delimitar la misión primaria de la Universidad en esta forma:

1.º Se entenderá por Universidad *stricto sensu* la institución en que se enseña al estudiante medio a ser un hombre culto y un buen profesional.

2.º La Universidad no tolerará en sus usos farsa ninguna; es decir, que sólo pretenderá del estudiante lo que prácticamente puede exigírsele.

3.º Se evitará, en consecuencia, que el estudiante medio pierda parte de su tiempo en fingir que va a ser un científico. A este fin se eliminará del torso o mínimum de estructura universitaria la investigación científica propiamente tal.

4.º Las disciplinas de cultura y los estudios profesionales serán ofrecidos en forma pedagógicamente racionalizada —sintética, sistemática y completa—, no en la forma que la ciencia abandonada a sí misma preferiría: problemas especiales, «trozos» de ciencia, ensayos de investigación.

5.º No decidirá en la elección del profesorado el rango que como investigador posee el candidato, sino su talento sintético y sus dotes de profesor.

6.º Reducido el aprendizaje de esta suerte al *mínimum* en cantidad y calidad, la Universidad será inexorable en sus exigencias frente al estudiante.

Este ascetismo en las pretensiones, esta lealtad un poco ruda con que se reconocen los límites de lo asequible, permitirá, yo creo, lograr lo fundamental en la vida universitaria, que es colocarla en su verdad, en su limitación, en su interna y radical sinceridad. La nueva vida, como arriba he dicho, tiene que reformarse tomando como punto de partida riguroso la simple aceptación del destino: el del individuo o el de la institución. Todo lo demás que queramos por añadidura hacer de nosotros o de las cosas —Estado, instituciones particulares—, sólo prenderá y fructificará si lo sembramos sobre la tierra de esa previa aceptación de nuestro destino, de nuestro *mínimum*. Europa está enferma porque pretende desde luego ser diez el que no se ha esforzado antes en ser siquiera uno, o dos, o tres. El destino es la única gleba donde la vida humana y todas sus aspiraciones pueden echar raíces. Lo demás es vida falsificada, vida al aire, sin autenticidad vital, sin autoctonía o indigenato.

Ahora podemos abrirnos sin reservas y sin cautelas a todo lo que debe ser «además» la Universidad.

En efecto: la Universidad, que por lo pronto es sólo lo dicho, *no puede ser eso sólo*. Ahora llega el instante justo para que reconozcamos en toda su amplitud y esencialidad el papel de la ciencia en la fisiología del cuerpo universitario, un cuerpo que es precisamente un espíritu.

En primer lugar, hemos visto que cultura y profesión no son ciencia, pero que se nutren principalmente de ella. Sin ciencia es imposible el destino del hombre europeo. Significa éste en el gigantesco panorama de la historia el ser resuelto a vivir desde su intelecto, y la ciencia no es sino un intelecto *en forma*. ¿Es, por ventura, un azar que sólo Europa haya —entre tantos y tantos pueblos— poseído Universidades? La Universidad es el intelecto —y por lo tanto, la ciencia— como institución, y esto —que del intelecto se haga una institución— ha sido la voluntad específica de Europa frente a otras razas, tierras y tiempos; significa la resolución misteriosa que el hombre europeo adoptó de vivir *de* su inteligencia y desde ella. Otros habrían preferido vivir desde otras facultades y potencias (recuérdense las maravillosas concreciones en que Hegel resume la historia universal, como un alquimista reduce las toneladas de carbón en unos diamantes. ¡Persia, o la luz! —se entiende la religión mágica. ¡Grecia, o la gracia! ¡India, o el sueño! ¡Roma, o el mando!)[1]

Europa es la inteligencia. ¡Facultad maravillosa, sí; maravillosa porque es la única que percibe su propia limitación,

1. Hegel: *Lecciones de filosofía de la Historia universal.* Versión española. Revista de Occidente, 1928.

y de este modo prueba hasta qué punto la inteligencia es, en efecto, inteligente! Esta potencia, que es a un tiempo freno de sí misma, se realiza en la ciencia.

Si la cultura y las profesiones quedaran aisladas en la Universidad, sin contacto con la incesante fermentación de la ciencia, de la investigación, se anquilosarían muy pronto en sarmentoso escolasticismo. Es preciso que en torno a la Universidad mínima establezcan sus campamentos las ciencias —laboratorios, seminarios, centros de discusión. Ellas han de constituir el *humus* donde la enseñanza superior tenga hincadas sus raíces voraces. Ha de estar, pues, abierta a los laboratorios de todo género, y a la vez reobrar sobre ellos. Todos los estudiantes superiores al tipo medio irán y vendrán de esos campamentos a la Universidad, y viceversa. Allí se darán cursos desde un punto de vista *exclusivamente* científico sobre todo lo humano y lo divino. De los profesores, unos, más ampliamente dotados de capacidad, serán a la vez investigadores, y los otros, los que sólo sean «maestros», vivirán excitados y vigilados por la ciencia, siempre en ácido fermento. Lo que no es admisible es que se confunda el centro de la Universidad con esa zona circular de las investigaciones que debe rodearla. Son ambas cosas —Universidad y laboratorio— órganos distintos y correlativos en una fisiología completa. Sólo que el carácter institucional compete propiamente a la Universidad. La ciencia es una actividad demasiado sublime y exquisita para que se pueda hacer de ella una institución. La ciencia es incoercible e irreglamentable. Por eso se dañan mutuamente la enseñanza superior y la investigación cuando se pretende fundirlas, en vez de dejarlas la una a la vera de la otra, en canje de influjos muy intenso, pero muy libre; constante, pero espontáneo.

Conste, pues: *la Universidad es distinta, pero inseparable de la ciencia*. Yo diría: la Universidad es, *además*, ciencia.

Pero no un *además* cualquiera y a modo de simple añadido y externa yuxtaposición, sino que —ahora podemos, sin temor a confusión, pregonarlo— la Universidad tiene que ser *antes* que Universidad, ciencia. Una atmósfera cargada de entusiasmos y esfuerzos científicos es el *supuesto radical* para la existencia de la Universidad. Precisamente porque ésta no es, por sí misma, ciencia —creación omnímoda del saber rigoroso— tiene que *vivir* de ella. Sin este supuesto, cuanto va dicho en este ensayo carecería de sentido. La ciencia es la *dignidad* de la Universidad, más aún —porque, al fin y al cabo, hay quien vive sin dignidad—, es el *alma* de la Universidad, el principio mismo que le nutre de vida e impide que sea sólo un vil mecanismo. Todo esto va dicho en la afirmación de que la Universidad es, *además*, ciencia.

Pero es, *además*, otra cosa[1]. No sólo necesita contacto permanente con la ciencia, so pena de anquilosarse. Necesita también contacto con la existencia pública, con la realidad histórica, con el presente, que es siempre un *integrum* y sólo se puede tomar en totalidad y sin amputaciones *ad usum delphini*. La Universidad tiene que estar también abierta a la plena actualidad; más aún: tiene que estar en medio de ella, sumergida en ella.

Y no digo esto sólo porque la excitación animadora del aire libre histórico convenga a la Universidad, sino

---

1. Muy deliberadamente no he querido en este ensayo nombrar siquiera el tema «*educación* universitaria», ateniéndome ascéticamente al problema de la enseñanza.

también, viceversa, porque la vida pública necesita urgentemente la intervención en ella de la Universidad como tal.

Sobre este punto habría que hablar largo. Pero, abreviando ahora, baste con la sugestión de que hoy no existe en la vida pública más «poder espiritual» que la Prensa. La vida pública, que es la verdaderamente histórica, necesita siempre ser regida, quiérase o no. Ella, por sí, es anónima y ciega, sin dirección autónoma. Ahora bien, a estas fechas han desaparecido los antiguos «poderes espirituales»: la Iglesia, porque ha abandonado el presente, y la vida pública es siempre actualísima; el Estado, porque, triunfante la democracia, no dirige ya a ésta, sino al revés, es gobernado por la opinión pública. En tal situación, la vida pública se ha entregado a la única fuerza espiritual que por oficio se ocupa de la actualidad: la Prensa.

Yo no quisiera molestar en dosis apreciable a los periodistas. Entre otros motivos, porque tal vez yo no sea otra cosa que un periodista. Pero es ilusorio cerrarse a la evidencia con que se presenta la jerarquía de las realidades espirituales. En ella ocupa el periodismo el rango inferior. Y acaece que la conciencia pública no recibe hoy otra presión ni otro mando que los que le llegan de esa espiritualidad ínfima rezumada por las columnas del periódico. Tan ínfima es a menudo, que casi no llega a ser espiritualidad; que en cierto modo es antiespiritualidad. Por dejación de otros poderes, ha quedado encargado de alimentar y dirigir al alma pública el periodista, que es no sólo una de las clases menos cultas de la sociedad presente, sino que, por causas, espero, transitorias, admite en su gremio a pseudointelectuales chafados, llenos de resentimiento y de odio hacia el verdadero espíritu. Ya su profesión los lleva a entender por realidad del tiempo lo que momentáneamente mete ruido, sea lo que sea, sin perspectiva ni arquitectura. La vida real es de cierto pura actualidad; pero la visión periodística deforma esta verdad reduciendo lo actual a lo instantáneo y lo instantáneo a lo resonante. De aquí que en la conciencia pública aparezca hoy el mundo bajo una imagen rigorosamente invertida. Cuanto más importancia substantiva y perdurante tenga una cosa o persona, menos hablarán de ella los periódicos, y en cambio destacarán en sus páginas lo que agota su esencia con ser un «suceso» y dar lugar a una noticia. Habrían de no obrar sobre los periódicos los intereses, muchas veces inconfesables, de sus empresas; habría de mantenerse el dinero castamente alejado de influir en la doctrina de los diarios, y bastaría a la Prensa abandonarse a su propia misión para pintar el mundo del revés. No poco del vuelco grotesco que hoy padecen las cosas —Europa camina desde hace tiempo con la cabeza para abajo y los pies pirueteando en lo alto— se debe a ese imperio indiviso de la Prensa, único «poder espiritual».

Es, pues, cuestión de vida o muerte para Europa rectificar tan ridícula situación. *Para ello tiene la Universidad que intervenir en la actualidad como tal Universidad*, tratando los grandes temas del día desde su punto de vista propio —cultural, profesional o científico[1]. De este modo no será una institución sólo para estudiantes, un recinto *ad usum delphini*, sino que, metida en medio de la vida, de sus urgencias, de sus pasiones, ha de imponerse como un «poder espiri-

---

1. Es inconcebible, por ejemplo, que ante un problema como el del cambio, que hoy preocupa tanto a España, la Universidad no ofrezca al público serio un curso sobre tan difícil cuestión económica.

tual» superior frente a la Prensa, representando la serenidad frente al frenesí, la seria agudeza frente a la frivolidad
y la franca estupidez.

Entonces volverá a ser la Universidad lo que fue en su
hora mejor: un principio promotor de la historia europea.

Anexos

A la F.U.E. de Madrid

La Federación Universitaria Escolar de Madrid me pidió una conferencia sobre asuntos de reforma universitaria. Las pésimas condiciones acústicas del Paraninfo y mi defectuoso estado de salud en aquella fecha me impidieron desarrollar suficientemente el tema de mi discurso. Esto me movió a redactar posteriormente con alguna mayor amplitud las notas que para mi conferencia había reunido. He aquí el resultado. Como se verá, aparte una introducción que el estado de ánimo predominante aquellos días en los escolares requería, me he limitado con todo rigor a lo que considero la cuestión capital. Sentía prisa por lanzar a la discusión este asunto, y las páginas que siguen no tienen más pretensión que la de servir como materia para un amplio debate. Por lo mismo, he dado a mis ideas una expresión demasiado acusada y construida con puras aristas.

En manera ninguna entiendo haber tratado aquí de modo suficiente el tema universitario. Valga sólo este ensayo como anticipación de un futuro curso sobre La Idea de la Universidad.

Un estudio adecuado exige, ante todo, la clara filiación de los caracteres esenciales de nuestro tiempo y un preciso diagnóstico de la nueva generación.

I

TEMPLE PARA LA REFORMA

La Federación Universitaria Escolar me ha pedido que
venga aquí para hablar a ustedes sobre la reforma académica.
Y yo, que detesto hablar en público, hasta el punto de que
he procurado hacerlo muy pocas veces en mi vida, sin vacilar un momento me he dejado esta vez requisar por los
estudiantes. Esto quiere decir que vengo aquí con entusiasmo. Con mucho entusiasmo, pero sin mucha fe. Pues claro
está que son dos cosas distintas. ¡Aviado estaría el hombre
si no pudiese sentir entusiasmo más que por aquello en que
siente fe! De esa suerte continuaría a estas fechas la humanidad su existencia de troglodita, ya que todo lo que vino a
superar la caverna y la selva primigenia fue en su hora primera sumamente improbable, y, sin embargo, el hombre

supo entusiasmarse con el proyecto de tan inverosímiles empresas, y por ello se puso a su servicio, se esforzó magníficamente en lograr lo increíble y, al cabo, lo consiguió. No hay duda que es una de las fuerzas radicales del hombre esta capacidad para encenderse en la lumbre de lo improbable, difícil, distante. El otro entusiasmo, que nace en la cómoda cuna de la fe, casi no lo es, porque consiste en estar por anticipado seguro del triunfo. ¡Poco se puede esperar de quien sólo se esfuerza cuando tiene la certidumbre de que va a ser, a la postre, recompensado! Recuerdo haber escrito en 1916 que los alemanes perderían la guerra, porque habían entrado en ella demasiado seguros de la victoria, porque habían puesto entero su ánimo a vencer y no simplemente a combatir. En la lucha hay que entrar dispuesto a todo; por tanto, dispuesto también a la derrota y al fracaso, los cuales son, no menos que la victoria, caras que de pronto toma la vida. Cada día se me impone con mayor claridad la convicción de que el exceso de seguridad desmoraliza a los hombres más que cosa alguna. Por eso, porque llegaron a sentirse demasiado seguras, todas las aristocracias de la historia cayeron en irremediable degeneración. Y una de las enfermedades que el tiempo actual padece, sobre todo la nueva generación, es que, merced al progreso técnico y de la organización social, los nuevos hombres se encuentran en la vida seguros de demasiadas cosas[1].

No extrañe, pues, que, ejercitando la condición natural humana, venga aquí con más entusiasmo que fe. Pero ¿cuál es la razón para esta penuria de mi fe? Miren ustedes:

---

1. Véase sobre esto mi reciente libro *La rebelión de las masas*.

ahora vendrán a hacer los veinticinco años que escribí mis primeros artículos sobre reforma del Estado español en general y de la Universidad en particular. Aquellos artículos me valieron la amistad de don Francisco Giner de los Ríos. Eran entonces contadísimas las personas que en España admitían la necesidad de una reforma del Estado y aun de la Universidad. Todo el que osaba hablar de ellas, insinuar su conveniencia, quedaba, *ipso facto*, declarado demente o forajido, y fuese él quien fuese se le centrifugaba de la comunidad normal española y se le condenaba a una existencia marginal, como si reforma fuese lepra. Y no se diga que esta hostilidad frente a la menor sospecha de reforma se originaba en que los reformadores fuesen gente radical, destructora del orden establecido, etcétera, etcétera. Nada de eso. Aunque fuera archimoderado el que hablase de reforma quedaba excluido de entre los hombres «tratables». Esto aconteció con don Antonio Maura, a quien las clases conservadoras mismas habían puesto en las cimas del Poder público. Convencido de que era urgente, aun desde el punto de vista más conservador, modificar la organización del Estado, se vio al punto expelido al extrarradio de la vida nacional. Su intento de reforma quedó aniquilado por un chiste muy en boga a la sazón: porque era reformadora su actuación se le comparó a un caballo de la Guardia Civil que entra en una cacharrería. Dos cosas no advertían los que se regostaban propalando este chiste: una, que pocos años después iba a entrar en la cacharrería, no un caballo, sino toda una caballería, y otra, que al emitir el humorístico símil declaraban, sin notarlo, su empeño inquebrantable de conservar intacto un Estado que tenía, en efecto, mucho de frágil cacharrería.

Recuerdo a ustedes este notorio ejemplo para que se representen la universal y decidida voluntad de no reformar nada que entonces reinaba en España. Nada; ni el Estado ni la Universidad. A los que en esta casa solicitábamos un cambio y poníamos reparo a los inveterados usos, se nos llamó una y cien veces «enemigos de la Universidad». A los que ayudábamos a nuevas instituciones, como la Residencia de Estudiantes, creada precisamente para servir de fermento y alcaloide que promoviese la mejora de la Universidad, se nos consideraba como enemigos titulares de ésta. Hoy, claro está, son los que entonces más nos denostaban quienes se apresuran a imitar la Residencia de Estudiantes, en lo cual sólo aplauso merecen; pero, por lo mismo, conviene hacer constar ahora que durante años y años hemos tenido que sufrir esas inepcias y esos insultos los que con más auténtica y entrañable angustia nos oponíamos a que la Universidad española continuase siendo la cosa triste, inerte, opaca y sin espíritu que era. Porque la veracidad obliga a reconocer que hoy es nuestra Universidad bastante distinta de la que era, aunque no sea aún, ni de lejos, lo que debe, lo que puede ser.

A la hora presente, en toda la existencia nacional las constelaciones han cambiado. Han venido los hechos, con su puño cerrado, a tapar las bocas maldicientes y a convencer al más remiso de que el Estado y la Universidad de España necesitan una reforma, que no es cuestión desearla o no, sino que su intento es ineludible, porque ni aquél ni ésta marchan. Son máquinas maltrechas por la usura del uso y la del abuso.

Hoy ya no estamos solos; hoy ya quieren muchos la transformación del cuerpo español, y los que no la quieren se disponen, con uno u otro método, a aguantarla. Sin duda la hora es feliz. No saben bien ustedes, los jóvenes, la suerte que han tenido: llegan a la vida en una ocasión magnífica de los destinos españoles, cuando el horizonte se abre, y muchas, muchas grandes cosas van a ser posibles, entre ellas un nuevo Estado y una nueva Universidad. No es fácil dejarme atrás en el optimismo con que interpreto la situación actual de nuestro país. Hechos de la vida pública, en que casi todos han visto signos funestos, se me aparecen como máscaras irónicas que fingen un mal para ocultar tras sí germinaciones favorables. Sin duda la hora es feliz; llegan ustedes en la madrugada de una fecha ilustre: un pueblo durmiente durante siglos comienza a estremecerse con esos menudos temblores torpes que anuncian en un cuerpo el despertar y que va a ponerse en pie. El momento puede definirse, sin error, con aquel verso tan matinal en que el venerable poema del Cid resume un amanecer: *Apriessa cantan los gallos e quieren quebrar albores.*

¿No ha llegado, pues, el instante de que al viejo entusiasmo agreguemos una fe recién nacida? Yo tengo que responder a esto taxativamente: no; todavía, no. Mi optimismo superlativo llega con toda claridad y evidencia a creer que el horizonte abierto ante el español de hoy es magnífico. El horizonte es el símbolo de las posibilidades que se ofrecen a nuestra vida. Pero nuestra vida es, además, la realización actual de esas posibilidades. Aquí es donde se encoge mi optimismo y claudica mi fe. Porque en la historia, en la vida, las posibilidades no se realizan por sí mismas, automáticamente; es preciso que alguien, con sus manos y su mente, con su esfuerzo y con su angustia, les fabrique su realidad. Historia y vida son por eso un perpetuo, un continuo *hacer*. Nuestra vida no nos es dada ya hecha, sino que vivir es, en su raíz misma, un estar nosotros haciendo nuestra vida. Y esto lo es siempre, en cada minuto: nada nos es absolutamente regalado; todo, aun lo que parece más pasivo, tenemos que hacerlo. El humilde Sancho lo sugería a toda hora, repitiendo su proverbio: «Si te regalan la vaquilla, tienes que correr con la soguilla». Sólo nos son dadas posibilidades; posibilidades para *hacer* nosotros esto o aquello. Ahora, por ejemplo, están ustedes haciendo una cosa: escuchar, que, por cierto, no es floja faena, como lo demuestra el que, a poco que se descuiden ustedes, su escuchar se depotenciará en simple oír, y a poco más, fugitiva la atención, llegaremos a no oír ni el estruendo de un cañón.

Digo, pues, que la circunstancia ofrece una magnífica posibilidad para una reforma profunda del Estado español y de su Universidad. Pero una y otra tienen que ser hechas por alguien. ¿Hay hoy en España quien pueda hacerlas? Por «alguien» y por «quién» no entiendo, ¡claro está!, un individuo, lo que confusa y mitológicamente se suele llamar un «grande hombre». La historia no la hace un hombre, por grande que sea. La historia no es un soneto ni es un solitario. La historia es hecha por muchos: por grupos humanos pertrechados para ello.

Como he venido aquí para ejercitar la más estricta sinceridad hacia ustedes y suficiente lealtad conmigo mismo; como he venido aquí a decir sencillamente mi verdad, no puedo rodear de ambages mi duda vehemente de que exista hoy, en este día en que hablo, grupo alguno capaz de hacer la reforma del Estado y —concretándome a mi tema— la reforma de la Universidad. ¡Digo hoy, en esta presente y fugaz jornada! Dentro de quince días o de quince semanas puede existir ese grupo, debe existir; nada impide que de verdad se cree y se constituya; y si subrayo tan enérgicamente que no lo hay hoy es, no más, para contribuir a que de verdad lo haya mañana.

Pero se me dirá: ¿por qué dudar de que exista un grupo capaz de realizar esa reforma? Cuando se reconoce que es posible algo, para hacerlo basta con quererlo. He aquí que nosotros queremos briosamente la reforma universitaria; no hay, pues, duda de que ese grupo existe.

Es cierto, es cierto; para hacer lo que es posible basta con querer. Todo depende de la plenitud con que se entienda ese fácil vocablo. Es fácil decir y aun pensar que se quiere; pero es difícil, muy difícil, querer de verdad.

Querer hacer algo exige que queramos todas las cosas que son precisas para su logro, entre ellas dotarnos a nosotros mismos de las cualidades imprescindibles para la empresa. Lo demás no es querer algo, es simplemente desearlo, enjuagarse con su imagen la fantasía, embriagarse voluptuosamente con el proyecto, perderse en vagos ardores, bullangas y efervescencias. En su *Filosofía de la Historia universal* dice Hegel que todo lo importante que se ha hecho en la historia lo ha hecho, *sin duda*, la pasión —pero bien entendido, añade—, la pasión... fría. Cuando la pasión es simple hervor, frenesí y calentura, no sirve para nada. Todo el mundo es capaz de apasionarse así. Pero no es tan fácil sentir aquel fuego decisivo y creador, aquella incandescencia tan sobrada de calorías que no se entibia lo más mínimo al alojar dentro de sí las dos cosas más gélidas que hay en el mundo: la firme voluntad y la clara reflexión. El apasionamiento trivial, falso, impotente y estéril rehuye con terror la proximidad de la reflexión, porque presiente que ésta es fría y a su contacto va a congelarse y caer. Por eso el síntoma de la alta pasión creadora es que busca integrarse, completarse con las virtudes de lo frío, que se da el lujo de tragarse reflexión sin perder calorías, de quedar penetrado y transido su fuego todo de clara visión e infusible voluntad.

Esta especie de querer resuelto, clarividente y total, es el que hoy, en este día, no encuentro aún informando grupo alguno español —tampoco en ustedes. Y sin ello, es vano esperar la ejecución de una reforma, es decir, de una construcción, de una creación.

El mal radical de las cosas españolas, Estado o Universidad, puede recibir los nombres más diversos: pero si se busca el ápice de esa raíz, aquello de que todo lo demás brota y emerge, nos encontramos con algo que tolera sólo un nombre adecuado: la chabacanería. De lo alto a lo ínfimo penetra toda nuestra existencia nacional, la anega, la dirige y la inspira. El Estado se comporta con los ciudadanos chabacanamente, permitiendo unas veces que éstos no cumplan las leyes, o viceversa, aplicando él mismo sus propias leyes de modo fraudulento, engañando al ciudadano con la ley misma. Algún día se contarán, por ejemplo, las cosas que el Poder público ha hecho usando de aquella famosa ley dada durante las dificultades de la guerra europea, y que se llamó «Ley de Subsistencias». Lo que más remoto pueda parecer a ustedes de las subsistencias fue conseguido bajo el título de esta ley. Todo el mundo sabe el uso que los gobernadores de provincias han hecho durante decenios de la «Ley de Asociaciones». Pregunten ustedes sobre el asunto en las Casas del Pueblo de cada provincia. Pero no quiero ahora presentar casos patéticos de este comportamiento vil seguido por el Estado. Yo no vengo aquí a hacer política, ni aunque viniera a hacerla la haría patética. Lo que pretendo es aclarar a ustedes en qué consiste esa enfermedad radical de España y del español que llamo chabacanería. Porque no vale ahuecar la voz, como se usa en los mítines, y decir: esa conducta del Poder público es un crimen, un abuso intolerable, una prevaricación del Poder público. Claro que es todo eso, pero lo es tan trivialmente, tan estúpidamente, tan consuetudinariamente, tan sin beneficio compensatorio para el Poder público, que da vergüenza llamarlo un crimen, porque, en efecto, aunque lo sea jurídicamente, no lo es como hecho psicológico, como realidad histórica. El crimen es algo fuerte, terrible, y en este sentido respetable; eso no es crimen, es algo inferior al crimen, es... chabacanería, falta de decoro mínimo, de respeto a sí mismo, de decencia en el modo de ejercer el Poder público su peculiarísimo y delicado oficio.

No digo con esto que en España no se cometen crímenes; pero sí niego que éstos sean lo substancial y lo más grave. Porque los crímenes, cuando lo son de verdad, no tardan en provocar una reacción que los cura; pero la chabacanería, en cambio, se acostumbra a sí misma, se encuentra cómoda a sí misma y tiende a generalizarse y eternizarse. Así en España lo impregna todo: desde el Estado y sus actos públicos, hasta la vida de familia y el gesto del individuo. En nuestras juntas de Facultad se respira a menudo la chabacanería, y cuando aun en días normales se cruzan esos pasillos y se oyen los gritos y se ven las gesticulaciones de ustedes los estudiantes, se va mascando chabacanería[1].

1. Desde hace años he tenido que buscar un sitio fuera del edificio universitario porque los gritos habituales de los señores estudiantes, estacionados en los pasillos, hacen imposible entenderse dentro de las aulas.

Pero nunca aparece claro lo que significa un concepto si no se le enfrenta con su opuesto, como el arriba y el abajo, el más y el menos. Toda idea tiene su antagonista, y en lucha con ella se perfila. ¿Qué es lo contrario de la chabacanería? Lo diré con una palabra que les es a ustedes muy habitual, porque pertenece al vocabulario de los deportes. Lo contrario de la chabacanería es *estar en forma*. Harto conocida es a ustedes la fabulosa diferencia que hay entre un jugador cuando *está en forma*, y el mismo cuando está fuera de ella. Diríase que no son la misma persona: tal distancia notamos entre lo que es capaz de hacer en un caso y en el otro. Pero la forma tiene que ser conquistada: lograrla supone que el individuo se ha recogido y concentrado sobre sí mismo, que ha practicado un entrenamiento, que ha renunciado a muchas cosas, que vive sobre sí, alerta, tenso, elástico. No le es nada indiferente, porque cada cosa, o es favorable a la forma o la hace bajar, y en vista de ello la procura o la evita. En suma, estar en forma es no abandonarse nunca en nada. Pues esto, el abandonarse, el «de cualquier manera», el «lo mismo da», el «poco más o menos», el «¡qué importa!», eso es la chabacanería.

Como en el individuo, hay también en los grupos el estar o no en forma, y claro que sólo han hecho algo en la historia los que la habían conquistado, los grupos compactos, perfectamente organizados, donde cada miembro sabe que los otros no le fallarán en los momentos decisivos, que se mueve presto y ágil a todas las brechas sin perder jamás su estabilidad y su centro —como el abate Galiani decía en el siglo XVIII de la Compañía de Jesús, que a la sazón estaba en forma: «es —decía— una espada que tiene el puño en Roma y la punta en todas partes». Pero un grupo no logra esta forma si no se ha disciplinado, y no se disciplina si no ve con perfecta claridad lo que se propone, y no lo puede ver así cuando el propósito no es en sí mismo claro, meditado, evidente y tan completo como la situación requiera.

A todo esto me refería antes: dudo, en efecto, de que en este día que corre haya en España grupo alguno que esté en forma para la reforma —la del Estado o la universitaria. Y si no lo está, cuanto se intente sin las calidades requeridas no servirá de nada: es evidente que siendo el mal radical de lo español la chabacanería, va a servir de muy poco una reforma también chabacana. ¡Ya lo han visto ustedes! El intento petulante de reformar el país unas gentes que no habían pensado un momento en pertrecharse con las mínimas condiciones necesarias, ha sido la Dictadura, y lo único que logró, no obstante la maravillosa posibilidad que se le ofrecía, fue llevar al colmo y frenesí el achabacanamiento nacional.

Conste, pues, que yo no he venido a recomendar a ustedes que no actúen en la vida pública de España, que no pidan y aun exijan la reforma de la Universidad. Digo a ustedes lo contrario: digo que hagan todo eso, pero todo eso *en serio*, todo eso *en forma*. De otro modo puede, sin miedo alguno a error, pronosticarse el porvenir. Si ustedes pretenden actuar en la vida pública sin prepararse antes debidamente, pasará esto: como actuar en la vida pública es actuar sobre la gran masa nacional y ustedes, sin forma, no son un grupo fuerte y orgánico, sino una pequeña masa, se cumplirán las leyes inexorables de la mecánica histórica, que son, en este punto, idénticas a la material: la masa mayor aplastará a la menor.

Para actuar sobre una masa hay que dejar de serlo, hay que ser fuerza viva, hay que ser grupo en forma.

Si yo viese o presumiese en ustedes la decidida voluntad de *formarse* —¡ah!—, entonces, amigos míos, no andaría con estas penurias y escatimaciones de fe.

Lo creería todo factible, próximo, inminente. Contra lo que se suele creer, la historia cambia a brincos y no sólo ni tanto en lentas evoluciones. Pensar esto último fue el error característico del siglo pasado. Presumía que toda obra plenaria se ha producido en la historia mediante una lentísima preparación. Por eso, se sorprendía cuando los hechos hacían patente e indiscutible la súbita emergencia en lo biológico o en lo espiritual de realidades espontáneas y como impreparadas.

Por citar un ejemplo simbólico, recuérdese la estupefacción que en el historiador del siglo pasado produjo averiguar que la más plena y clásica civilización de los egipcios —la maravillosa cultura de las Pirámides— no había tenido precedentes. Causaba ya extrañeza que esta floración, la más perfecta en todo el proceso de la humanidad nilota, apareciese plantada en el umbral mismo de la historia, en su alborada. Se esperaba que las excavaciones descubrirían bajo la tierra de las pirámides vestigios de culturas menos perfectas, pero próximas a tan madura perfección. Fue enorme su sorpresa cuando los arqueólogos tropezaron casi inmediatamente bajo las pirámides los restos de una civilización... neolítica. Es decir, que se había pasado, casi sin intermisión, de la piedra pulimentada a la piedra clásica.

No; la historia procede muchas veces a saltos. Estos saltos en que se salvan subitáneamente fantásticas distancias espirituales, se llaman generaciones. Una generación *en forma* puede lograr lo que siglos sin ella no consiguieron. He ahí, jóvenes, una incitación.

Misión de la Universidad

LA CUESTIÓN FUNDAMENTAL

[BORRADOR]

Pero con todo esto he hablado sólo del temple con que habría que llegar a la reforma universitaria, si ésta se quiere hacer de verdad. No obstante, esta advertencia que parece sólo preliminar me ha llevado casi todo el tiempo. Tal vez haberlo hecho así sea un error pero no crean que el error se debe a descuido por mi parte en el presupuesto del tiempo, no: si es un error lo es concienzudo. Cuando me dispuse a hablar ante ustedes sobre reforma universitaria vi desde luego que era vano el intento de desarrollar en una hora nada que vagamente se asemejase a un proyecto de tal reforma. Y siguiendo el principio que pronto van ustedes [a] oír, pensé que era preciso resolverse enérgicamente a hablar sólo de dos puntos pero lograr que ellos quedasen claros ante ustedes. Dos puntos que son los esenciales: el temple con que hay que hacer algo y la raíz de ese algo que se va a hacer.

Ahora vamos, brevísimamente, a esto segundo. Como antes decía los abusos tienen muy poca importancia en comparación con los usos: es más, un síntoma en que se conoce que los usos de una institución son acertados es que aguanta sin notable quebranto no pocos abusos, como el hombre sano soporta excesos que darían al traste con el enfermo. Pero, a su vez, una institución no puede constituirse en buenos usos si no se ha acertado con toda exactitud al determinar su misión. Una institución es una máquina y toda su estructura ha de ir prefijada por el servicio que de ella se espera. En otras palabras: la raíz de la Reforma Universitaria está en acertar rigorosamente con su misión. Todo cambio, adobo, retoque de esta nuestra casa que no parta de haber revisado previamente, con enérgica claridad —con decisión y veracidad— el problema de su misión serán penas de amor perdidas.

Por no hacerlo así, todos los intentos de mejora que una excelente voluntad ha multiplicado en los últimos años, incluyendo los elaborados por el mismo claustro, no han servido ni pueden servir de nada, no lograron lo único suficiente e imprescindible para que un ser cualquiera exista con plenitud; a saber, colocarlo en su verdad, en lo que él es y no en lo que nosotros quisiéramos que fuera. Todos esos intentos de los últimos quince años en vez de plantearse directamente y sin tolerar escape la cuestión de «para qué existe y está ahí y tiene que estar la Universidad» han hecho lo más cómodo y lo más estéril: han mirado de reojo lo que se hacía en las universidades de pueblos ejemplares.

No censuro que se mire al prójimo ejemplar –al contrario, hay que hacer esto pero sin que ello vaya a eximirnos de resolver luego nosotros originalmente nuestro destino. Cada hombre y cada grupo y cada pueblo vienen al mundo con la obligación inexorable de ser él mismo y de no ser el prójimo. Sólo podemos tomar de los demás lo inesencial: lo sustancioso tenemos que creárnoslo y decidirlo nosotros, aunque resulte y es lo probable que coincidamos a la postre con el extraño.

Inglaterra y la segunda enseñanza.

Alemania y la universidad.

Este razonamiento pudo hacerse en cualquier tiempo pero hoy es ya innecesario pues debía ser notorio que en todas partes la institución universitaria se halla en crisis, muy especialmente en Alemania. Búsquese en ella, y en toda, orientación pero no hay que hablar de tomarla como modelo aunque se diesen mágicamente en España las mismas condiciones de vida intelectual que allí han reinado.

No hay, pues, manera de eludir el planteamiento de la cuestión capital: ¿cuál es la misión de la universidad? Y encontramos, por lo pronto, que es la institución donde reciben enseñanza superior la mayor parte de los que la reciben –es decir, de las clases económicamente holgadas. De esta limitación en beneficio de ciertas clases y exclusión de otras podíamos partir hacia largas consideraciones sobre la injusticia y la torpeza que implican. Pero tenemos que evitarlas ahora por dos razones sobremanera claras: una, que el problema de ampliar a todas las clases sociales la enseñanza universitaria no modifica en nada esencial lo que debe ser esta enseñanza. Evidentemente si se quiere como yo creo que es forzoso y urgente, por razones más graves que las que suelen decirse, llevar al obrero el saber de la universidad es porque esto se considera valioso y deseable. El problema de su ampliación presupone, en consecuencia, la clara definición de lo que sea enseñanza universitaria. Pero segunda razón: la tarea de hacer porosa la universidad al obrero es en mínima parte cuestión de la universidad, es casi totalmente cuestión del Estado y sólo una gran reforma de éste hará posible la fusión del académico y el manual. Quede, pues, intacto este asunto como título de un enorme tema *que rebosa* por todas partes el que ahora estamos tratando y que rozarlo a destiempo y sin solemnidad sería trivializarlo.

Lo inevitable ahora es sacar la consecuencia de que la Universidad sea la institución donde vienen a recibir la enseñanza superior casi todos los que la reciben hoy y los que la recibirán mañana. Cuantos más sean, más evidencia tendrá lo que voy a deciros, y la reserva que va en la expresión «casi todos» se refiere sólo a la existencia de Escuelas Especiales que no suelen considerarse incluidas en la Universidad.

¿Qué se ofrece en ésta a esa inmensa muchedumbre de hombres jóvenes? Dos cosas: la enseñanza de las profesiones intelectuales y el cultivo de la ciencia, la investigación. En España esta cultura es aún escasa, pero el espíritu de todas las reformas últimas tiende a acrecerla. Sorprende un poco desde luego la disparidad de ambas faenas. Ser abogado, médico, farmacéutico, profesor de segunda enseñanza son cosas muy diferentes de ser jurista, fisiólogo, químico, filólogo, etcétera. Aquéllos son nombres de profesiones prácticas, éstos son nombres de ejercicios puramente científicos. La vocación para la ciencia, sea ella la que sea, es una vocación especialísima, que muy pocos poseen. Por otra parte, la sociedad necesita muchos médicos, farmacéuticos, pedagogos, pero sólo necesita una minoría reducida de científicos. Es deseable que el número de éstos sea relativamente grande pero siempre refiriéndose a cifras muy pequeñas si se compara con las necesarias en las profesiones prácticas.

Y efectivamente, en las universidades alemanas mismas el número de estudiantes que toman de ella el cultivo de la ciencia, la investigación es cosa que puede menos, insignificante si se compara con el que recibe sólo la enseñanza profesional.

No obstante —y aquí topamos por primera vez con la cuestión capital—, desde 1800 hasta hace unos años, muy pocos, han dominado en las grandes universidades europeas la tendencia de intensificar la investigación y desatender relativamente la enseñanza profesional. Y esto en todos los sentidos, a saber: gastando mucho más en laboratorios de investigación, en auxiliares y servicios de ellos que en la requerida por la enseñanza profesional, eligiendo como profesores a los grandes investigadores y no a los buenos maestros de profesiones, disponiendo los planes de estudio con marcada gravitación hacia la ciencia y no hacia la profesión.

Ha sido uno de esos embalamientos irreflexivos de que ahora Europa empieza a sufrir las dolorosas consecuencias y por ello recapacita, vuelve sobre sí misma y empieza a rectificar. Que yo diga esto, y lo que sigue parecerá muy mal a cierta gente de nuestro país que acaban de descubrir el mediterráneo de la ciencia, que han pasado una temporada en tal laboratorio extranjero y allí se han hecho *nuevos ricos* de la ciencia, *parvenus* de la investigación. Pero en Europa donde se ha hecho esa ciencia, donde se sigue gloriosamente elaborando, donde su ejercicio es habitual y cotidiano han visto que, como todo en el mundo, tiene su lugar prescrito, su medida y su limitación. Por eso, existe hoy en todas partes movimiento de reforma universitaria que quiere corregir esa absorción de la Universidad por la ciencia, asignada en el vicio mayor: el utopismo. Querer que todo el mundo sea científico es una utopía y comportarse como si ello fuera posible, hacer la vista gorda sobre el hecho de que no se está haciendo lo que se pretende estar haciendo, es constituirse en permanente falsificación. El utopista se hace la ilusión de que está consiguiendo lo que, en verdad, no consigue. El utopismo es la política de Onán.

Pero antes de proseguir este asunto conviene recoger lo hasta aquí dicho y*

* [Aquí se interrumpe el manuscrito].

Otros ensayos

La Universidad española
y la Universidad alemana

I

Los españoles no creemos en la educación, y si se llega a mentar la ciencia de la educación y hablamos de *pedagogía,* sonreímos los más, como si escucháramos una discusión sobre el agua inmortal de Paracelso, que murió a los cuarenta y ocho años, o sobre el *numido radical,* que nadie ha tropezado a la hora de ahora, y otros menos benévolos, y un tanto impulsivos, pensamos: Pedagogía, Pedantería.

Esta cerrazón mental para comprender el problema educativo y su solución científica y esa esquivez del ánimo para creer en ella, no son nuevas posiciones del alma española, sino antes bien, viejas y añejas, y de luengos siglos entrañadas en nosotros. La idea de la educación es una idea de devenir, es la concepción de que las cosas, y entre las cosas están los sentimientos y las facultades morales, no nacen de repente ni fenecen en un punto; por el contrario, son siempre desviación de algo anterior, preparación de algo que sobreviene, y que es ello mismo trasformado. Las cosas no son, devienen. Tenemos la inteligencia sobradamente escolástica para poder encajar en su rígida cristalizada colmena esta idea vaga del devenir, que no se puede meter en una casilla de ningún lugar teológico. Pero más de lamentar es que tengamos también el corazón escolástico y sólo amemos lo que cabe dentro de una de esas casillas, y sólo creamos lo que nos digan las artes magnas combinatorias. Triste cosa, en verdad, pero disculpable. El *Werden*, el devenir, es una idea crepuscular. En el Norte de Europa, los crepúsculos son tan largos que llenan casi el día: los ánimos se hacen a esa indecisa, equívoca luz que ni es día ni es noche. España no conoce los crepúsculos: bruscamente cae el día, la luz se entenebrece de improviso, como cortada a pico por una cuadrilla angélica, y la noche se alza rápida, instantáneamente, y día y noche son dos principios, dos tajos, por los que vamos derrumbando nuestras alegres vidas mediterráneas.

Si se quiere imaginar un símbolo plástico del ideario español, renuévese en la fantasía alguna visión de una siesta andaluza: es, por ejemplo, una pared dada de cal nueva, sobre cuya blancura se estrella la luz del sol con tal fuerza que el resplandor deslumbra, y no es posible mirarla de hito en hito; pero en esa pared hay una puerta, que se abre, acaso, sobre un zaguán: ¿qué hay dentro? Tampoco se logra percibir nada: es una negrura concentrada sin medios tonos, sin suave claridad. ¿Qué extraño, pues, que esta idea de la educación, concepción de crepúsculo, idea de medias tintas no nos entre fácilmente en la mollera? El fatalismo ingenuo de los moros ha hecho nido en nosotros, supuesto que no hayamos sido en todo tiempo más fatalistas que ellos.

Que de un niño poco inteligente se pueda hacer un hombre culto, que de un pueblo holgazán y envidioso se pueda hacer un pueblo solícito y benévolo, son ideas perfectamente antiespañolas. *Scriptum est!* ¡Oh, tierra divina y regocijada donde como en parte alguna florecen los naranjos, los talentos naturales y los dogmas! La idea de la educación es de origen reflexivo y el sol es el enemigo de la reflexión, dice no sé qué decidor.

Vaya todo esto como advertencia preliminar a unas cuantas noticias acerca de las Universidades alemanas, que en su actual constitución son un resultado de algunos siglos de estudios y labores pedagógicas. En estas noticias se mostrarán frente a frente la Universidad alemana y la española, con el fin de que se vea cómo la ventaja sencillamente infinita de aquélla sobre ésta no consiste en su mayor riqueza, sino en el pensamiento que la informa. Y el pensar no cuesta dinero, aunque cueste más trabajo de lo que suponen las brillantes fantasías, los ilustres oradores y demás talentos naturales, o como decía Turguenef, diamantes en bruto, que pululan en la famosa y dulce *Insula cuniculorum* del geógrafo Strabón.

Según poco ha se dijo, no creemos en la virtud de la educación, como no creen aún nuestros campesinos en la utilidad de la agronomía. Nos lamentamos desde las columnas de los periódicos y desde la tribuna del Parlamento de que los labriegos castellanos siguen hoy, sus almas góticas a la espalda, arando la inmensa llanura pacientemente con el mismo arado que hace veinte y pico de siglos trajeron unos razonables romanos. Y lo peor es que en la Universidad española ocurre lo propio y que casi todos sus profesores, de almas no menos góticas y labriegas, siguen arando con bovina paciencia los frescos cerebros de las nuevas generaciones según el mismo rito que hace diez siglos era de uso. No obstante el flujo y reflujo de planes de enseñanza, seguimos en pleno *trivium* y en flamante *quadrivium*. Un curso y otro curso, un lustro y otro lustro, el catedrático español se dirige lentamente al edificio de la Universidad con el ánimo tranquilo y bienaventurado, pausada y sin problemas la inteligencia, poco más o menos como va el buen Sancho a sus pegujares: va a arar su jugada diaria, a hablar de la importancia de su asignatura y de que, aunque existen para crear la ciencia un método inductivo y un método deductivo, él empleará, como más divertido sin duda, el método mixto, o sea el inductivo-deductivo. Los siglos, con su paso de andadura, se llevarán y traerán nuevas civilizaciones e historias. Habrá revoluciones universales que harán temblar el pacientísimo Rocinante que llamamos nuestro planeta; se abrirán nuevas religiones, brillantes como cactus milagrosos; el hombre hallará comunicación con Marte y con Venus. Luego de más tiempo, a la tierra se le pondrá viejo el corazón, los humanos irán siendo menos fecundos, la risueña especie adamita desaparecerá casi, el padre Sol, decrépito, tiritará de frío y se arrimará a la lumbre de cualquier otro astro de la constelación Hércules, acaso será España una oscura planicie helada, la consumación se acercará rápidamente: no importa; el catedrático español cogerá su chisterica y su bastoncico, se pasará un cepillo por la levita, tomará la lista bajo el brazo y se dirigirá en medio de las tinieblas, merced a un último instinto de orientación, hacia la Universidad. La Universidad es unas ruinas; no importa. Los estudiantes son unos huesos blancos que parecen en la lobreguez fosforescentes; no importa. El catedrático español, luego de toser brevemente, mirará con satisfacción en torno suyo, y cogiendo entre sus manos la lista, exclamará: ¡Vamos a ver, señor López; dígame la lección! ¿Por qué razón es nuestra asignatura la asignatura más importante?

Y cuidado que no es esto dar con toda la culpa en los maestros, ni mucho menos. En la cuestión pedagógica, como en toda otra cuestión, el error y la culpa son tan grandes, tan absolutos, que ni un hombre ni aun una clase social tienen fuerza bastante para haberlas cometido. Lo que con terrible cinismo se dijo cuando se contó el cuento de Meco es perfectamente exacto. Todos tenemos la culpa, y por lo tanto, esa moda de exigir responsabilidades es injusta, y por ser injusta ha fracasado siempre. Todos los españoles se preguntan todas las mañanas en tanto que para anudarse la corbata se miran al espejo, cómo es posible que no se haya castigado a los que perdieron las colonias y cómo es posible que hayan seguido ocupando puestos públicos. Y a pesar de estar todos de acuerdo para que el castigo se cumpla, el hecho es que todo sigue como estaba. Pero si la justicia se hubiera realizado, todos los españoles mayores de cuarenta años hubieran tenido que decapitarse a sí mismos y reanimar a las generaciones muertas para decapitarlas también, y así en cruenta secuencia hasta dos siglos atrás. Porque las colonias están perdidas en la mente de Dios un par de siglos hace y en este curso histórico, en la realidad se han ido perdiendo conforme ha ido alguien deseándolas.

Así estas colonias intelectuales de la Universidad son cosa perdida en la mente divina desde siglos atrás, y el catedrático español es generalmente mal catedrático por una sabia y regocijada mezcla de culpas alícuotas, cuya una parte toca a los dichos catedráticos y otra a los estudiantes, y otra aun mayor a los padres de los estudiantes y a los padres de los padres de los estudiantes, y procediendo de este modo en el infinito.

Pero, en fin, tomando estáticamente el problema universitario, repártase la responsabilidad entre los miembros de esta trinidad pecadora: el padre, el hijo y el Espíritu Santo o el profesor. Y para mayor claridad considérese la institución pedagógica compuesta de tres dimensiones como los cuerpos euclidianos, a saber: el profesor, o sea la latitud; el estudiante y su padre, que suelen ser los largos, la longitud, y el fin que cada Estado prescribe a sus Universidades, o sea la profundidad.

Esta última es la más importante: de ella depende la capacidad y hace buenos o malos a profesores y estudiantes.

Contando con la paciencia del lector, se hablará de las tres dimensiones sucesivamente.

Firmado *X. Z., El Imparcial,* 16 de enero de 1906

II

Si la fatalidad histórica no nos hubiera puesto en la pendiente que nos puso —dijo un ingenioso hidalgo— lo mismo que la fuerza nacional se transformó en acción, en guerra, principalmente por tierras de Flandes e Italia y América, hubiera podido mantenerse encerrada en nuestro territorio, en una vida más íntima, más intensa, *y hacer de nuestra nación una Grecia cristiana.*

He ahí un tema interesantísimo para los historiadores filósofos, quienes no se contentan con recoger de sobre el tiempo lo que un pueblo ha sido y ha hecho, sino que se aplacen más en reconstruir lo que hubiera debido ocurrir y por algún tropezón étnico o meramente político se quedó en la vaga región de lo posible. ¡Qué melancólicas ideas y sentimientos nostálgicos levantan esas historias fracasadas, que se quedaron sin nacer! España *debió ser* la Grecia cristiana. No es lugar éste de mostrar el porqué ni es ello muy necesario. Basta con asomarse a la vida moral, científica y artística de los siglos XIII, XIV y XV, que iniciaron una interpretación del catolicismo, la más original y fecunda.

Pero el hecho es que la posibilidad de esa historia se quebró como un vidrio, y de bache en bache España ha llegado, no sólo a no ser la Grecia cristiana o mahometana, sino hasta olvidarse de que pudo serlo.

Ahora que estamos todos los españoles en casa y hemos perdido o nos han hecho perder la afición y la posibilidad de irnos a la casa del vecino, parece ocasión de que vayamos recordándolo. Cuenta el feroz viajero Dampier, que cuando llegó a Nueva Holanda dio unos trajes a los indígenas que le ayudaban en sus trabajos, con lo que se contentaron sobremanera. Pero cuando Dampier les indicó que reanudaran el trabajo todos depusieron los vestidos, unos porque les parecía deshonrar los trajes bregando con ellos puestos, otros porque no podían absolutamente dar soltura a sus miembros. Una vez desnudos, corrieron a la faena. Algo de esto nos ha pasado a nosotros: el traje de potencia mundial nos estorbaba para la labor de hacernos a nosotros mismos. Mas he aquí que prenda tras prenda nos hemos ido quedando en cueros, con perdón sea dicho, con las Españas mondas y lirondas. ¿Volveremos a la faena? ¿O aún nos es asaz traje España y tendrán que volver a apretarnos contra el paredón de Asturias? Inquietante es el dato de que las únicas labores fecundas que hemos hecho han sido de reacción cuando alguien de fuera nos apretaba la boca del estómago. El surtidor, para alzarse briosamente en el aire, necesita una fuerte presión, y tal vez esto necesita la fontana sagrada del alma española.

Sin embargo, esa presión existe y no es otra que la horrible depresión de nuestro ánimo. No es preciso que alguien desembuche en nuestras costas sus ejércitos para que nos sintamos acorralados: el extraño ejerce hoy la misma influencia por otros procedimientos, y moralmente cada español está replegado dentro de sí mismo y apocado en una Covadonga sentimental. Esto no sólo no es mal signo, sino que es una nota que mueve a optimismo. Para dar un salto es preciso recogerse antes sobre sí. Es innegable que hoy en España se quiere hacer algo, se desea ardientemente un cambio de rumbo.

Lo lamentable es que la propensión unilateral nos imposibilita la acción. Así, por ejemplo, en España se clama por cultura, por europeización, lo cual parece muy bien. Pero inmediatamente salta la pregunta: ¿Qué es cultura? ¿Qué es europeización? Y el unilateralismo ha contestado: Escuelas de Artes e Industrias, Ingenieros industriales. Centros técnicos, manufactura a ultranza, economía y tente tieso, *practicismo* y agárrate. Eso es cultura, eso es Europa.

Todo ello también parece cosa acertada, salvo que eso ni es cultura ni es Europa, sino un trozo de la cultura y un repecho de Europa.

«Fue la negra al baño y trujo que contar un año», dice el refrán.

Sale un español fuera de España, viaja por Alemania o por Bélgica o por Inglaterra, y al volver a Tierra de Campos trae materia para charlar medio siglo. Y no para mentar los *adelantos* de Europa y lamentar los *atrasos* de España, sino para maravillarse de lo adelantada que está España.

Con efecto, y vayan muestras: en España se protesta contra dos años de latín que estudian las criaturas en los Institutos, o mejor dicho, que no estudian. La enseñanza clásica es una rémora para la cultura moderna, se dice, y está mandada recoger en todos los países civilizados. Esos dos años que pierde el niño en traducir a Cicerón y a Virgilio, podía ganarlos aprendiendo a componer un timbre eléctrico o a hacer una rueda más o menos dentada.

Y el español de buena fe que de la remota Alemania vuelve —adviértase, de Alemania, la vencedora en industria y comercio de Inglaterra— piensa seriamente al oírlo en que le devuelvan el dinero gastado en su viaje, porque resulta que le han engañado, que Alemania vive aún en los viejos y retóricos tiempos del humanismo, en la edad del señor Pirkheimer, de Ulrico de Hutten y de las *Epistolae obscurorum virorum.* ¿Cómo esto?

Sí señor; en Alemania se estudian en los Gimnasios ¡seis años de latín! o ¡siete! y para mayor abundamiento, seis años de griego. Es probable que ningún español, aparte el señor Alemany y don Julio Cejador, hayan perdido seis años en aprender griego, y no obstante, hay menos ruedas dentadas y menos sueros en España que en Alemania.

Y es que los que así claman han leído una dolorosa traducción de un libro de Spencer, donde entre las geniales ideas del gran filósofo hay más de una sandez sociológica y no pocas perogrulladas, mezcla que, como saben cuantos al grande y sabio evolucionista han leído, caracteriza su arte magna combinatoria.

Como esta enemiga contra la enseñanza clásica y artística hay otras muchas, que irán apareciendo, nacidas de la pereza en enterarse, de la mala fe de algunos ingeniosos escritores, a quienes estorba el griego y el latín, porque no lo aprendieron a tiempo, y del perenne venero de arbitristas de café y oradores de Ateneos, excientíficos y exliterarios.

Preciso es que unos y otros vayan comprendiendo la vulgaridad de que la cultura, como la mujer propia, no puede tomarse con reservas mentales, sino totalmente: que Europa es una tierra vieja donde se trabaja química y se inventan segadoras mecánicas, pero donde al mismo tiempo se glosa el *Código de Hammurabi* y los fragmentos del pobre Heráclito.

Conste, pues, que *civilización* no es *practicismo*. Que *cultura* no es *tecnicismo*. Que si se labrara un símbolo de la Europa moderna acaso aparecieran en él una segadora y una dinamo, pero no solas: junto habría que poner las gafas de Momsen, el martillo de Darwin y el lapicero de Wundt.

Quiere decir esto que si al cabo se emprende la reforma de la Universidad, no se ha de mirar tanto a cambiar éste o el otro detalle en las disciplinas y en el profesorazgo, cuanto a volver del revés el concepto que tenemos del fin de la Universidad, representación la más alta de la cultura, porque en ella cifra, no sólo la de hoy, sino la de mañana. Por tanto, según lo que creamos que es cultura, civilización, así acertaremos o no en la constitución nueva y perentoria de los *Estudios generales,* como decían los abuelos de nuestros abuelos.

¿Qué debe ser la Universidad? Hoy no tenemos espacio en que ofrecer algunos advertimientos sobre el particular, que seguirán otro día, advertimientos que no van dirigidos a los letrados, sino a quienes, por ser otras sus ocupaciones y no haber viajado fuera de puertas, desconocen la organización universitaria en el extranjero, o mejor dicho, en Alemania, pues la inglesa y norteamericana son formas de transición, y en cuanto a la francesa, no hay necesidad ni posibilidad de imitarla.

¡Imitación! Esta palabra debe a la sazón tomarse en un sentido muy restrictivo. Un pueblo no debe jamás imitar a otro: debe tomar, adquirir en otras sociedades lo que le hace falta, y luego digerirlo a su manera, en su estómago y con sus propios jugos. Sólo españolizando lo europeo, quilificándolo según la fórmula étnica nuestra, se nos tornará en sangre corredora y viviente. Esto, pues, no es una imitación, como no es imitar al carnicero ir a comprarle una chuleta que luego guisemos según el rito áureo del toledano Granullaque y digeramos a la manera celtíbera.

«España debió ser la Grecia cristiana». Este imperativo histórico, al que hemos faltado hasta ahora, puede ser realidad algún día, y aunque este día sea lejano, con un poco de buena fe podemos irlo preparando. Para volver a España nada menos que en una Grecia, no es ciertamente la Universidad el único instrumento, pero sí el más importante.

Hemos convenido —según notábamos en el artículo anterior— que para renovar y enriquecer la agricultura es preciso dar de lado al viejo arado de los padres de Roma, y que para crear civilización hay que desechar también el arado romano universitario. Todo es cuestión de arados, y es vieja la idea: las selvas se apaciguan con el arado, decía Horacio el viejo: *pacantur vomere silvae.* Ahora bien, la Universidad es la fábrica de arados que ararán el porvenir.

Firmado *X. Z., El Imparcial,* 23 de enero de 1906

III

No hace falta ser un lince ni un zahorí para advertir que nosotros, los hijos de España, tenemos una marcadísima inclinación a objetivar toda responsabilidad y toda culpa.

Así durante medio siglo no hemos hecho sino achacar la culpa de que fuéramos tan malamente, a que los administradores nos robaban. No pensábamos, ni por un momento, en que acaso cada uno de nosotros, y aun lo más íntimo de nosotros, era la causa del rápido pero continuo ir muriendo. No nos ocurrió la sospecha de que cada uno de nosotros, en cuanto ciudadanos, éramos inmorales. Nada de eso; hace falta algo sólido, externo, concreto, es decir, *aporreable* en que descargar la angustia del malestar.

Este rasgo anímico aparece también en la cuestión universitaria. ¿Por qué anda tan mal la cosa científica? ¿Por qué los estudiantes salen de la Universidad como rayos del sol por un cristal sin mancharlo ni mancharse? ¿Por qué las mentes de los mozos que siguen carreras quedan permanentemente doncellas? Muy sencillo. Porque tenemos sobre esto cada uno de los contribuyentes, más o menos diputados y senadores, una idea falsa —o acaso no tenemos ninguna idea— de lo que debe ser la Universidad. ¿Por qué cada uno de los estudiantes y cada uno de los profesores son poco solícitos y hazañosos? ¿Porque los planes de enseñanza, no ya resultan malos, sino que lo son *a priori*, forzosamente, porque sólo pueden ser barajeos y trasmutaciones de los cuatro conceptos cristalizados que forman la opinión pública?... Nada de eso. Es preciso dar con algo objetivo. Helo hallado: porque entre vacaciones y zarandajas los cursos se reducen a unos siete meses. ¿Porque el estudiante no estudia? No; más bien porque falta a la lista. ¿Porque el profesor no enseña nada, porque no puede enseñar nada? No; más bien porque de las trescientas veintitrés páginas que forman la asignatura ha recitado ante los oyentes sólo doscientas quince. No es cosa de irse a filosofías, pero inquieta advertir cómo en toda cuestión, ya grande, ya minúscula, enseña su oreja el ritualismo, hermano de padre y de madre del escolasticismo.

Tomamos como punto de comparación —aunque no queremos como modelo—, la Universidad alemana, cuyos resultados son hechos indubitables. Pues bien; en las Universidades alemanas no hay curso como en las nuestras; el año académico pártese por gala en dos semestres. En cada semestre hay unos tres meses y medio oficiales *antes menos que justamente* de enseñanza: es decir, en total unos siete meses.

El profesor Paulsen, de la Universidad de Berlín, en su libro sobre la enseñanza universitaria alemana, ajusta la cuenta del tiempo de vacaciones que disfrutan los estudiantes: siete semanas en Pascua, doce semanas de agosto a noviembre, dos en Navidad, una en Pentecostés. Suma veintidós semanas de huelga. El año que disfrutamos los terrícolas tiene unas cincuenta y dos semanas; de suerte, que, descontando domingos, fiestas de guardar, jubileos, etcétera, no sacamos arriba de veintisiete semanas de útil faena. Pero aún hay más; las clases no comienzan nunca al tiempo prescrito, sino después, ni suelen concluir cuando se había prefijado, sino antes, pues comienzo y fin se dejan al bueno y libre arbitrio de cada profesor, que cita para cuando le place y corta cuando le viene en gana. Quedamos, pues, que en Alemania hay anualmente poco más de la mitad de clases que en España.

Pero se dirá: en Alemania las carreras serán más largas. A lo que se contesta: en Alemania no hay propiamente carreras: la palabra germánica para expresar esta idea, *Beruf,* tiene un significado medio entre vocación y profesión. Y lo que entre nosotros es real y verdaderamente carrera, se dice *Lebensart,* manera de vivir, frase esta última que a su vez equivale a mala manera de vivir que busca el que no puede vivir bien de ninguna manera.

Pero, en fin, haciendo la traducción, más bien por paralelismo que por identidad, resulta que el Estado prusiano exige sólo para admitir a sus pruebas tres años y cuatro el bávaro, salvando en ambos casos la facultad de medicina en que se requieren cinco años.

Compárense los números: Prusia exige a un abogado 81 semanas de estudios en un establecimiento oficial y España 155. De todo lo cual sobreviene el caso enorgullecedor de que un abogado español sabe Código y procedimientos y economía y derecho natural más que un prusiano por valor de 74 semanas de ventaja.

Y vamos a la otra gran falta de que se acusa a nuestra enseñanza universitaria.

El profesor de Lógica o de Metafísica se deja sin explicar la última parte de la asignatura. Habrá quien crea que la Lógica y la Metafísica vienen a ser perros en la misa de la cultura española. No discutiremos tal aserto, porque tratamos única y meramente de hacer comparación y contraste entre dos hechos, cuales son, Universidad española y Universidad alemana, sin meternos a discernir qué se debe enseñar y qué no, sino anotando alguna observación sobre cómo se deba enseñar lo que hoy se enseña.

Facultad de filosofía hay en Berlín y hay en Madrid. El estudiante español que comienza el aprendizaje de tal facultad ha estudiado ya en el bachillerato Lógica: llega a la Universidad y encuentra otro profesor que el Estado, padre providente, sustenta para que le enseñe otra vez Lógica, ciencia absolutamente necesaria si se ha de estudiar Filosofía. Supongamos que ni en el Instituto ni en la Universidad llegan a explicar al citado mozo el final de la Lógica. Suceso lamentable.

El muchacho alemán que quiera estudiar la facultad de filosofía, se encuentra con que en el bachillerato no ha tenido profesor de lógica elemental y que en la Universidad tampoco tiene profesor de Lógica y a lo sumo se encuentra con una lección que se llama «Teoría del conocimiento y Lógica», en la que dan por supuesto que saben ya Lógica, por haberla aprendido antes de llegar «a las costas risueñas de la vida», lección que se ocupa, casi todo el semestre, con la Teoría del conocimiento y sólo menta al cabo la Lógica para discutir su valor científico.

Si, pues, debe suponerse que a un estudiante sólo puede exigirse conocimiento de lo que un profesor le ha explicado, el español sabrá sólo las tres cuartas partes de la Lógica, pero el alemán no sabrá ni un palote de Lógica y habrá de andarse a que se la enseñe su abuelo, o su tía, o su novia.

Mas por lo visto, la parte más importante de la Lógica es la que se ha quedado en el cuerpo al profesor y acaso es en ella donde se enseña que no hay que buscar los errores en lo objetivo, sino cuando se ha apurado el examen íntimo y no los hemos hallado dentro de nosotros.

No está mal la enseñanza universitaria, porque el alumno no vaya a clase, sino que el alumno no va a clase porque no existe sino un fantasma de enseñanza universitaria; porque es mala (aunque mejor) la de los Institutos, porque no existe la primera enseñanza, y sobre todo, porque desde que nace, comienza cuanto le rodea, cosas y personas, prejuicios y juicios, a ejercer sobre él una enseñanza negativa, merced a la cual llega a las puertas de la Universidad «desalmado» y perfectamente «inmoralizado». Esta palabra tiene un sabor reaccionario que conviene, por lo menos, dejar a un lado. No se habla ahora de la moral religiosa, que es el conjunto de virtudes para lograr un fin religioso, la exaltación en una vida transmundana, sino de la moral humana, que es el conjunto de virtudes para lograr un fin humano, a saber: «la vida más vida que se pueda vivir», en el mundo. Nosotros podremos reírnos de esas recias y clásicas virtudes humanas, demasiado humanas, pero ello es que los que las tienen y cultivan y guardan, viven más vida que nosotros.

Y la primera y más amplia inmoralidad que cometemos, es dejar que piense las cosas la opinión pública.

La opinión pública cree que de la ignorancia nuestra es culpable el que los estudiantes falten a las listas y que las listas falten a los estudiantes, pues si la función crea el órgano, las listas son ya un miembro del catedrático y *ubi lista, ibi professor.* Pero entendámonos. ¿Qué cosa es opinión pública? Y un loco divino responde: «la suma de las perezas individuales». Es decir, otro pecado de objetivación.

Firmado *X. Z.*, *El Imparcial*, 1 de febrero de 1906

IV

Quedábamos en que los estudiantes nuestros son malos estudiantes y malos profesores nuestros profesores porque la Universidad es mala y no al contrario. No se diga que ésta es tan sólo la suma y conocimiento de alumnos y profesores, porque el mismo Pero Grullo, último padre de la Iglesia, olvidado injustamente por Migne, protestaría de ello; pueden ser unos y otros cumplidores de sus deberes y el resultado mezquino, como ocurre en Francia. Un verso no es un puñado de letras, sino un orden de letras. Ese orden es lo que está en la mente del poeta y lo que se llama idea.

¿Cuál es, pues, la idea de la Universidad? ¿Y cuál debe ser?

Comienza la Universidad española que disfrutamos por no ser Universidad sino un Instituto. En la enseñanza oficial alemana está partido el campo docente en dos provincias de arriba a abajo distintas: la escuela y la Universidad. Escuela es todo desde las ínfimas letras hasta la conclusión del bachillerato: desde la primera niñez hasta floridos los dieciocho años no hay sino escuela. La escuela educa y para ello el alumno está subordinado al maestro que le impone un régimen de vida, materias y distribución del estudio, pruebas de aplicación, etcétera. La Universidad no educa, enseña tan sólo y por lo tanto no tiene el maestro, que ahora no es sino profesor, sin derecho alguno a intervenir en los andares y quereres del estudiante; éste elige la facultad que más le interesa, elige los profesores, elige disciplinas, va o no va a clase, es un «señor» que acude a un edificio público para aprender unas cosas mediante su dinero que le cuesta, y el profesor es otro «señor», que va al mismo edificio a enseñar lo que sabe mediante su dinero que le pagan. La Universidad es también «la religión de los iguales».

La Universidad española se distingue del Instituto en que los libros de texto tienen cien páginas más, en que los estudiantes llevan pantalón largo y suelen por la mañana declararse en huelga para ir por la tarde a declararse a una modista. Por lo demás, tan Instituto y tan escuela es lo uno como lo otro. Poco más o menos ambas suertes de profesión tienen un mismo rango en la sociedad y en la ciencia, análogos predicamentos y parecida soldada. En Alemania son cosas muy diversas: al de Instituto (o sea *Gimnasium*, *Realgimnasium*, *Realschule*, *Oberrealschule*) se le llama vulgarmente maestro de escuela (*Schulmeister*) y sólo tras largos años de servicios en especialísimas condiciones llegan a poderse titular «profesores». Precisamente hace unos días el káiser ha abierto la mano un poco en tal asunto. No se supone que un buen maestro haya de ser un hombre de ciencia, un sabio: es una carrera la suya que sin grandes virtudes intelectivas puede recorrerse rápidamente. Por no alargar estas ya largas palabras no se ponen aquí los trámites legales, exigidos para alcanzar una de semejantes maestrías.

El profesor de la Universidad, por el contrario, es siempre una figura personal y eminente, sin que esto vaya a significar genialidad en todos y cada uno de ellos.

Dejemos hablar al profesor Paulsen de la Universidad de Berlín, catedrático de filosofía, pedagogía, y brillante pedagogo: «El profesor de universidad, según el concepto alemán, tiene una doble posición y una doble tarea; es al propio tiempo "sabio" o investigador científico y maestro de la ciencia». En otros países –prosigue–, existen Academias aparte de la Universidad, que son propiamente, aunque con mejor o peor resultado, hogares de la ciencia. La Universidad alemana es a la vez Academia y Escuela superior. «El ideal del profesor universitario es, por consiguiente, un hombre que por una parte, como pensador independiente, examina su ciencia, y como profundo conocedor de sus métodos investigadores trabaja creando en ella, y de otra, como maestro, acierta a imbuir en sus alumnos el espíritu científico y guía a los mejor dotados para que participen en el trabajo erudito». «Para maestro de la ciencia sirve sólo el que haya trabajado en ella productivamente...» «Sólo un corto número entre los estudiantes se dedica luego a trabajos genuinamente científicos: los más enseñan en las carreras públicas y son jueces, maestros de Instituto, abogados, médicos, pero la mayor parte han sido tocados una vez en su vida por la idea de buscar libremente la verdad. Y en muchas almas queda como un perdurable elemento la noción de lo que es la ciencia y de la alta labor y preocupación científicas».

Los profesores constituyen el *corpus academicum*, quien hace mangas y capirotes de cuanto se realiza dentro de la Universidad. En él se nombra anualmente al rector, que en algunas partes lleva el epíteto de *magnificus*, resabio de viejos tiempos retóricos y el Senado: ambos intervienen en los juicios disciplinarios, e imponen los castigos, a saber: multa de hasta 20 marcos (unas 30 pesetas), cárcel de hasta catorce días, amenaza de expulsión, expulsión y exclusión.

Cada Universidad tiene cuatro facultades –teología, medicina, jurisprudencia y filosofía–, salvo Münster, que tiene sólo tres. En Bonn, Breslau, Tubinga y Strasburgo, la facultad teológica es doble: católica y evangélica. En Münster, Munich, Wurzburgo y Friburgo, sólo católica. De la facultad de filosofía en Tubinga, Strasburgo y Heidelberg se ha separado la nueva facultad independiente de ciencias, matemáticas y naturales, y en Tubinga, además de ésta, otra de ciencias políticas. En Munich se ha constituido la de ciencias políticas. En el resto de las Universidades se entiende por facultad de filosofía, aparte de filosofía propiamente dicha, la historia, la matemática —como decían los krausistas—, ciencias naturales, geografía y la filología y lingüística. Cada facultad nombra todos los años un decano; inspecciona a los estudiantes moral y científicamente; administra las becas y estipendios y juzga las pruebas exigidas para su concesión; redacta tema para los premios, los otorga y los reparte. Vigila la materia didáctica, y como es libre el profesor en su actividad, tiene que cuidar que en cada semestre esté completa la enseñanza; propone los necesarios aumentos en el profesorado; examina para conceder las dignidades académicas, y dar, en fin, la *venia legendi*, de que luego se hablará.

Profesores.— Dentro de ese *corpus academicum* independiente, el profesor, nombrado generalmente por el gobierno a propuesta de la facultad, es asimismo independiente. Nómbresele para explicar filosofía y pedagogía, por ejemplo, o ciencias anatómicas; dentro de círculo tan vasto puede enseñar lo que le plazca, como le plazca y en un número de horas arbitrario. Sólo está obligado a dar una lección semanal pública y otra privada, distinta, que luego se aclarará.

Los profesores son: primero, nombrados y pagados por el Estado. Segundo, *Privatdozenten*, profesores libres o auxiliares, a quienes la facultad otorga permiso para enseñar en sus aulas, los cuales no tienen sueldo ni obligación oficial alguna.

Los profesores pueden ser ordinarios y extraordinarios. En España los extraordinarios serían, a no dudarlo, los mejores, como lo suelen ser las corridas de toros fuera de abono, y adviértase de pasada que el gran secreto alemán, y no sólo en materia de enseñanza, ha sido convertir lo ordinario en lo mejor y cuidarse poco de todo lo extraordinario.

Pero no nos vayamos a coger nidos y prosigamos paso a paso en esta breve reseña de la constitución universitaria.

Los ordinarios son miembros de la corporación académica; los extraordinarios no intervienen en el régimen de la Universidad ni en las decisiones facultativas. Sin embargo, unos y otros son exaltados por el ministro del «ramo», quien más según costumbre, que conforme a ley, atiende la propuesta de la facultad. Ésta puede decirse que es la única intromisión oficial en los asuntos académicos. «El Estado —dice Paulsen— se ha convencido de que entre sus magistraturas políticas no hay ningún órgano propio para el reconocimiento de la verdad, y por ello deja a la ciencia que se gobierne a sí misma. Y con el contenido de la ciencia está totalmente unida la forma, el método, que tampoco sufre ser regulada por prescripciones generales, fuera de las circunstancias meramente exteriores».

SUELDOS Y HONORARIOS.— El profesor alemán tiene dos suertes de ganancias: una oficialmente estatuida, que es el sueldo, otra los honorarios que pagan los estudiantes y oyentes que acuden a sus lecciones. Mucho se ha discutido y se discute acerca de la bondad de semejante uso, porque, como es natural, no corresponde muchas veces el mérito científico de un maestro al número de oyentes. Un hombre genial que explica chino, forzosamente ha de tener menos alumnos que un profesor corriente de derecho civil. De aquí que la Universidad conceda premios especiales a ciertos catedráticos, premios que vienen a ser sobresueldos.

Según la orden de 1897 los profesores ordinarios de Prusia reciben 4.000 marcos de sueldo y si lo son en Berlín 4.800, poco más de 7.000 pesetas con moquillo. Los extraordinarios 2.000 marcos, 2.400 en Berlín. Los ascensos hasta cinco, en Berlín seis, son de 400 marcos cada cuatro años.

Los honorarios varían grandemente según la personalidad del profesor y según la disciplina. Las más elevadas materias de la ciencia tienen muy pocos oyentes, al paso que las elementales y populares son escuchadas por verdaderos rebaños de aprendices. En 1900 hubo la siguiente proporción entre los honorarios cobrados por los 502 profesores prusianos:

468 menos de 10.000 marcos.

20 entre 10.000 y 15.000.

6 entre 15.000 y 20.000.

5 entre 20.000 y 30.000.

3 con más de 30.000.

Las lecciones son de una hora semanal, dos, tres, etcétera, y puede calcularse el precio en cinco marcos por una lección de una hora, cuando la que se explica no requiere tramoya experimental, laboratorio, etcétera.

Entre nosotros hora y lección son hoy sinónimos; decimos esto para que no se crea que cada hora de audición cuesta cinco marcos, sino todas las lecciones de una «asignatura», que se explica semanalmente una vez.

Resulta, pues, sumando sueldos y honorarios, completado el cuadro anterior de este modo:

30 profesores menos de 6.000 marcos.

128 entre 6 y 8.000.

114 entre 8 y 10.000.

65 entre 10 y 12.000.

73 entre 12 y 15.000.

55 entre 15 y 20.000.

18 entre 20 y 25.000.

9 entre 25 y 30.000.

7 entre 30 y 40.000.

3 más de ¡40.000!

Lo que da una cifra media de 11.705. Los más gananciosos, si no erramos, son los médicos y los catedráticos ilustres de geografía, derecho y disciplinas económicas.

Como esa desigualdad es irritante y el sabio no tiene la culpa de que los humanos muestren más interés por saber dónde está Ciempozuelos y qué se cría en Patagonia, o por conocer a ciencia cierta qué impuestos paga, que no debía pagar si el mundo anduviera más decentemente, que por comentar el Pentateuco y construir la geometría no euclidiana, la misma real orden de 1897 prescribe que de los honorarios superiores a 3.000 marcos, 4.500 en Berlín, pase la mitad a las arcas de la Hacienda pública, como relativa compensación a un aumento general de los sueldos.

Demás de esto recibe cada profesor un donativo para casa (*Wohnungsgeld*) de 900 marcos en Berlín, y 660 a 540 en las demás ciudades universitarias.

No hay determinado nada con respecto a la edad en que deben retirarse de su ejercicio los catedráticos; en cada caso se resuelve a propuesta del propio interesado y luego de prolijo expediente. En cambio, una vez en el retiro no se le considera como un empleado vulgar, sino que conserva todo su sueldo y dinero de habitación. Los honorarios, claro está, deja de percibirlos, pero en algunos sitios, Tubinga por ejemplo, se le dan 2.000 de consolación.

La viuda recibe, sea el que fuere el tiempo que ha ejercido su marido, 1.650 marcos cuando fue profesor ordinario, y 1.300 si extraordinario. Al ingenioso lector se le ha ocurrido ya, sin duda, la observación de que es preferible ser viuda de un hombre ordinario que de un extraordinario, cosa en que coinciden casi todas las mujeres. Al primer hijo le dan 480 marcos hasta los veintiún años, a cada siguiente 300. Al huérfano de padre y madre 720, a sus hermanos 480 marcos. Aún hay en algunas Universidades fundaciones y cajas de auxilio.

Según se ve, los profesores alemanes están bien retribuidos, sin llegar nunca a las fabulosas ganancias y bodigos de los ingleses y norteamericanos. Muchos catedráticos españoles si leen las cifras arriba apuntadas pensarán que sus sueldos son cosa mezquina y hasta sonrojadora. Cierto, que pagando como se paga al profesor en España, no será nunca posible una Universidad que sirva para algo más que para cubrir la vanidad nacional y las vanidades particulares. Pero noten dichos catedráticos que los profesores alemanes, para llegar a serlo, han recorrido un vía-crucis doloroso y tenaz, de que no hay idea entre nosotros, han trabajado años y años ferozmente, teniendo el éxito muy dudoso; han caído rotos muchos en el camino si no tenían fortuna personal: en suma, que para ser profesor en Alemania no basta querer serlo, como ocurre en nuestra tierra.

Firmado *X. Z.*, *El Imparcial*, 17 de febrero de 1906

V

Hablemos algo de los *Privatdozenten*, profesores libres.

Acaso sea tal institución lo más original de la Universidad alemana y acaso también lo que hace de la enseñanza académica superior una acción viva, actualísima, sin estancamientos ni petrificaciones. El *Privatdozent* suele ser un hombre joven que luego de concluir sus estudios universitarios prosigue afanosamente elaborando ciencia y decide consagrarle su vida con la decisión, serenidad y nobleza de gesto con que un sacerdote de Atenas sacrificaba un buey a Minerva de verdes ojos. La ciencia alemana, a despecho de la torpe y malintencionada leyenda, no es esa ciencia mortecina y sepulturera de nuestro país, adonde van a dar los hombres de parda ambición y escaso nervio intelectivo, ciencia de embalsamadores y de hieratizantes que se embozan en la pedantería y se sirven de su nunca patentizado saber como aquella ingeniosa hijadalgo de Francia usaba de la caja de valores de los Crawford. La ciencia alemana no es tampoco un misterioso don que otorgan los cielos a unos pocos seres geniales, sino una ocupación natural, humanísima, en la que cada cual puede tener su parte y donde quien quiera podrá rendir utilidad. Por no ser ni aquella ciencia lóbrega, ni esta ciencia divina, los problemas sabios levantan de tiempo en tiempo verdaderas tormentas casi populares en que todo ciudadano culto se interesa y participa, tormentas que sólo se dan en otros pueblos por cuestiones políticas o tauromáquicas.

No ha de extrañar, pues, que haya mozos a millares dispuestos a cambiar unas cuantas horas de amores y devaneos dulces, de preocupaciones políticas y de esfuerzos, por escalar los escalafones, en casta y fecunda labor científica. Permanecen algunos años trabajando con ardor y lentitud, en el sigilo y en la modestia. Como el molusco va creando de sí mismo su concha, indiferente a cuanto le rodea, construye él su visión científica, incorpórase la labor de los hombres pasados e inicia la suya, la propia, la personal. La vanidad, si existe, la sutileza y la astucia en este largo intervalo de rumia solitaria y gestación oculta se secan, se purifican cuando menos. La idea de que se es uno de tantos trabajadores en la fábrica mundial de la ciencia, de que ésta es algo superior al individuo, más ancho y más largo, infunde el sentimiento de la disciplina, el cual, a su vez, madura los frutos, impide las hueras fantasías y poda las manías de la razón raciocinante.

Luego aparece el primer libro donde aquellos años de juvenil meditación se muestran condensados, ardorosos, latiendo en cada página como en unas sienes vivas, años en que habiéndose dejado las mujeres por las ideas, se han amado las ideas como a las mujeres. Tras él, acaso salgan a luz otros de más pausado andar.

El sabio siente la madurez de su espíritu como en la niñez sintió la pubertad de su cuerpo. Entonces elige una Universidad y pide a la facultad permiso para explicar, *venia legendi*: compone su *curriculum vitae*, un esquema de su vida, envía a informe sus obras y dos discursos, uno de ellos dirigido a la facultad, el otro en forma de lección (*Vorlesung*) a los estudiantes. La facultad delibera: estos dos discursos son meras fórmulas que no se toman en cuenta. Lo importante son las obras, sean impresas o manuscritas que manifieste el peticionario; es decir que «la capacidad creadora científica es lo decisivo para entrar en la carrera académica; un colegio de sabios aprueba o reprueba las condiciones de sabio del joven científico».

Concedida la *venia legendi*, inicia sus explicaciones con igual libertad que un profesor ordinario: su lección —y esto es muy importante— se considera válida como la de éste para el cuadro de disciplinas, cultivadas oficialmente, que se exige a los estudiantes cuando solicitan sus grados. Por su trabajo no cobra sueldo del Estado, sólo percibe los honorarios de sus clases, que a fuer de maestro nuevo, suelen ser pequeñísimos. Y siguen años, muchos años ordinariamente, a veces toda la vida, sin que llegue el deseado profesorazgo. ¿De qué vive en tanto? Como no posea alguna fortuna de herencia, o su labor libresca o lecciones particulares no le ayuden, no vive. En Alemania, al contrario que en España, la ciencia es patrimonio de los hombres acomodados, ya que no ricos, al paso que entre nosotros es cosa que se deja al buen arbitrio de algunos golfos geniales. Claro que también lo que en Alemania ocurre es perjudicial: conviene que la ciencia esté en manos a quienes no ate ni trabe excesivamente la necesidad; sólo así se la librará de caer en un ganapán, cosa que jamás, jamás, debe ser la profesión de maestro. Pero, en cambio, se desperdician muchas fuerzas que acaso fueran las mejores, porque las tales fuerzas habían ido a asentarse en cuerpos proletarios. Para obviar, siquiera en corto trecho, ese inconveniente, creáronse en 1875 unas ayudantías por valor total de 54.000 marcos, que se otorgaban a mozos de largas esperanzas y de escasos dineros. Cada ayudantía dura cuatro años: en su ejercicio puede el joven maestro hacerse lo bastantemente conocido para que sus lecciones sean escuchadas por un número crecido de oyentes.

Y ahora nótese lo que significa para una Universidad el profesor libre. En primer lugar, la distancia entre el mero doctor y el profesor ordinario, especie de monstruo científico, aparece acortada por ese estado medio de *Privatdozent*. La romántica figura del joven maestro anima a los que vienen detrás. Asimismo, el nuevo lector se va haciendo al complicado arte de la enseñanza, precisa sus conocimientos, los completa, azuzado por el deseo de tener muchos discípulos, de competir con los profesores viejos, levanta en su ánimo presión de voluntad y de reflexión; cada semestre puede ser —y es en muchos casos— un triunfo para él, el más sano y halagador de los triunfos, porque un estudiante con libertad completa de elección no va a oír a un maestro, y deja a los demás que explican lo mismo, sino por una íntima convicción de que es aquél el mejor.

Por otra parte, las ideas, la ciencia misma, van arrugándose en la mente de los profesores viejos; los conceptos se anquilosan y andan por las circunvoluciones cerebrales, ya caducas, con muletas los raciocinios. De ordinario, el sistema, el método de un sabio, no son más que costumbres adquiridas por él en la mocedad: difícilmente se desprenden de ellas, y la ciencia claudica y se estanca cuando el método se hace viejo. Mas, a la par, aumenta el recelo y la intransigencia en el anciano, ciérrase a toda innovación y a todo innovador. Los nuevos maestros llegan con sus odrecillos de erudición, plenos de vinos bravos y frescos, que remozan la virgen eterna de la ciencia, concurren con los antiguos sacerdotes, ponen frente a sus deslucidas fiestas sus nuevos ritos flamantes y enseñan en sus retablos, a quien les quiera oír, nuevos misterios con nuevas soluciones.

De este modo es casi imposible que acontezca lo que entre nosotros ha ocurrido siempre: que los nuevos rumbos científicos lleguen a la Universidad cuando ya son añejos o infecundos y han sido sustituidos por otros nuevos. Que se pueda ser sin dificultad y sin excepcionales méritos catedrático a los veintiún años es cosa deplorable, pero lo es aún más que no haya en toda España sino un solo profesor de Metafísica, por ejemplo, y ése sea un anciano, sobre quien han pasado cincuenta años de filosofía completamente inadvertidos y que aún habla en tan intolerable jerigonza que unas frases suyas publicadas en cierta revista alemana (los *Kant-Studien*) han producido un inextinguible rumor de risas, y hasta los huesos de Hegel el difícil han repiqueteado jocosamente contra la losa que los cubre.

El profesor libre suele ser la iniciación en el profesorado. Cuando sus clases son muy visitadas asciende a profesor extraordinario, poco después arriba a ordinario o le coge la senectud en la misma situación y, a lo sumo, se le da como premio de discreta constancia el título de extraordinario sin sueldo.

Sin embargo, no es raro que se nombre a un mero doctor profesor, pero para ello hay que ser un doctor con toda la barba. Nietzsche a los veintitrés años, cuando aún no llevaba uno de *Privatdozent*, fue llamado por la Universidad de Basilea para regentar una cátedra de Filología clásica.

Se dirá que se han pintado de oro romántico las vidas de los creadores científicos y profesores alemanes. Claro que no faltan intrigas, recomendaciones, enemistades, desamparos, etcétera. Tales imperfecciones, cuando son excepcionales y no constitutivas, sirven para amenizar la vida y darle un dejo o saborcillo trágico que abre el apetito: una vida absolutamente justa sería insoportable. Pero es lícito afirmar que cuanto va dicho se ajusta con bastante precisión a la realidad, o por mejor decir, a lo que juzga como la realidad el que esto escribe, quien no pretende haber huroneado todos los meandros de la vida interna alemana, aunque haya procurado orientarse en ella del mejor modo que le fue dado.

La realidad es, pues, que en las Universidades alemanas hay un montón de hombres que, aparte excepciones, se dedican única y exclusivamente a las más altas labores humanas, las que proyectan reciamente sobre el porvenir a las razas que las cultivan y fomentan. Ese trabajo ideal purifica los ánimos y los ennoblece.

Y puesto que no fuera otra la utilidad de la ciencia que ser como el lavadero de una mina, donde aguas claras corrientes, pasando sobre el mineral, se llevan las escorias, ya estaría justificado que un pueblo mantuviera un laboratorio de sabios. Recuérdese aquel utopista que para afinar las ánimas de las rameras las mandaba hilar oro.

Una emulación constante, griegamente infantil, alienta a los maestros; los viejos, hostigados por los mozos, se esfuerzan en renovar sus caducos impulsos; éstos retienen sus enfoscadas fantasías porque la serenidad de los más viejos tiene grandes seducciones y presta a los idearios una apariencia de lo definitivo. Por esto decíamos que la institución del *Privatdozent*, del profesor libre, nos parece lo más original y lo más fecundo de la Universidad alemana. La proporción de estudiantes que oyen explicaciones de profesores libres y de ordinarios fue en 1892 la siguiente: Alumnos que asistieron a lecciones de profesores ordinarios: en Teología, 33 por 100; en Derecho, 47; en Medicina, 41; en Filosofía, 14. Y a las de *Privatdozenten*: en Teología, 23; en Derecho, 31; en Medicina, 12; en Filosofía, 6. Como se ve, es una muy respetable y significativa proporción.

Firmado *X. Z.*, *El Imparcial*, 28 de febrero de 1906

VI

La acción docente en la Universidad alemana se realiza con dos brazos; la lección o discurso didáctico (*Vorlesung*) y los ejercicios prácticos.

Hoy existe gran pendencia entre los sustentadores de la lección y los defensores del ejercicio práctico a ultranza. La lección tiene en su apoyo la historia; hasta comienzos de siglo sólo lecciones había en las aulas académicas. Hace cincuenta o setenta años comenzaron a crearse los llamados «Seminarios», que representan en las ciencias del espíritu lo que los «laboratorios» en las naturales. Poco a poco se multiplicaron los «seminarios» y hoy casi toda provincia científica tiene uno propio.

La lección es actualmente lo mismo que era en los tiempos clásicos de la Universidad de Salamanca, salvo que allí se «leía» al maestro en o acerca de un libro prefijado y así las cátedras de Avicena y de Lulio eran como glosas habladas de las obras de uno y otro. Hoy la lección es una semilectura sobre los apuntes (*Kollegheft, Kolleg*) que el profesor ha bosquejado previamente, apuntes que vienen a ser la armazón de alambre que sustenta el discurso libre ante los estudiantes. Pero no se crea que este discurso es algo parecido a las ingeniosas y elocuentes divagaciones del Colegio de Francia, que el mismo Renan condenó: la *Vorlesung*, de una a cinco horas semanales, es una exposición sistemática de una disciplina, o de una parte de ella, seguida con todo rigor científico por lo común y mezclada con recomendaciones para el trabajo aislado y personal de los oyentes, con crítica bibliográfica, etcétera.

El complicado artefacto de la ciencia va apareciendo poco a poco ante los estudiosos noveles, van fijándose sus líneas, cuajándose sus fondos, irguiéndose los problemas y floreciendo sobre ellos súbitamente las soluciones como las veletas en las torres. El solícito oyente puede decir que ha visto cómo se creaba ante él la ciencia completa de la nada, o mejor dicho, de la confusa realidad vulgar. Véanse los títulos de algunas *Vorlesungen*, tomados del índice de lecciones de la Universidad de Berlín para el semestre invernal que ahora termina:

Teología: Introducción al nuevo testamento: profesor, doctor Harnack, miércoles y sábados, de diez a doce *privatim*. Historia de la Iglesia en la Edad Media (primera parte); profesor, doctor Muller, miércoles y sábados, de ocho a diez, *privatim*. (Segunda parte); profesor, doctor Harnack, lunes, martes, jueves y viernes, de ocho a nueve. Derecho: filosofía del derecho y jurisprudencia comparada; profesor Kohler (cuatro horas semanales). Filosofía del derecho y teoría política general; profesor Paulsen (cuatro horas). Sistema del derecho privado romano; profesor, Hellwig (cuatro horas). Exegética de las Pandectas; profesor Kipp (una hora), pública. Medicina: anatomía del hombre, profesor Waldeyer (diez horas). Minúscula organización (?) —Feinerer Ban— o más delicados tejidos del sistema nervioso central con demostraciones; profesor R. Krause (dos horas).

Patología general; profesor Israel (cinco horas). Sobre composición y efectos de los nuevos medios curativos; profesor Liebrich, pública. Filosofía: introducción a la filosofía; profesor Riehl (dos horas). Historia general de la filosofía; profesor Riehl (cinco horas). Filosofía del siglo XIX de Fichte a Nietzsche; profesor Simmel (dos horas). Ciencia y fe; profesor Lasson, pública (una hora), etcétera.

Las lecciones, como se ve, son o *privatim* o públicas, es decir, que se requiere para oír las unas, a más de ser estudiante, haber pagado en la cuestura de la Universidad los honorarios debidos al profesor por tal lección. Las públicas se contentan con el primer requisito. Hay lecciones (que generalmente son las prácticas) *privatissime*, esto es, que para asistir a ellas es preciso haber visitado personalmente al profesor y puéstose de acuerdo con él.

Pero la *Vorlesung* va decayendo. La ciencia moderna es tan compleja, tan precisa, tan vasta, tan exquisita que se escapa a la exposición sistemática; además, el gran descubrimiento pedagógico contemporáneo, referente al estudio superior, ha sido que la ciencia no se puede enseñar y sí el método para crearla. Es decir, que el discípulo ha de comenzar desde luego a usar los instrumentos científicos, sean éstos materiales o puramente racionales bajo la dirección del maestro. De aquí que la lección vaya cediendo terreno al ejercicio práctico.

Como la misma designación aclara lo que ello sea, no nos detenemos a explicarlo. Pero adviértase que no es lo mismo que el «Seminario», del que sólo toman parte los ya avanzados estudiantes, que agrupados en torno de un sabio ilustre y comunicándose ampliamente con él, son sus verdaderos discípulos y continuadores: mas de éstos se hablará otro día.

La Universidad de Berlín es un hecho monstruoso que recuerda esas aplastantes construcciones de los pueblos primeros. Ella sustenta entera y verdadera la mole inmensa, gigantesca como de fábula que es la ciencia actual, donde el hombre ha puesto en cajas especiales todo el universo. Esa cosa divertidísima que nosotros usamos bajo el nombre oficinesco y beocio de «asignatura» desaparece en mil irradiaciones. La «asignatura» propiamente queda sólo como introducción a una introducción. El alemán que estudia anatomía general considera a ésta como unos andadores que suelta al punto para enterrarse en mil aprendizajes especializadores.

Hay, es cierto, un profesor que lee anatomía general, pero junto a él hay otro que dedica toda su actividad al mero estudio del coxis, del coxis hoy y en la Edad Media, del coxis ideal y del experimental, de todos los coxis, en fin, habidos y por haber, desde el del mísero adamita hasta el majestuoso del padre Júpiter, pasando por el coxis floreciente de los hermanos monos. Y así cada ciencia se abre en arroyos infinitos, en divididos y subdivididos ramajes, en complicadas y múltiples venas que llegan hasta el estudio intensivo de los más pequeños detalles de la Naturaleza, sea ésta el cuerpo humano, el rodar de las esferas o el trotecillo de la humanidad al través del tiempo y a ancas de la memoria. Dígase que es una pesadilla la lectura del índice de lecciones de la Universidad de Berlín. Creemos de todas suertes recomendable esa lectura; ella sola bastaría para humillarlos. Acaso no exista más claro espejo donde cada individuo pueda ver cuán enciclopédica es su ignorancia. En medicina sólo, sin contar la zoología, botánica, química y demás ciencias auxiliares o preparatorias, llega el número de lecciones y ejercicios que se pone cada semestre a la disposición del estudioso a ¡500!

En derecho unas 98, en filosofía pura 40, en historia y geografía 86, en filología y lingüística ¡243!

Al ver esto ocurre pensar que sabe ya el hombre de sobra; el cúmulo de labor científica le agobia y a poco que crezca aquélla entre hacerse sabio y ganarse el pan que no crece, dudárase si le quedará un dulce minuto de su tiempo que dar a más blandos placeres y devaneos, al buen amor y al buen reír, en fin, al más alto y principesco goce que la vida da al hombre, el de perder el tiempo en jugoso vagabundeo.

Pero un sabio sentimiento de disciplina puede salvar de semejante ahogo: con poco que se sepa, basta. Lo que es preciso es saber una cosa bien, llegar en una ciencia hasta su fondo, que allí se tropezará, como en cualquiera otra, con el secreto de la vida, de la realidad, con la fórmula de la certidumbre. Luego, sobre unas pocas nociones del saber humano general podrá cada cual construirse una visión del mundo lo bastantemente sólida para que le enderece el ánimo y le enriende la voluntad.

La crisis actual de la Universidad alemana lleva cariz de resolverse en este sentido. Y como nosotros, tarde o muy luego, hemos de reconstruir de arriba abajo la nuestra, parece en su lugar exponer la disensión entre los defensores y enemigos de la lección, según Paulsen.

Los adversarios de la lección vienen a usar de las siguientes objeciones:

1.ª La lección deja al oyente en pasivo estado, en tanto que el profesor habla y él a lo sumo, extracta en rápidas notas lo que oye.

2.ª Lo mismo que dice el maestro y mucho mejor dicho se halla en los modernos manuales de la ciencia, donde con más detención y concisión la ha expuesto el mismo maestro. La lección, pues, vive aún por rutina y es un anacronismo su existencia 400 años después de la invención de la imprenta.

3.ª Debe ser sustituida por una lección de una hora semanal, que sea como una muy general y atractiva introducción a los problemas que la ciencia estudia.

4.ª La exposición oral no puede ser ni completa ni precisa.

Y dicen los defensores:

1.º El secreto de la lección está en la influencia personal del maestro. No es lo mismo leer un libro de Hegel que oír a Hegel. La palabra lleva sobre el convencimiento la fe en lo oído, la fe que es un convencimiento más hondo que el intelectual, un convencimiento de los nervios y de las entrañas. «Escribir —decía Goethe— es un abuso de lenguaje, leer calladamente una subrogación de la palabra. El *máximum* de influjo que un hombre puede ejercer sobre los demás, lo ejerce por medio de su persona». Y podría añadirse: la palabra es un signo de la idea y la escritura un signo de la palabra; cada nuevo transmisor intermediario hace perder intensidad a lo subjetivo.

2.º La ciencia en un libro es rígida, petrificada, conclusa. En la lección hablada va poco a poco desenvolviéndose como una mujer misteriosa. Se ama más y se comprende mejor lo que se ve nacer que lo que se halla ya perfecto; por eso los padres aman más a los hijos que los hijos a los padres, y se ama más la casa que nos construyen ante los ojos que la que se compra hecha.

3.º La *Vorlesung* permite andares más libres, sueños ceñidos a un sistematismo riguroso; las secciones, capítulos y artículos de un libro traban las piernas. En la palabra libre caben aclaraciones en apartes, digresiones, sobrevienen puntos de vista, se expresan sospechas vagas, se admiten posibilidades aún no admitidas en el cuerpo de la ciencia.

4.º En las disciplinas cuyo objeto puede ser mostrado intuitivamente (anatomía, etcétera), ni que dudar tiene, pero aún en las otras (derecho, filosofía, etcétera) también es útil el discurso, pues consiente la patentización del proceso de ideas en forma de esquemas. (Nótese que un alemán es capaz de poner en esquemas de «Tauromaquia» la de Montes sin moverse de un ladrillo).

5.º Es además útil para el profesor porque el tener que dirigirse a gentes aún ignorantes del «argot» científico, «argot» que suele ser más de conceptos que de palabras, y el haber de atraer blandamente su atención y retenerla evita el excesivo especialismo y la hieratización científica. Demás de esto obliga al sabio a volver con gran frecuencia su pensamiento a los primeros elementos básicos de su ciencia.

6.º En fin, la lección extiende la acción de un profesor sobre un número indefinido de alumnos, al paso que en el ejercicio sólo puede actuar sobre muy contados.

La cuestión está en litigio. Creemos indudable, no obstante, que la lección irá decayendo, se reducirá en muchos estudios a una somerísima introducción popular o a una *causerie* seductora del sabio acerca de los últimos resultados de la ciencia. La Universidad medioeval morirá por completo, y nacerá de ella la del porvenir sobre la base de los ejercicios, que después de todo apuntan ya en aquella curiosa costumbre de los maestros salmanticenses y alcalaínos, llamada «estar al poste», es decir, concluida la lección quedarse un tiempo determinado arrimado a una columna del claustro para que allí fueran a consultarle los estudiantes las dudas que les ocurrían.

Por mala ventura no estamos nosotros en disposición de andarnos a contar los pelos al diablo ni a pelearnos por estas exquisiteces pedagógicas. ¡Ojalá que disfrutásemos muchos profesores que leyeran con seguridad al menos su «asignatura»! Ya que no tengamos un especialista en coxis, tengamos maestros de anatomía que expliquen la anatomía de 1906 y no la tan añeja que de su época al día de hoy le hayan nacido al hombre huesos nuevos.

Firmado *X. Z.*, *El Imparcial*, 20 de febrero de 1906

Moralejas

CRÍTICA BÁRBARA

De cuando en cuando leo libros de literatura española contemporánea y me ocurren algunas cosas que son las que voy a referir. Estas cosas, mal que bien, podrían llamarse crítica de libros, y como todo crítico si no ha de entregarse al cambiante humor de su persona necesita de un criterio director, de una orientación general en la muchedumbre de sus juicios y advertimientos, me he andado río arriba y he ido a buscar mi sistema crítico en una raza aún no bien salida de las selvas, ruda y simple, detenida en una forma primitiva de civilización. Siglos y siglos de cultura han tergiversado de tal suerte las necesidades humanas, las morales, sobre todo, más fáciles siempre de deformar, que es sano a veces deshacer camino y renovar en algún punto la

originaria sencillez. Parece como que la humanidad necesita de tiempo en tiempo tomar una dosis de ingenuidad
para poder seguir viviendo: así, cuando la cultura grecolati-
na era un exceso, irrumpen en la Europa mediterránea los
rubios del Norte y por la sabiduría de Bizancio pasa el
turco rayendo los pueblos enervados y sobre la molicie de
los árabes andaluces caen los toscos almorávides del Sur.

Ruchrat de Oberwesel, teólogo alemán del siglo XV, decía que San Pedro había inventado la cuaresma para vender
mejor sus peces. No se diga, del mismo modo, que este elo-
gio del barbarismo oportunista es no más una defensa de
mi procedimiento crítico. ¿Cuál es éste? Para los indios
de Nueva Zelanda lo más importante, lo característico en
un libro es que se abre y se cierra: por eso le llaman una «almeja». Con alguna mudanza, este punto de vista neozelandés, me parece el más fecundo y acertado en la crítica literaria, y así como una almeja no tiene otro valor que el de
sus elementos asimilables dentro de una buena digestión,
así lo que me interesa de un libro es lo que de él pueda pasar a mí, tornarse sangre y carne mías. ¿Qué me importa lo
que esté pegado al libro y en él quede después de leído?
Esas «dificultades vencidas», esos primores de taller, toda
la maniobra del artífice, ¿qué valor pueden tener para mí,
que no soy artífice, que soy nudo lector, si no entran en
mí? Según el rito neozelandés, arrójanse allá las conchas
vanas de la almeja luego de comida la bestezuela. Así, tú,
señor lector, y yo, tiramos lejos de nosotros los libros sin
bestezuela.

De una valva conchácea a una piedra, poco camino hay.
Nuestro amor y nuestra curiosidad son grandes, pero se
gastan y consumen antes de llegar a las hermanas piedras,

si estas piedras no están humanizadas en un monumento o por una leyenda; si no están aposadas sobre una sierra donde nuestros padres movieron guerras. Nada que no sea viviente y orgánico puede interesarnos. Quédense para los sabios que, por otra parte veneramos, la mineralogía, las matemáticas, la teología, los acrósticos y las conchas irisadas de las almejas. Nosotros, menos sutiles, somos vivívoros, nos alimentamos de terrenas bestezuelas y de plantas y a un lugar teológico preferimos cualquier cosa orgánica, aunque sea una de esas agallas oscuras y feas que sobre un árbol formó la mística fecundidad de un cínife, una de esas agallas que buscaba yo, cuando muchacho, afanosamente por las robledas de El Escorial, para componer una tinta maravillosa que no he llegado a hacer nunca.

Como decía, he leído algunos libros de literatura española contemporánea y sigo leyéndolos, aun cuando sólo sea por patriotismo las más veces. Confieso que suelo abrirlos lleno de sed de españolismo, que corto las hojas casi religiosamente y confieso también que llegando por las últimas páginas tengo una pesadumbre en el corazón y espiritual sequedad en el ánimo. Quisiera decir sencillamente a qué atribuyo esto, y estas observaciones mías, desordenadas y a la buena de Dios, tómense como confesiones de un lector, no como dogmatismos de un crítico. Advierte, señor lector, que un crítico neozelandés no es nunca un crítico de verdad, más bien puede tenérsele por un alma de Dios.

Grandes y chicos, viejos y mozos, sabios e inocentes, llevamos todos dentro una visión del universo más o menos fragmentaria. La cultura no es otra cosa que el canje mutuo de estas maneras de ver las cosas de ayer, de hoy, del porvenir. Una tiesura pecaminosa, florecimiento de la vanidad, suele encerrarnos a cada uno dentro de sí y convertir en una isla a cada hombre. Éste es un viejo pecado español: no sé si ver en él una secuela de la educación moruna de nuestra raza, porque así como los muslimes mantienen recelosos enjauladas sus mujeres, nos recatamos unos a otros las ideas propias nuestras. Acaso la soberbia nos exige que seamos César o nada, querríamos acaso que nuestras opiniones fueran las definitivas, las ejemplares, las únicas, y un tanto de desconfianza nos hace preferir su ocultación, antes que exponerlas al fracaso o a la indiferencia. Es preciso que aprendamos a huir de semejante vicio. En una novela contemporánea aparece un muchacho de grandes, dulces ojos tranquilos, celoso en el trabajo, pero de viveza poca, que entre sus compañeros de la clase de latín ocupa siempre el último lugar. Y este pobre niño, que no es talentudo, pero tiene en su ánimo hondísimas y ricas venas de oro sentimental, acierta a consolarse con una observación divina, que no hubiera desechado Platón en su *República*: «Al fin y al cabo —decía— alguno tiene que ser el último». Aunque parezca una dolorosa ironía nos hace mucha falta aprender a ser últimos entre nuestros conciudadanos, a considerar sin rencor ni hosquedad el lugar que nos está asignado en la república, donde tan necesarios y útiles son los primeros como los últimos. Así en la literatura y en toda nuestra vida de hoy se advierte un prurito de genialidad y de fanfarronería, sólo concebible donde las mozas y las viejas testas se hallan preocupadas únicamente de ser las primeras en los escalafones, dando por despreciables todos los demás puestos. Aprendamos a ser los segundos, los terceros, los últimos. Tal vez, la más profunda enseñanza que da el roce con las cosas reales, que deja en nosotros esa temporada de abrazamiento al vivir, conforme vamos de los veinte años a los treinta, es que la vida merece la pena de vivirse aunque no seamos grandes hombres.

Hojeando estos días esa antología de poetas nuevos que se titula *La corte de los poetas*, notaba yo que mi manera de ver los asuntos universales, nacionales y particulares, es exactamente opuesta a la que dejan entrever todos esos poetas de mi tiempo. Y ello me regocijaba: no por esa inocente presunción de los que juzgan que es preciso a toda costa ser original, y creen que ser original es pensar de distinta suerte que los demás piensan, sino porque para mí tengo que en un pueblo hay tanta mayor energía cuanta más grande diversidad de pareceres, sobre cosas nimias inclusive. En resolución, únicamente donde los ciudadanos piensan cada uno sus pensamientos, podremos esperar ponernos alguna vez de acuerdo, al paso que donde todos piensan a una no hay acuerdo posible en las opiniones, por la sencilla razón de que nadie opina y todos tienen uno o varios magistrados que se encargan de pensar por ellos. En estas sociedades suele hablarse harto de eso que llaman «opinión pública», la cual decía Nietzsche no es sino la suma de las perezas individuales.

Exponga buenamente cada cual —según más arriba decía— su visión del mundo de la manera que esto es posible; a saber, procurando en cada momento expresar en una fórmula de palabras los vagos e informados pensamientos que dentro de nosotros suscita tal hecho presenciado, tal libro que leemos, tal idea que nos florece inopinadamente dentro. Es posible que no sea otra cosa en su germen una fuerte civilización —la de Grecia, la de Italia en el *Risorgimento*, la de Inglaterra durante todo el siglo XIX, la de Alemania

ayer y hoy— que el cúmulo de estas visiones del mundo individuales, más aún íntimas, comunicadas de mil modos en
la conversación, en los periódicos, en los libros, en los discursos, con literatura si se es literato, a la pata la llana si no
se sabe coger una pluma; en la temperie se corrigen unas y
otras, se disciplinan, se fecundan; sobre nuestras afirmacio-
nes, proyectadas fuera de nosotros, erigimos nuestra mora-
da interior, nuestro ánimo; los idearios análogos se aproxi-
man, los más recios y completos, los más ricos en porvenir
se hacen centros y núcleos en torno de los cuales se coagu-
lan otros y otros y al cabo fórmanse las grandes corrientes
políticas de los pueblos musculosos en cuyos programas y
credos sería ya difícil reconocer aquel sinnúmero de torren-
tillos individuales, de íntimos sentimientos que en ellos
desembocaron originándolos. Buena falta hace en España
una de esas épocas de intimidad afable y respetuosa, de
intimidad familiar, preparadora de los renacimientos.

Lo más triste que puede ocurrir es que donde la vida intelectual llega apenas a un soplo, a un hálito, especie de
agonía, esta pobreza de intelectualidad sea amanerada, nar-
cisina y con las raicillas al viento o sin raíces, como los
musgos. Esto son las literaturas de decadencia que se des-
entienden de todos los intereses humanos y nacionales, para
cuidarse sólo del virtuosismo, estimado por los entendi-
dos, iniciados y colegas del arte. Para ese desdén hacia la
calle, propio de la aristocracia femenina, sólo hay una
respuesta: la crítica bárbara, la que no se deja llevar a discu-
siones sutilísimas de técnica ni a sensiblerías estéticas de que
saldría siempre perdiendo, sino que, como los bárbaros de
Alarico entrando en Roma quebraban las labradas sillas
curiales y exigían el oro y la plata de los arcanos tesoros

públicos, aparta a un lado todo preciosismo y demanda al artista el secreto de las energías humanas que guarda el arte dentro de sus místicos arcaces.

El Imparcial, 6 de agosto de 1906

II

POESÍA NUEVA, POESÍA VIEJA

La Corte de los Poetas, antología, nos presenta como un extracto de diez años de poesía española. Aquí tenemos cuarenta, cincuenta poetas nuevos. No voy a hablar de ellos individualmente, sino considerándolos en general. No voy a medir el valor de esta composición ni de la otra, ni a decir si todas son malas ni si todas son buenas. Esto habrá de hacerse con las obras de artistas fenecidos; pero estos cuarenta, estos cincuenta poetas son jóvenes.

Todo pasado es irremediable, y los hechos de un hombre y las obras ya realizadas por un artista que aún vive son su pasado. Lo importante, pues, es lo que estos poetas nos ofrecen para el tiempo que viene. Lo importante es lo que se intenta y no lo que se logra. Los hombres hacen lo que pueden y piensan lo que quieren. Los pensamientos e intenciones de un poeta son su estética. Aquí tienes, señor lector, la razón por qué voy a hablar de la estética de los poetas nuevos sin pararme a medir el valor de ésta o de la otra composición ni a decir si todas esas poesías son malas ni si son buenas. La virtud justicia requiere que no exijamos responsabilidad sino de aquellos actos en cuya volición ha alentado cierta suerte de albedrío, y los poetas no son responsables de la belleza de sus poesías, pero son responsables de la rectitud de su estética.

Y entrando al punto en materia, te diré, señor lector, que Goudman, personaje volteriano, estaba persuadido de que si un pavo real pudiera hablar se vanagloriaría de tener un alma y diría que esa alma estaba en su cola. Asimismo, estos poetas de la nueva antología —dejando a un lado excepciones— piensan que el alma universal está contenida en cada palabra. Y no vaya a creerse que en aquel humor de concepto, de idea que fluye y da jugo a cada palabra, sino en el material físico del vocablo, en el sonido.

Para mí, y acaso para ti, señor lector, las palabras son unas ágiles avecicas que andan revolando de labios en oídos y llevan sobre sus alas misteriosos y potentes conjuros. Aposándose un instante en la oreja del prójimo, dejan caer sobre su ánimo esa mística e inmaterial carga de energía y luego tornan al libre aire hacia nuevas orejas y hacia otros ánimos. Así como en la moderna filosofía natural son los átomos no más que centros de fuerza y puntos de energía, las palabras son los lugares donde habitan las ideas.

No acierto a comprender por qué sutiles razonamientos han llegado los nuevos poetas a conceder un valor sustantivo a la palabra: abstráigase de su valor conceptual, de su valor lógico y queda sólo un *clamor concomitans*, un clamor que acompaña al sentimiento, un suspiro articulado que sirve de zagalejo al dolor y va tras él aliviándole, como abriéndole al través de los labios una puerta sobre el ambiente donde se expanda, se deprima y se mitigue.

Las palabras son logaritmos de las cosas, imágenes, ideas y sentimientos, y, por lo tanto, sólo pueden emplearse como signos de valores, nunca como valores. La belleza sonora de las palabras es grande a veces: yo me he extasiado muchas delante de esos sabios, luminosos, bellos vocablos de los hombres de Grecia, que edificaban sus palabras como sus templos. Pero esta belleza sonora de las palabras no es poética; viene del recuerdo de la música, que nos hace ver en la combinación de una frase una melodía elemental. En resolución, es la musicalidad de las palabras una fuerza de placer estético muy importante en la creación poética, pero nunca el centro de gravedad de la poesía.

Para los poetas nuevos la palabra es lo Absoluto, como para los científicos la Verdad y para los moralistas el Bien. Es el caso melancólico del indio eremita que cavando con su azadón la madre tierra lograba frutos de vida, y apoderándose de él un furor idólatra, colgó el azadón de un tamarindo y le adoraba. La tierra se hizo erial. Del mismo modo estos poetas hacen materia artística de lo que es tan sólo instrumento para labrar esa materia, una y única en todas las artes, la Vida, que sólo lleva frutos estéticos. Por esto es difícil en ocasiones distinguir entre un poeta nuevo y un negro catedrático; por eso rara vez se eleva su producción sobre un arte a lo juglar.

Corrientes hondas y poderosas, oriundas de extremas necesidades humanas —sentimiento, tradición, idea—, han de saltar con gracia y airosamente en la fontana de la poesía. No basta, no, para ser poeta peinar en ritmo y rima el chorruelo de una fuente que suena; hay que ser fuente, manantial, profunda veta de humanidad que rezume santa energía estética, renovadora, impulsora, consoladora.

El arte nos salva —pensaba Schopenhauer— de esta conciencia individual, con que vivimos ordinariamente y que nos hace percibir el ir y venir de los fenómenos, el nacer y fenecer de las cosas, el desear y el malogro de nuestro deseo; nos ayuda a emerger el arte, nos levanta hasta esa «conciencia mejor» en que dejamos de ser individuos y contemplamos sólo los amplios e inmutables estados del alma universal. ¿Tienen los nuevos poetas esa idea sobreexistencial y salvadora del arte, esa intención metafísica en su elaboración de la belleza? No, ciertamente.

Pero ya que no esa equívoca concepción filosófica del arte, demasiado vaga y remota, ¿ven acaso en la poesía una fuerza humana o, mejor dicho, nacional, propulsora del ánimo, forjadora de broncíneos ideales, educadora del intelecto, encantadora del sentimiento, empolladora del porvenir, que empuja hacia adelante, que pinta el mundo, la vida de nuevo color, da a lo futuro nueva traza y nos escancia jugos añejos, fragantes, nervudos, de las candioteras del pasado? Tampoco: en tanto que España cruje de angustia, casi todos estos poetas vagan inocentemente en torno de los poetas de la decadencia actual francesa y con las piedras de sillería del verbo castellano quieren fingir fuentecillas versallescas, semioscuras meriendas a lo Watteau, lindezas eróticas y derretimientos nerviosos de la vida deshuesada, sonámbula y femenina de París.

El arte es una subrogación de la vida. Si nos fuera a todos posible gozar de una vida tan intensa, tan llena de recias pasiones leoninas, de sabrosas y fecundas melancolías, de todos los sentimientos y todas las sensaciones como en los dramas de Shakespeare laten, acaso pudiéramos prescindir del arte y eso acaece a los hombres aventureros. Pero nuestra vida suele caminar sosegadamente al hilo de los días y al compás de las horas, que caen vanas en derredor de nosotros, como las nueces hueras de un nogal en el silencio de una siesta. Al tiempo que «nos acecha desde todos los rincones el hastío» nos va cayendo gota a gota dentro de las entrañas el dolor universal: entonces advertimos la vacuidad de la existencia, entonces necesitamos beber los vinos generosos de las bodegas ajenas, entonces nos emboscamos en las escenas trágicas del arte o buscamos las saucedas lientas que plantó a la vera de algún río algún hombre grande y bueno de cuyo pecho manaba otro río de ternura, idealismo y dulcedumbre. Pareciéndonos la vida sórdida e indigna de sufrir, la henchimos de arte y estibamos de imaginación las barcas lentas de nuestras horas.

Es, pues, el arte una actividad de liberación. ¿De qué nos liberta? De la vulgaridad. Yo no sé lo que tú pensarás, lector; pero para mí, vulgaridad es la realidad de todos los días; lo que traen en sus cangilones unos tras otros los minutos; el cúmulo de los hechos, significativos e insignificantes, que son urdimbre de nuestras vidas, y que sueltos, desperdigados, sin más enlace que el de la sucesión, no tienen sentido. Mas sosteniendo, como a la pompa el tronco, esas realidades de todos los días, existen las realidades perennes, es decir, las ansias, los problemas, las pasiones cardinales del vivir del universo. A éstas son a las que llega el arte, en las que se hunde, casi se ahoga el artista verdadero, y empleándolas como centros energéticos logra condensar la vulgaridad y dar un sentido a la vida. No es, por tanto, poesía lo que en tus nervios deja ese vientecillo áspero que ahora pasa, ni esa ingeniosa comparación que ahora te ocurre mirando la mar de espalda tembladora, ni esa pasioncilla o ese dolorcejo que, aislado del resto del mundo, deslíes en unas estrofas discretas y nítidas. Si no estás sumido en las grandes corrientes de subsuelo que enlazan y animan todos los seres, si no te preocupan las magnas angustias de la humanidad, a despecho de tus lindos versos a unas manos que son blancas, a unos jardines que se mueren por el amor de una rosa, a una tristeza menuda que te corretea como un ratón por el pecho, no eres un poeta, eres un filisteo del claror de luna. Porque si es cierto, según Emerson, que como cada planta tiene su parásito, tiene cada cosa su amante y su poeta, debe añadirse que tiene también su filisteo.

No creo que pueda haber arte en su noble acepción que no radique en esas realidades perennes. Ahora bien: la suma realidad ¿no es el Dolor? La poesía es flor del dolor; mas no del momentáneo y archiindividual, sino de un dolor sobre el que gravite la vida toda del individuo. Porque sobre la totalidad de una vida, con su nacimiento y su muerte, gravita a la vez, forzosamente, en más remota esfera, el doliente corazón silencioso del Uno-Todo.

De esta suerte me atrevo a decir que todo arte tiene que ser trágico, que sin simiente de tragedia una poesía es una copla de ciego o un tema de retórica, arte para pobres mujercitas de quebradizos nervios y ánima de vidrio.

Mas no se diga que cierro con todo lo que no sea arte genial. ¿Se quiere un ejemplo de ese arte que yo aquí predico, un ejemplo que no siendo genial vale como una página de arte hondo, trágico, subsolar, castizo, educador? Recuérdese el «Epílogo» que termina el libro *Los pueblos*, de Martínez Ruiz. ¿Cabe nada más sencillo, más esbelto, más somero y de mayor imaginativa continencia? ¿Cabe nada más castizo también? Allí no pasa cosa alguna y, sin embargo, llega entre los renglones desde una lejanía ideal el rumor de la Muerte que habla con su cortejo el Olvido.

Singular espectáculo el que ofrecen estos poetas de los últimos diez años. Durante ellos un río de amargura ha roto el cauce al pasar por España y ha inundado nuestra tierra, seca de dogmatismo y de retórica: empapada está la campiña y siete estados bajo ella de agua de dolor. El chotacabras del pesimismo ha hecho nido en todos los linderos. Dentro de esa amargura étnica han permanecido los poetas como «las madreperlas» —según habla San Francisco de Sales— que viven en medio del mar sin que entre en ellas una sola gota de agua marina. ¿Qué han hecho en tanto? Cantar a Arlequín y a Pierrot, recortar lunitas de cartón sobre un cielo de tul, derretirse ante la perenne sonatina y la tenaz mandolinata; en suma, reimitar lo peor de la tramoya romántica. No han sabido educarse sobre el pesimismo de su época y no alcanza su arte ni aun a ser pesimista.

Los poetas son incorregibles. El número del *Mercurio de Francia*, que apareció en septiembre de 1793, cruenta fecha de las matanzas, comenzaba con una poesía titulada: «A los manes de mi Canario».

El Imparcial, 13 de agosto de 1906

III

LA PEDAGOGÍA DEL PAISAJE

Recuerdo que una vez me encontraba en la raya de Segovia, dentro de un monte de pinos, al tiempo que el sol caía, mirando abrirse delante, en egregio anfiteatro, las lomas nerviosas de Guadarrama. Junto a mí estaba Rubín de

Cendoya, místico español, un hombre oscuro, un hombre ferviente. Hoy, señor lector, voy a referirte lo que en aquella sazón escuché de sus labios.

Había en torno nuestro un silencio que en cada instante iba a romperse y persistía, silencio donde laten las entrañas de las cosas, en que esperamos que rompa a hablarnos cuanto no sabe hablar. El valle verde y amarillo se alongaba a nuestros pies: la sierra levantaba poderosamente su vieja espalda sobre el cielo puro. En el camino real comenzaba el polvo yesoso a fosforecer. Recios aromas se alzaban del pinar, y sobre nuestras cabezas unos grandes pájaros grises volaron con lentos aletazos que arrancaban al aire suspiros.

Rubín de Cendoya, místico español, dijo de esta suerte:

«Sin que lo advirtamos, nuestras ideas celebran dentro de nosotros ritos sagrados y se unen en divinas asociaciones: bajo la ilusión de nuestro albedrío mantiénense en solidaridad fatal. Mira que ahora, en tanto dejo galopar la vista sobre esa línea quebrada de la sierra, se yerguen en mi memoria las imágenes de los hombres cárdenos pintados por el Greco. En estos montes hay, como en las pupilas de aquellos hombres, una voluntad suprema de perdurar sobre toda mudanza.

»Dejando ir la mirada sobre esa línea oscura que rompe el cielo, advierto que hay en mi alma un grumo metahistórico que llega de una hondonada del pasado y se apresta a hundirse en un porvenir sin límites. Esa montaña ha perpetuado al través de los siglos su perfil, y en ese hierático perfil se reúnen mis miradas con las de todas las generaciones muertas de españoles, y refractándose en la arista azulada de esa sierra, llegan a encontrar las pupilas grises de los padres celtíberos que en horas profundas, vestidos con negros cueros, contemplaron esta misma visión que ahora nosotros, celtíberos de un siglo joven, vestidos con trajes cilíndricos. El tiempo, en su huidez, hace vacilar nuestros ánimos, que el tiempo es un temblor incesante y eterno. Un ansia infinita de permanencia trasciende de lo más adentrado de nosotros, en tanto que la razón nos anticipa la imagen de una muerte cierta. Frente a ese problema trágico, insoluble, se evapora el individuo. La gota de agua que vive una noche tremando de placer sobre la verdura de una hoja, puede ser tan petulante que se crea algo necesario; a la aurora empezará a beber el vino de oro del sol, y se pondrá tan borracha que rodará de la hoja al suelo, se quebrará contra la tierra, y el sol, hinchándose sobre el horizonte, dispersará sus moléculas por los cuatro vientos.

»Estos montes son necesarios en la mecánica universal; pero tú y yo, que ahora estamos frente a ellos, debemos producirles el mismo efecto entre burlesco y sorprendente que a nosotros nos produce eso que llamamos casualidad. Créeme, amigo mío, tú y yo somos una casualidad.

»Este paisaje, en cambio, me hace descubrir una porción de mí mismo más compacta y nervuda, menos fugitiva y de azar. Llévame a una ciudad, ponme entre dos hileras de casas, rodéame de hombres que van y vienen con relojes en los bolsillos, de hombres a quienes interesan los minutos: entonces yo me siento desaparecer del mundo personal, creería que yo he muerto, que he pasado ya, que soy "nadie". Mas este paisaje me hace encontrar dentro de mí algo personalísimo, específico: ahora conozco que soy algo firme, inmutable, perenne; frente a estos altos montes azules yo soy al menos un "celtíbero"».

Rubín de Cendoya, místico español, se detuvo melancólicamente. Allá en la altura se pusieron unas nubes tan rojas que temimos si el sol se habría herido contra los picos agudos y como eternos de la sierra.

Aquel hombre entusiasta prosiguió:

«Como a Séneca había enseñado su casa de campo el arte exquisito de la vejez, me ha iniciado a mí este paisaje en una religión. Cada paisaje me enseña algo nuevo y me induce en una nueva virtud. En verdad te digo que el paisaje educa mejor que el más hábil pedagogo, y si tengo algún solaz te prometo componer frente a la admirable "Pedagogía social" del profesor Natorp otra más modesta, pero más jugosa: "Pedagogía del paisaje".

»Acaso el único motivo de reyerta que tengo yo con Platón es haber éste dicho que nada podían enseñar a Sócrates los árboles en el campo y sí los hombres en la ciudad. Esto es, por lo demás, muy perdonable si se tiene en cuenta que en Platón quedaban aún no pocos resabios del período sofístico, lleno todo de preocupaciones y prejuicios antropológicos como el siglo XVIII francés.

»Los árboles son grandes maestros y el mismo Platón solía ir a visitar un plátano en las afueras de Atenas, como fue un plátano el mejor amigo de Taine. Es frecuente que los grandes hombres, luego de haber atravesado ciencias y ciencias, de haber gustado artes e idearios, acaben por dedicarse a la botánica, que, sin duda, les ofrece gratos secretos y dulces consolaciones; así, Rousseau y Goethe. Un árbol es tal vez lo más bello que existe: tiene reciedad en el tronco, caprichosa indecisión en las ramas, ternura en las hojuelas movedizas. Y sobre todo esto hay en él no sé qué de serenidad, no sé qué de una vida vaga, muda, palpitante, que va y viene inciertamente entre el follaje. Justo me parece que los egipcios primeros creyeran que las almas de los muertos iban a habitar en las ramas de los árboles, y que los indios argentinos pusieran bajo un árbol sus ofrendas al divino Walechu. Renan dice que el instinto religioso es en el hombre lo que el instinto de nidificación en el pájaro: nada extraño tiene que, como las aves labran sus nidos en los árboles, hagan de ellos sus altares los hombres.

»Los paisajes me han creado la mitad mejor de mi alma; y si no hubiera perdido largos años viviendo en la hosquedad de las ciudades, sería a la hora de ahora más bueno y más profundo. Dime el paisaje en que vives y te diré quién eres.

»Al tiempo que por Europa pasaba una ola de histerismo revolucionario, unos cuantos ingleses avisados se refugiaron junto a los lagos de Escocia y vivieron en la soledad fecunda de las campiñas. De allí salió aquella espiritualidad tranquila de los poetas "lakistas" y la incomparable dicha de su existencia. Del campo salió volando aquella alondra cantarina que se escucha como un eco geórgico a lo largo de las páginas de Emerson. Estos paisajes eran bellos, solemnes, con frescor de lagunas y remansos, con esplendor luminoso de boscajes, y así dejaron caer sobre sus discípulos simiente de amplitud idealista.

»Recuerda, en cambio, los paisajes que rodean a Madrid, salvo el Pardo y la Moncloa. Contempla estos misérrimos campos atormentados en que sólo se espera ver algún hombre tendido, polvoriento el traje, el rostro ensangrentado contra la tierra. Son campos malditos, campos comprados con los treinta dineros que únicamente sugieren alguna traición o algún crimen antiestético. Así, los madrileños nos encontramos entre los seres más torvos y hostiles de la tierra.

»Los españoles suelen huir del campo en cuanto pueden, porque en la soledad no tienen a quien hostilizar ni a quien anonadar.

»Creo que las dos grandes virtudes que ha de formar en el hombre la pedagogía son la sinceridad y la serenidad. Pues bien, ambas las enseña la naturaleza mejor que todos los maestros del mundo. Cuanto no es el hombre es más sincero que el hombre. De aquí que apenas nos hallamos solos en medio de un panorama natural unos dedos menudos e invisibles comienzan a tejer en torno nuestro ese misterio de la sinceridad, que une en un mismo tapiz animales, plantas y piedras. A poco, nos sentimos insertos en la vida unánime de los campos; el paisaje solitario va destilando quietud en nuestro pecho, armonía, benevolencia. ¿Por qué nos encontramos tan a gusto en la naturaleza? —se preguntaba Nietzsche. Y respondía: porque la naturaleza no tiene opinión acerca de nosotros. ¡Ah! ¡muy cierto! El hombre es siempre juez del hombre, cuando no es su enemigo. Ante el hombre que más nos estime, nos mantenemos siempre sobre aviso e inquietos, no sea que se descubra en nosotros algo nuevo, destructor de su estimación.

»No creo que hoy pueda nadie jactarse, sin embargo, de una íntima relación con la naturaleza, porque la humanidad se ha ido apartando de ella, humanizándola, es decir, pedantizándola. El hombre primitivo le era más próximo, la naturaleza hablábale con mayor vivacidad y por eso sabía poner nombres a las cosas. Para nosotros la naturaleza es un gran muerto, es como el esqueleto petrificado de un brontosauro y sólo podemos llegarnos nuevamente a ella con una preocupación, científica o artística que la deforma. La naturaleza es la despreocupación perfecta, y así la llamamos "Naturaleza" por antonomasia.

»Aquí tienes la razón por la que Stendhal afirmaba que el interés exclusivo del paisaje no basta, a la larga, y es preciso un interés moral e histórico. Si nuestros ojos se cansan de mirar, las cosas se fatigan de ser miradas y se embotan sus místicas sugestiones. Hoy los paisajes no nos enseñan naturaleza propiamente tal, pues, como digo, la naturaleza murió hace muchas centurias envenenada por un silogismo; pero nos enseñan moral e historia, dos disciplinas de exaltación que nos hacen no poca falta a los españoles.

»Y así, este paisaje-maestro de Guadarrama me ha dado una lección de "celtiberismo", y me ha aclarado esos secretos étnicos que en los museos luminosos, en profundos y húmedos claustros, intentan revelarnos los hombres del Greco con un ligero temblor de sus barbas agudas».

El paisaje iba recogiéndose en sí mismo: algunas estrellas claras florecían en la ternura del crepúsculo. Unos ladridos lejanos. En el valle resbala el rumor de una esquila como por una mejilla resbala una lágrima. La noche llegaba, caminando por el cielo con tardo paso de vaca.

Aprisionamos en una postrera mirada la magnífica quietud del rebaño de montes: descendimos al camino real. Un hombre que pasaba nos preguntó la hora: dijímosle que no teníamos relojes, porque éramos místicos y celtíberos. Como no nos comprendiera del todo, siguió él su jornada hacia Segovia y nosotros entramos en el pueblo.

El Imparcial, 17 de septiembre de 1906

Sobre los estudios clásicos

Aere perennius. – HORACIO: *Carmina*

Pan amaba a Siringa, ninfa moza, de azules venas y de nervios de oro. Y era Pan labrador, pastor de encinas, de ásperas hayas, de sonantes olmos y de vagos ensueños generosos. Pan no era más: en sus espaldas broncas cargaba troncos de árboles y luego quedar solían en sus barbas foscas algunas verdes hojas enredadas. De experta planta, de nervudo pecho, de anchas orejas y de tez tostada, sentía Pan fluir por sus arterias la savia añeja que rezuma el campo... Pero ¿a qué contar más por lo largo esta historia, que todos habréis visto, como yo, contada en algún mármol? Pan perseguía a Siringa; cuando llegó el otoño sopló un viento de sierra que se llevó el alma de Siringa tal vez hasta el cuerpo de una corza. El cuerpo suyo quedó tendido junto a una fuente de alma temblorosa; sus sienes quedaron quietas, aquellas sienes donde la sangre golpeaba con ritmo tan claro, que el ciego Homero, oprimiendo una de ellas con sus anchos labios, hubiera podido componer algunos exámetros, como dicen que los compuso Goethe digitando sobre el hombro de una italiana a quien amó.

El cuerpo de Siringa estuvo tanto tiempo oculto a las pesquisas de Pan, que en el seno de sus pálidos pechos luminosos, una alondra, en abril, labró su nido. Al cabo hallóle Pan y le dio allí mismo sepultura, y sufría con tamaña reciedad su corazón, que se le fue de los ojos aquella mirada oscura de bestia melancólica. Y a la vuelta de unas estaciones nacieron sobre la tierra en que la enterrara, los brazuelos tiernos de unas cañas. Pan los cortó y se adobó una flauta al modo pastoril, pero de singular dulzura. Y solía venir no lejos de la fuente; sentábase en el dintel del bosque, sobre el dorso de una piedra blanca e inflando los carrillos al tiempo que el sol trasmontaba, hacía pasar al través de las rubias cañas toda el alma de la selva armoniosa. El aire temblaba dentro de las cañas y en la fontana temblaba a ritmo el agua. Este amor doloroso fue la flor de su vida eterna y desde entonces amó todas las cosas estrictamente como sólo Pan ama. Quedole simplemente una tibia melancolía que él se curaba con blandas burlas, saliendo a los caminos a arredrar los labriegos medrosos. Tornando al bosque, pensaba.

Todos conocéis esta historia tan bella que da ganas de llorar y que, como todas las historias bellas, acostumbramos llamar *mito* por eufonía y por continencia científica. Si la cuento ahora, débese a que ayer mi maestro y amigo don Julio Cejador me envió un *Nuevo método para aprender el latín*, que ha recién compuesto; esto me llevó a pensar en los estudios clásicos, éstos al clasicismo griego y éste a restaurar la pastoral antigua que os he traído a la memoria.

Porque veo yo en Pan antes de sus amores un símbolo de la bestia blanca de Europa antes de Grecia, que viene a ser la Siringa de la fábula. Como en Siringa se hizo la bestia Pan, Dios-Pan, se hizo hombre en Grecia la blanca bestia. Sin la disciplina helénica sólo hubiera sido una posibilidad más hacia lo humano, como lo fueron la bestia metafísica asiática o la bestia totemista de África.

Fue preciso que llegara la claridad de Grecia para que los nervios del antropoide alcanzaran vibraciones científicas y vibraciones éticas; en suma, vibraciones humanas. Dejo para unas disputas que estoy componiendo contra la desviación *africanista* inaugurada por nuestro maestro y morabito don Miguel de Unamuno, la comprobación de este aserto mío: que el hombre nació en Grecia y le ayudó a bien nacer, usando de las artes de su madre, la partera, el vagabundo y equívoco Sócrates.

Acaso no haya habido época de las plenamente históricas tan ajena como la nuestra al sentimiento, a la preocupación de la cultura. Hoy nos basta con la civilización, que es cosa muy otra, y nos satisfacemos cuando nos cuentan que hoy se va de Madrid a Soria en menos tiempo que hace un siglo, olvidando que, sólo si vamos hoy a hacer en Soria algo más exacto, más justo o más bello de lo que hicieron nuestros abuelos, será la mayor rapidez del viaje humanamente estimable. Pues habremos de reconocer que la civilización no es más que el conjunto de las técnicas, de los medios con que vamos domeñando este ingente y bravío animal de la naturaleza para intenciones sobrenaturales. Adviértase que no digo sobrehumanas, sino sobrenaturales, y ejemplo de éstas puede ser la institución del socialismo, o si es de la otra banda, el fomento del sobrehombre.

Paralelamente a este olvido de lo cultural se ha mostrado un gran desdén hacia lo clásico: es muy frecuente entre nosotros la creencia de que a la palabra *clasicismo* no corresponde realidad alguna, y que es apta, a lo sumo, para fáciles ampliaciones de una retórica extemporánea. Y, sin embargo, yo pienso que tras ese vocablo alienta místicamente la realidad más granada y plenaria, pues tengo a lo clásico, no sólo por el embrión de la cultura, sino por el sentido perenne de ella. Si no temiera tanto parecer oscuro —¡Dios me libre de ello, luciferina Ática!— me expresaría de este modo: sólo traslaticiamente puede hablarse de cultura del campo: cultura vale en propiedad como cultura del hombre, y significa elaboración y henchimiento progresivo de lo específicamente humano. Si no se puede apreciar la progresión, la palabra cultura no tiene sentido, y no se puede apreciar aquélla si no se supone una dirección, si no se tira una línea guion sobre la que luego hayan de marcarse los grados del avance. Aquí está —creo yo— el problema entero de la metodología histórica, de la historia como ciencia, cuya solución ha encomendado el Demiurgo a este oscuro siglo que va naciendo entre nosotros. Porque es menester clamar tan alto que nos oigan los sociólogos sordos —¡sociología, cuánta barbarie se ha condensado en esta palabra, luciferina Grecia!— es menester clamar que no existen hechos históricos, sino una larga pesadilla de sucesos, grisientos e insignificantes donde pone la cronología un ritmo monótono de telar. El mero tamizar aquella pesadilla, para escoger de ella algunos acontecimientos más claros que llamamos representativos y que ungimos con el privilegio de los hechos históricos, es imposible sin esa línea soberana que da un sentido y una afirmación a la cultura. Y no se diga que bastaría una línea simbólica de un progreso en civilización, pues ésta es sólo instrumento de la cultura, y el progreso en civilización supondrá siempre al cabo la hipótesis de un progreso en cultura con que sopesar los quilates de aquél.

Esa línea magnífica que orienta la historia y pone en ristre los siglos hacia un ideal porvenir, necesita como toda línea de dos puntos para ser determinada: y el uno, el de oriundez, está en Grecia, donde el hombre nació, y el otro, el de fenecimiento, está en lo infinito, donde el hombre impondrá la urna de su corazón cocida en un horno de Grecia por un alfarero socrático. En la danza general de la vida inserta el clasicismo un gesto de dignidad, gracias al cual aquella danza burlesca se ordena en majestuosa teoría humana.

Clasicismo sólo hay uno, clasicismo griego, y los renacimientos serán siempre, forzosamente, un volver a nacer de Grecia, un volver a abrevarse en la energía perenne de las ruinas helénicas, «más perennes que el bronce». Y cuando hoy se habla de un renacimiento sobre el indianismo, se comete cierto abuso indicado con las palabras, aun cuando por mi parte siento grave respeto hacia el sánscrito, que es el lenguaje con que hablan los sabios elefantes en el junco.

Quisiera escribir corto para que los lectores no se quejaran de mí: y así, al encontrarme en el fin de estas cuartillas, lamento la incontinencia de mi pluma, que sin haber hecho otra cosa que iniciar la cuestión del clasicismo deja intacta la cuestión del humanismo, objeto principal de ellas. Pero era necesario: el humanismo es sólo una función del clasicismo. Para indicar lo que en aquél más nos importa a los españoles, bastaría decir: si el clasicismo es el sentido íntimo de la cultura, es el humanismo greco-latino el clasicismo de las *formas* de la cultura y muy especialmente de las *formas* mediterráneas de la cultura. Estoy convencido de que las artes españolas serán y deberán ser siempre realistas.

Mas por lo mismo, sólo manteniendo constantemente ante los ojos las pautas y las normas de las humanidades evitaremos que nuestro realismo caiga en lo chabacano y se arregoste en menesteres infrahumanos. No fue el azar quien inventó el nombre de *humanidades*.

De todo ello hablaré otro día: hoy quería sólo mentar la obrilla nueva de mi maestro y mi amigo don Julio Cejador, el cual publicó hace unos siete años una *Gramática griega*, *según el método histórico-comparado*; hace seis la «Introducción» a su obra capital *El lenguaje*; hace cinco *Los Gérmenes del Lenguaje*; hace tres *La Embriogenia del Lenguaje*; hace dos la *Gramática del Quijote*; hace uno el *Diccionario del Quijote*; hace dos meses un tomo de ensayos sobre cuestiones filológicas y lingüísticas. Luego de grandes afanes, alcanzó el señor Cejador una cátedra de latín en el Instituto de Palencia. Y ahí está enseñando pretéritos y supinos a unos angelitos celtíberos.

Sin perder compás y buen ánimo, el señor Cejador, que aprendió en las luchas jacobinas con los problemas científicos la clásica virtud de la modestia irónica, ha compuesto un lindísimo arte latino, tan lindo, tan fresco y tan sencillo, que parece un idilio pedagógico. La gramática, el tinglado inorgánico de reglas, excepciones, etcétera, todo el artefacto enredoso de la pedagogía jesuítica desaparece diluido en una conversación. Porque el *Nuevo Método* se compone de dos libros: el libro de clase y el libro de casa y ambos libros se hablan y el diálogo de ambos libros es lo que se me antoja un idilio didáctico, casi tan bello como el otro idilio que os he traído a la memoria, de Pan y Siringa.

El Imparcial, 28 de octubre de 1907

Lección del quince de diciembre

No quiero que algún día me señale alguien irónicamente en el libro inmortal de Kant, en el libro al que debo, poco o mucho, todo el contenido de mi alma, aquellas palabras aladas: El filósofo es ante todo un profesor de ideal.

Herbart considera la duda como el estado de espíritu de donde nace la ciencia: efectivamente ciencia = solución de un problema: un problema es una x, una ?, algo que aún no sabemos qué es. Cuando tenemos delante algo que no sabemos si es esto o lo otro, nuestro ánimo queda sometido a un como vaivén interno, el cual es una emoción que en psicología se llama duda. Esto es cierto. Pero a todas horas nos rodea el universo: por tanto, todos los problemas; y no los advertimos, no nos damos cuenta que lo son. La duda es el efecto que produce en nuestro ánimo el reconocimiento de que algo es un problema. Pero este reconocimiento no es una duda: estamos muy ciertos de que tal cosa es un problema *fenómeno* y fenomenal. ¿Qué emoción produce esto? ¿Cuál es nuestro estado de espíritu en el cual nos fijamos súbitamente en algo, a lo mejor consuetudinario, y ver en él un problema? La admiración. Los cuerpos espontáneamente se mueven hacia abajo, no suben; ¿no es admirable esta coincidencia? ¿Cómo, por qué es así? Entonces viene la duda que es la doncella de la admiración.

Platón dice por esto que la filosofía, la ciencia empieza por la admiración. Los sabios son los que tienen más capacidad de admiración. Cuanta más, más se aprende –la infancia.

La admiración hacia las cosas produce la ciencia, hacia las cosas: pero entre las cosas hay algunas de un orden peculiarísimo: hay unas cosas que llamamos actos morales, hay unas cosas que llamamos creaciones estéticas. Estas cosas no son realidades que se puedan asir con las manos pero son, y son en un ser real, material que llamamos hombre. Son, pues, las cosas humanas. Si ejercitamos ante ellas la admiración, es decir, si la ejercitamos ante lo humano, ante el hombre la admiración recibirá un nombre especial: la admiración ante el hombre es respeto. El respeto, señoritas, es la emoción filosófica. *Ehrfurcht* se dice en alemán: es decir, miedo honroso, miedo de veneración, ese miedo de veneración que siente el creyente ante la áurea refulgencia mística del tabernáculo: lo que yo llamo religiosidad. A nada humano –evolución política, tradición religiosa, problemas de moralidad, ciencia, arte elevado– debemos acercarnos sin religiosidad. La filosofía nace del respeto y enseña el respeto: la filosofía es la ciencia general del respeto.

Pero el respeto nos obliga a no hacer nada al desgaire, como distraídamente: si todo lo humano exige de nosotros esa religiosidad tendremos que tratar todo con toda el alma; cuando nos pongamos a pensar nos esforzaremos desesperadamente por ajustar nuestro juicio a las normas absolutas de la verdad verdadera, no a las normas de nuestro buen parecer, como desearía Protágoras sino a la verdad objetiva, no a lo que subjetivamente nos venga en gana sino a lo que las cosas son en verdad. Cuando tengamos que hacer algo, eso que hagamos no será a capricho sino que habremos de realizar en aquella menuda ocasión una partícula al menos del ideal que hemos puesto como un guía sistematizador de todas nuestras ocasiones. Es decir, que en todos nuestros actos viviremos, realizaremos el ideal y así, aunque esto parezca un juego de palabras, idealizaremos la realidad. Si la vida no es esto, si vivir no es vivir de este modo lo ideal, la vida es un crimen, un pecado o una inepcia. Como ustedes ven, el respeto nos impone siempre la obligación de domeñar nuestros caprichos: en la ciencia no han de decidir nuestros pareceres y gratuitas opiniones individuales, en la acción no han de regirnos nuestros caprichos propios, nuestros apetitos idiotas. ¿Qué, pues, hemos de seguir?

La lógica —primer problema de la filosofía—, el conocimiento, la ciencia: buscamos el ser del conocimiento; los cuerpos, el ser de las cosas que pesan, la gravitación, la ley. La ley del conocimiento: la norma universal que cumplida nos da el ser de las cosas. El conocimiento es un pensar nuestro: pensar exacto = conocer, pensar, *nomos*. En uno y otro caso pensar es una actividad de mi conciencia. Hay, pues, dos yoes en cada uno de nosotros: un yo que piensa conforme a la ley universal del pensar, un yo que piensa conforme... a una ley individual, a mi capricho.

Sic volo, sic iubeo, sit pro ratione voluntas. El yo que sigue la ley del pensar es idéntico en todos nosotros: es el yo humano, el yo que da la razón, que sigue a la razón: el otro es el yo individual. 2 + 2 = 4 lo pensamos todos, sean cuales quiera nuestras diferencias individuales.

En el orden de las acciones se manifiesta la misma dualidad.

La ética y la ley de las voliciones de los actos del querer. El ideal racional es la ley: querer lo justo es el acto en que todos debiéramos convenir: sería nuestro querer universal. No querer según el ideal racional qué será... ¿qué hay fuera de la razón? Sustitutos, placeres inferiores, caprichos.

Vean ustedes, pues, como el sentido de la filosofía no es otro que establecer las leyes que constituyen el yo humano intelectual y moral para que ajustemos a él nuestro yo individual, el yo de la sensación, del parecer, del instinto, del capricho.

Por eso, Fichte ha dicho: el fin del individuo es el goce, el fin de la humanidad, del yo humano, la cultura. ¿Qué pretende, por tanto, la filosofía? Pretende que vivamos fuera de nosotros mismos, que nos transportemos de este nuestro salvaje yo individual a ese yo de las normas, de las leyes, de la humanidad. Ahora bien, en los ritos religiosos de los griegos los sacerdotes y sibilas buscaban por medio de los usos místicos exaltarse el ánimo, ponerse en hervor, en fervor, al rojo blanco los corazones. Y llegaba un momento en que perdían su propia conciencia, caían en éxtasis y trasporte divino. El Dios —θεός— había llegado a ellos y ellos habían dejado de ser sí mismos y habían ingresado, se habían anegado y como disuelto en la inmensa y dulciflua ribera del Dios: estaban fuera de sí, estaban en Dios: ἔνθεος, en plural, en los dioses, ἔνθεοι —a ese estado de arrobamiento que era la sazón en que Dios les dictaba sus oráculos y los sublimaba e inspiraba llamábanle los griegos ἐνθουσιασμός. Para nosotros, lo divino, es decir, lo suprasensible es lo inteligible, lo ideal, la ley, el yo humano ejemplar frente al yo individual errabundo y pecador.

Vean ustedes cómo la filosofía que era la ciencia general del respeto nos es también una introducción a la vida entusiasta, a la vida de lo ideal, una preparación e invitación al entusiasmo.

No, no: la filosofía no es una cosa trivial, la filosofía no es un libro de texto.

Platón en *Fedro*: las gentes vulgares viendo al filósofo frío, tranquilo, no advierten que también es de todos el más entusiasta.

El estado de entusiasmo solía producir en las sibilas convulsiones histéricas. Hay quien cree que es sólo entusiasta el hombre que se desborda por todos lados pasionalmente como un río harto henchido del invierno.

Pero hay una forma de la pasión y del entusiasmo ditirámbico que se da el lujo de la continencia y se ciñe a un compás y se impone a sí propio un ritmo y se labra a sí mismo un cauce donde encerrarse. Ésta da el máximum de reverberaciones humanas.

Y hasta cabe imaginarse el Dios como un orden apasionado que de los juegos de la pasión saca esta turbulencia tan maravillosamente ordenada que llamamos naturaleza. Miren ustedes cuánta pasión llevan las aguas sensuales del río y miren cuánta hay en el encorvamiento majestuoso de los montes. Sin embargo miren con qué apasionada humildad emanan su energía el río y la montaña dentro de las leyes de la hidrografía y la orografía.

Hay una pasión por la ley y es ésta la pasión clásica y divina.

Goethe.

No fue mayor ciertamente la pasión de Eva por la manzana que nos enajenó del paraíso que la de Newton por aquella otra manzana que nos rehízo aquí el paraíso de la mecánica y de la física, con los cuales hemos dominado las fuerzas materiales. Sólo los débiles no necesitan ley: como sólo los míseros riachuelos no necesitan cauce ni torrenteras.

(En este sentido soy místico, apasionado de la lógica y de la ética.

«Las gentes no advierten que el filósofo está apasionado y entusiasta». *Fedro*).

Sólo es lícita, sólo es humana la pasión por la ley, por la norma: es decir, por la verdad, por el Bien, por la Belleza. Sólo esto merece nuestro entusiasmo pues sólo eso merece que salgamos fuera de nosotros mismos y nos trasplantemos a ellas. La ciencia, la moral, el arte componen la cultura: cultura no significa ilustración ni ninguna otra vaga cosa. Culto no es el que ha corrido más o menos tierras sino el hombre sabio, virtuoso y capaz de sentimientos estéticos.

Yo espero que ustedes sientan este fervor por la cultura, por lo ideal, que sean en este sentido entusiasta: de otro modo habríamos perdido ustedes y yo un año de la manera más necia y trivial. Sean ustedes entusiastas: no teman el ridículo en este país de gentes infrahumanas, incapaces de toda religiosidad*.

Sólo interesándonos verdaderamente en esta labor de la cultura podremos hacer de este montón de seres instin-

* [Aquí se interrumpe el manuscrito].

tivos, disgregados y enemigos los unos de los otros que llamamos España, una verdadera nación, una verdadera sociedad, una verdadera comunidad. La cultura, es decir, lo objetivo, no lo subjetivo: la verdad de las cosas no la buena pasión ni el feliz instinto. Ésta es una de las más hondas ideas de Pestallozzi*.

¿Por qué no han de intervenir las mujeres en la labor de la cultura? Yo creo que es una inmoralidad doble: inmoral que las mujeres no se crean obligadas a contribuir desde luego a la cultura —es decir a la ciencia, a la política moral, al arte—, inmoral que los hombres no las pongan en condiciones espirituales para que lo realicen. El feminismo es una cuestión moral: el ser humano lo es sólo en tanto en cuanto participa activamente en la cultura. Hombre = ser capaz ciencia, etcétera. Es inmoral mantener a las mujeres en esa situación infrahumana, como meros aparatos de maternidad.

Hay que romper este inmoral prejuicio. Mahoma se olvidó... descripción paraíso sólo habla hombres y huríes y éstas no son mujeres, son ángeles hembras. Y aunque haya según Mahoma ángeles que son casi mujeres, no creo que pensara nunca que las mujeres fueran casi ángeles.

Como ustedes advierten su responsabilidad es inmensa: el témpano español sólo puede elevarse por la educación. Como decía Platón hagamos de la Educación* es decir, el centro, el corazón del cuerpo nacional. Centurias de delincuencia, de criminosa tolerancia y pecadora blandura han acabado por consumir las energías culturales de nuestra

---

* [Aquí se interrumpe el manuscrito].
* [Aquí se interrumpe el manuscrito].

raza. Oficios servidos por corazones torcidos y tibios e inteligencias ineptas constituyen la lepra histórica de España.

Esta Escuela se ha creado para mejorar en lo posible esta vergüenza centenaria. Podrán ustedes esperar y aun exigir de mí que llegue a todo extremo en facilitarles el estudio de la filosofía, de esta ciencia central de lo humano, base primera de la pedagogía cultural. Yo estoy a la disposición de ustedes dentro y fuera de la Escuela.

Pero no podrán pedirme la menor vacilación cuando llegue la hora de determinar quiénes pueden y quiénes no pasar a otros estudios posteriores. Quien no demuestre una alta espiritualidad no podrá salir como profesora de la Escuela Superior del Magisterio.

Alemán, latín y griego

La discusión que ahora se mueve en Francia a propósito del latín puede servirnos de pretexto para renovar entre nosotros la meditación sobre el problema de la enseñanza de las lenguas. Tal y como las cosas están ahora en nuestra legislación es imposible que continúen. Una reforma absoluta se impone. Ahí va una opinión.

No ignora el lector que unos cuantos franceses, muy conocidos en el mundo literario, que más que otro alguno suele ser sólo un escaparate, han formado una Liga para la defensa de la lengua y cultura francesas. Según esos señores, se hallan ambas enfermas: la tradición de brillantez expresiva, de fácil amenidad, de femenina curiosidad indiscreta hacia los lados más débiles del hombre va perdiéndose de una manera alarmante. Los profesores universitarios han dado en preocuparse tan fuertemente de la verdad, que la vaga elocuencia desaparece de las cátedras francesas. Ya no es la historia una serie de vistas panorámicas propuestas al lirismo de la mocedad estudiosa, sino un trabajo cruel y tenaz, meticuloso y casto, sobre los documentos, sobre las fuentes. Ya no es la crítica literaria, como en la edad desmedulada de Sainte-Beuve, una recolección de anécdotas picantes, una lista de los pecados divertidos a que poetas y prosistas se dejaron ir en las horas menos nobles de su existencia, sino la sistemática captura de los orígenes de sus creaciones, la acumulación de variaciones lexicográficas, la reconstrucción de las porciones egregias de sus almas. Ya no es la filosofía, como en los tiempos idílicos de Cousin y Renan, una especie de retórica, sino la reflexión sobre la compleja metodología de las ciencias: sólo el señor Bergson perpetúa la sabiduría de antiguo régimen exponiendo, ante numeroso auditorio, una filosofía *demi-mondaine*.

Esto quiere decir que la raza francesa está enferma: según los señores de la Liga, la misión de Francia en la historia es escribir o hablar de una manera elegante, renunciando a la verdad como manufactura nacional. La verdad es un producto germánico, y esa Francia laboriosa, honesta, practicante de las virtudes profundas es, por tanto, una Francia germanizada. He ahí descubierto el mal: la germanización. ¿Cómo curarlo? Muy sencillo: con latín, como curaba el médico de Molière; que estudien los bachilleres más latín. De esta manera se afirmará frente al germanismo la cultura latina.

Esta campaña en pro de la retórica latina y en contra de la ciencia germánica va movida por la corriente tradicionalista y conservadora que, tras las apariencias políticas de la República, se está apoderando del ambiente en el país vecino. Quisiera equivocarme, pero a despecho del enérgico socialismo francés, puede augurarse que se está preparando en Francia una nueva restauración. Es de esperar que la Francia inmortal de subsuelo, la que ha organizado en Europa la libertad, venza esos poderes reaccionarios una vez más; pero careciendo España de tradición cultural, aún no llegada nunca al ejercicio y al amor de la libertad civil, y sometida, como vive, a las enseñanzas y a las modas francesas, forzosamente han de preocuparnos esos ensayos palingenésicos de una parte de la gente gálica.

Suena a paradoja, pero si se hace el balance de las ideas francesas en el siglo XIX, nos encontraremos con que este siglo ha sido en Francia conservador, y todo él una reacción creciente contra el XVIII. Nada avergonzaba tanto a los hombres que más han influido en los últimos cuarenta años —Renan y Taine— como saberse descendientes de Voltaire. Hay en la obra de ambos un tácito advertimiento de que Voltaire es una conclusión, un último momento en la evolución de la originalidad francesa. El centro de gravedad espiritual se había desviado hacia las razas germánicas. Un impulso leal de sus almas les llevó a buscar las nuevas sustancias en Alemania e Inglaterra; de modo que cuando los ulanos imperiales sitiaban París, uno de los lugares donde con mayor vigor y pureza pulsaba el espíritu franco —el corazón de Renan—, se hallaba ya colonizado por pensamientos alemanes. Sin embargo, su lealtad no fue completa: no tuvieron la modestia de declarar abiertamente la bancarrota de la cultura nacional, de recomendar humildad a sus contemporáneos, de enviarles a aprender en razas más jóvenes y aun originariamente creadoras. Por otra parte, un poder cultural como Francia no muere del todo nunca ni acaba de una vez: aquí, allá, surgirán inventos científicos franceses; aún quedaban restos del fenecido ímpetu y, sobre todo, una literatura brillante parecía continuar gobernando la sensibilidad europea. Creyeron, pues, en la posibilidad de un renacimiento francés sin necesidad de aquel rodeo humillante; una renovación de las energías étnicas. Taine, de Inglaterra; Renan, de Alemania, trajeron las ideas de la restauración: Hegel el Restaurador, el justificador, el romántico, les invitaba a construirse una ideología nacionalista y conservadora, a renegar de Voltaire y la Revolución, a restaurar el feudalismo. De estos polvos vienen los lodos nacionalistas actuales. La dualidad persistente en las almas de Taine y Renan caracteriza la Francia actual; la porción superior de la raza, los hombres serios, profundos, virtuosos se esfuerzan en reabsorber el germanismo movidos de una clara noción histórica: los *trublions*, los frívolos y vanos no se resignan a la hegemonía del espíritu germánico, y como presienten que son de éste, cuando menos, el presente y el inmediato porvenir, solicitan el pasado y quisieran retrotraerlo deteniendo el curso del mundo para que perdure el clima en que es posible la literatura decadente, la cultura formal y adjetiva del siglo XIX francés.

He dicho cultura decadente; pero quisiera ser bien entendido. Yo conservo un gran amor hacia esos literatos franceses en cuyas obras hemos aprendido a escribir por falta de maestros nacionales. Creo que en la novela, como en la pintura, han habilitado un nuevo instrumental artístico que sin ellos hubiera tardado un siglo más en ser descubierto: el realismo a la manera de Flaubert y el impresionismo de Manet representan la postura estética más acertada, más vigorosa, más digna que hasta ahora han inventado los hombres. En menor grado, de Chateaubriand a Barrès y de Ingres a Cézanne, pueden encontrarse muchos otros laudables ensayos de dar forma sugestiva e imperecedera a las cosas humanas, que son las pasiones y las ideas.

Pero cultura es algo más que eso, más que la forma de las pasiones e ideas humanas; es creación de pasiones nuevas y de ideas nuevas. Ahora bien; esto ha faltado a Francia en el siglo XIX. La riqueza de inventos formales ha tapado durante algún tiempo la pobreza de sensibilidad para las cosas mismas, y mientras pulían los adjetivos, los sustantivos, sin los cuales no vive una frase, se iban haciendo viejos sin ser renovados. Cultura decadente no quiere decir cultura despreciable, sino sólo cultura adjetiva, cultura llamada a morir, exenta de inmanente porvenir. Hay ciertos valores en ella a que no puede aspirar ninguna cultura sana y ascendente, ciertas suavidades y complicaciones, ciertos tonos de melancolía infinita, cierto exceso de facultades expresivas, elegancia, frivolidad, magnificencia. Los productos de decadencia tienen aquel sabor genuino que Séneca compara al de las manzanas caídas del árbol, al de las gotas postreras de una copa.

Pero nosotros necesitamos vivir y no nos queda, no debe quedarnos, ocio para gozar. La cultura decadente es fatal para un pueblo que ha caído ya. Ahora hemos menester las sustancias elementales de la vida, hemos menester los sustantivos. ¿No ha de habernos traído gravísimos perjuicios el exclusivo aprendizaje del arte del adjetivo que nos venía de París? Somos un moribundo a quien se ha propuesto enseñarle a bailar. *Pardon*, queremos vivir, vivir la vida elemental, respirar aire, andar, ver, oír, comer, amar y odiar. Necesitamos todo lo contrario de lo que Francia puede ofrecernos: cultura de pasiones y de ideas, no de formas. Necesitamos una introducción a la vida esencial.

Puede creérseme si digo que nadie habrá sentido y seguirá sintiendo mayor antipatía espontánea hacia la cultura germánica que yo. La patética protestante, la pedantería, la pobreza intuitiva, la insensibilidad plástica y literaria, la insensibilidad política del alemán medio mantienen firme a toda hora mi convicción de que no se trata de una cultura clásica, de que el germanismo tiene que ser superado. Pero nótese bien: tiene que ser superado; hoy no lo está. Lo superado es la llamada cultura latina. Si aspiramos a algo más fuerte, nos es imprescindible partir de la ciencia germánica. De modo que, hoy por hoy, los pueblos románicos no tienen cosa mejor ni más seria que hacer que reabsorber el germanismo sin pensar en la galvanización de la momia latina. Después de todo, lo que hubiere de inmortal en la cultura latina lo hallaremos también en la germánica; pues ¿qué es germanismo más que la absorción del latinismo por los germanos a lo largo de la Edad Media?

Necesitamos una introducción a la vida esencial. Esto es la primera y la más amplia necesidad. Por eso es menester que toda la instrucción superior española, todas las carreras universitarias, todas las escuelas especiales, exijan el conocimiento del idioma alemán. La cultura germánica es la única introducción a la vida esencial.

Pero esto no basta.

El Imparcial, 10 de septiembre de 1911

[La hora del maestro]

Yo os agradezco sobremanera, antiguos alumnos de esta casa, que me hayáis invitado a la sesión con que dais fin a vuestra asamblea. Y os lo agradezco muy principalmente porque así me dais lugar a sentir una de las emociones más delicadas que, al decir de los poetas antiguos, cabe sentir: la emoción de quien desterrado de alguna parte vuelve a ella.

Allí donde hemos vivido horas profundas, horas esenciales de nuestra vida parece como si quedara retenido por siempre algo de nuestra persona. Al abandonar el paisaje, el pueblo donde se deslizó la niñez, la mocedad, nos dejamos en él nuestro yo niño, nuestro yo mozo, y al tornar a ellos luego, un día de entre los días, nos sale de todos los rincones al encuentro en forma de reminiscencias nuestro propio corazón juvenil y nos hace el saludo tembloroso de un amigo entrañable con quien ya no se contaba. Volver al sitio de donde nos han desterrado es una emoción incomparable porque es en cierto modo, volver uno a sí mismo, volver a entrar en el propio pasado, volver a hallarse en un cuarto del propio corazón que estuvo largo tiempo cerrado.

Pues bien, yo me considero un poco como desterrado de la Escuela Superior de Magisterio y al entrar hoy por esas puertas me he salido yo mismo a recibir y me he dado un abrazo. Porque yo conservo, os lo confieso, un tiernísimo afecto a aquel profesor novicio de Psicología que otra mañana —hace de esto cinco años— entró por esas puertas con sus alforjas espirituales al hombro, trayendo en la una un mendrugo, no más que un mendrugo de ciencia pero en la otra un quintal de entusiasmo.

Y me ocurre, por un fenómeno de asociación muy frecuente, que como al empezar a ser profesor comencé por ser profesor de la Escuela Superior de Magisterio se me confunden ambas cosas en la cabeza, me parecen una misma y así al enseñar en otros centros creo siempre dirigirme a un auditorio imaginario de alumnos de la Escuela.

Yo juzgo que este saludo sentimental que os dirijo, antiguos alumnos, no por ser sentimental y autobiográfico está hoy fuera de su sitio. Pues supongo que esta última sesión de vuestra asamblea la dedicáis antes que otra cosa a la amistad, a la amistad entre vosotros y a la amistad con nosotros.

Pero, además, yo os diré que aparte de los motivos sentimentales, tengo razones para querer considerarme profesor de la Escuela sólo que *in partibus infidelium*.

Yo he dado después que salí de aquí algunas vueltas por otros centros de enseñanza. Yo ejerzo hoy ésta en la Universidad. Pues bien, en virtud de mis experiencias que no son largas pero son suficientes no vacilo en declarar que aún no ha llegado la hora de los estudios específicamente

185

universitarios para España, pero que ha llegado la hora del maestro. Es éste un pensamiento algo más complicado de lo que a primera vista parecería y no puedo ahora desenvolverlo. Sólo indicaré que al llegar a un pueblo la sazón de la mejoría —y yo sospecho que ha llegado para España— no empieza a mejorar por todas partes ni en todas sus funciones, sino que hay unas ciertas clases sociales y unos determinados ejercicios que parecen hallarse más alerta, mejor predispuestos, más prontos para la reforma.

Existen naciones en cuya historia se repite característicamente el fenómeno de haber empezado siempre su mejoramiento por las minorías directoras: son sus políticos o son sus escritores y sus sabios quienes primero se rehacen de la decadencia.

Yo dudo que haya sido España de estos países: mas hoy desde luego no lo es. Yo veo ante mis ojos signos de renovación pero no los hallo suficientemente en la política ni en la literatura ni en la universidad. Los hallo en los pueblos y en el pueblo de mi tierra. Hasta en el orden material yo veo mejorar de año en año las humildes habitaciones de las posadas aldeanas, mas las aulas universitarias, donde yo comencé mis estudios, conservan idéntica sordidez, hoy que enseño en ellas. Lo popular, lo espontáneo, lo difuso de la raza parece sentir un ímpetu nuevo hacia la vida, una sensibilidad más fina para la distinción entre lo discreto y lo necio, lo correcto y lo perverso. Y dentro de las funciones intelectuales yo encuentro como un síntoma característico que no ha comenzado aún la renovación del catedrático, pero ha empezado y con clara energía la del maestro. Lo que encontré en vosotros como alumnos no lo he vuelto a encontrar. Ésta, sencillamente ésta ha sido mi experiencia en estos años y yo debía comunicárosla para alentaros, no para adularos. Un hombre honrado al oír que se le atribuye un mérito no se siente adulado sino sobrecogido; cuando oye que alguien le dice: tú eres bueno, no lo entiende como alabanza sino que lo interpreta como imperativo y como obligación: yo tengo que ser bueno.

Sois entre los intelectuales los que más cerca vivís del pueblo, de lo espontáneo en la raza. Y como esto es lo que mejora en España, tal vez por hallaros más cerca de la fuente saludable habéis sanado antes. Es ya vuestra hora: cuidad de sus minutos. Que nada en ellos os sea indiferente, que todos ellos se os presenten con ese carácter de inminencia, esa vibración heroica que sólo algunos instantes decisivos alcanzan en las vidas ordinarias. Consideraos los que habéis estudiado aquí como electos para una misión a la vez dolorosa y espléndida, difícil y fecunda. Y que la unidad de vuestra misión os conserve profundamente unidos hasta que forméis sobre el ancho haz de España una red de espíritu potente.

Pero ya os estoy hablando más de lo que quería.

Volved ahora a las ciudades y los pueblos de España. «Tú eres mi parte de mundo» —dice como extrema ponderación a su amada el labriego irlandés en un lindo cantar. Del mismo modo habíamos de decir de esta España, nuestra parte de mundo, que es ella nuestra amada. No en tono de estéril patrioterismo, no como diciendo que es lo mejor del mundo sino como sintiendo que, buena o mala, una cósmica necesidad nos liga a ella.

Id por esas ciudades y pueblos sembrándolos de amor, id como apóstoles de una España mejor y no olvidéis, ante todo, suscitar en torno vuestro las dos virtudes únicas que pueden salvar a España: en lo intelectual, la curiosidad, el ansia por superar constantemente el propio horizonte; en lo cordial la nobleza, es decir*.

No olvidéis esto último que acaba de deciros un hombre que entró hace cinco años por esas puertas como profesor novicio trayendo en sus alforjas poca ciencia, mas largo entusiasmo y que hoy al volver un momento entre vosotros le parece como [si] se hubiera encontrado otra vez consigo mismo.

* [Aquí se interrumpe el manuscrito].

Prólogo a *Pedagogía general derivada del fin de la educación*, de J. F. Herbart

Este libro clásico de la pedagogía, tan discretamente vertido al castellano por el señor Luzuriaga dirígese principalmente a los maestros. Se trata del primer gran ensayo que ha hecho el pensamiento para reducir la actividad educativa espontánea a un régimen científico. Cierto que antes de Herbart la turbulenta genialidad de Pestalozzi alcanzó atisbos tan profundos que de sus obras confusas y trastornadas por una ideología balbuciente ha podido luego extraerse todo el material de principios necesario para edificar un sistema científico de pedagogía. Hay, pues, en Pestalozzi un germen maravillosamente fecundo; pero hay en Herbart la primera maturación de él. Es posible —yo así lo pienso— que en este caso valga más la simiente que el fruto primero, mas no sería justo emplear contra Herbart, como estos últimos años ha hecho Natorp[1],

---

1. Sobre todo en los estudios: *Herbart, Pestalozzi und die heutigen Aufgaben der Erziehungslehre*, 1908; *Kant oder Herbart: Eine Gegenkritik*, 1908, y *Neue Untersuchungen über Herbarts Grundlegung der Erziehungslehre*, 1907.

armas que desconoció Pestalozzi y que sólo una bonísima voluntad y una fatal tendencia a solicitar los textos pueden hallar en éste preformadas.

Por encima de toda duda está que nadie antes que Herbart consigue llevar el caos de los problemas pedagógicos a una estructura sobria y amplia y precisa de doctrinas rigorosamente científicas. Nadie antes que Herbart toma sobre sí completamente en serio la faena de construir una ciencia de la educación. Sus predecesores, como Rousseau, se habían limitado a exponer series, más o menos geniales y fructíferas, de ideas sobre la educación.

Ahora bien: esta hazaña de Herbart complica sobremanera la suerte de los pedagogos. Hasta ella podían éstos considerar su ejercicio como una actividad puramente práctica. El maestro tiene que enseñar, y sólo porque, y en tanto que tiene que enseñar, necesita saber. La ciencia es materia y pretexto de su misión, la cual, en rigor, no es teórica, sino práctica. Pero desde que la pedagogía adquiere una doble faz y sobre su ejercicio concreto aspira a ser ella ciencia, cae encima del maestro una cierta obligación de ser también científico. ¿Puede pedírsele tanto?

Ha de introducir el maestro a sus discípulos en la vida, en los órdenes esenciales de la vida, ¿no es esto? Ahora bien, no se le exige que sea un físico para enseñar física ni historiador para enseñar historia. La única ciencia especial que se le demanda es la pedagogía. No parece demasiada la exigencia.

Mas si preguntamos a Herbart qué es en cuanto ciencia la pedagogía, hallaremos una grave respuesta: la pedagogía es ciencia en cuanto da cita para la solución de sus problemas a dos ciencias filosóficas: la ética, que determina el fin de la educación, y la psicología, que regula sus medios. Es decir, que si el maestro ha de ser pedagogo, ha de ser el maestro filósofo. Éste es el sentido que tiene la conversión herbartiana de la pedagogía en ciencia formal. Desde entonces queda obligado el maestro a estrechar sus relaciones con la filosofía.

Conviene decir de una manera clara que la pedagogía de Herbart y, tras ella, todas las pedagogías posteriores, se convierten en una pura logomaquia, desde el punto en que los pedagogos se hallan exentos de una seria preparación filosófica. Por faltar ésta suelen los maestros padecer una fatal propensión a suplantar las cosas con palabras, a vivir en un penoso dogmatismo intelectual. Nada es tan necesario al maestro como la independencia del espíritu. Y esto es la filosofía: antes que un sistema de doctrinas cristalizadas, una disciplina de liberación íntima que enseña a sacar triunfante el pensar propio y vivo de todas las ligaduras dogmáticas. No habrá, pues, en España pedagogos mientras no haya en las Escuelas Normales un poco de filosofía.

En tanto, aprovecharé estas páginas a fin de exponer con la posible claridad aquellos principios de la de Herbart en que su pedagogía viene a descansar.

I

Juan Federico Herbart (nacido en 1776, muerto en 1841) es el menor de los grandes pensadores que fulguraron sobre Alemania entre Kant y Schopenhauer. Su vida coincide con la de Fichte (nacido en 1762), con la de Hegel (nacido en 1770), con la de Schelling (nacido en 1775); coincide temporalmente, pero no idealmente. Herbart parece un retrasado del siglo XVIII, de la edad «esclarecedora», amiga de la razón raciocinante, de las explicaciones mecánicas. Está en lo radical de su espíritu más cerca de Kant —el viejo maestro que él ve ya inclinado hacia la muerte— que de sus contemporáneos, los colosos del romanticismo. Esta condición suya le lleva a una vida intelectual fluctuante, inquieta, díscola, insatisfecha. No puede aceptar los sublimes tópicos de la época y especialmente el principio supremo de la edad romántica —el idealismo—, y como le falta poder bastante a superarlos, se acostumbra a pensar en defensiva, polémicamente. De aquí que su filosofía general, allí donde es decisivo el golpe de vista orgánico, general y coherente, no haya nunca ahincado muy hondo en la evolución del pensamiento y, en cambio, sus teorías parciales —psicología, ética, pedagogía— hayan prendido con más fuerza y todavía hoy gocen de influjo y vigor.

Como todo pensador esencialmente polémico, vive Herbart de los demás, de los grandes enemigos contemporáneos, en mayor grado de lo que él supone. Sin embargo, sobre estas íntimas fatalidades de su condición irradia una enérgica veracidad, una maravillosa precisión y un sutil ingenio para descubrir lo menudo y ponerlo claro y estricto ante nosotros. He dicho que su grande enemistad fue el idealismo triunfante. Herbart, con efecto, se propuso ser realista costara lo que costara, ser el único realista en medio de la legión idealista.

Nos interesan aquí principalmente la psicología y la ética de Herbart: sobre ellas posa directamente su pedagogía. De buena gana limitaríamos estas breves notas a aquellas dos disciplinas; pero la psicología herbartiana es, como él mismo dice, una metafísica aplicada. No había sonado aún la hora en que proclamara la psicología su separación de la filosofía general. No hay, pues, otro remedio que dedicar alguna atención a los principios metafísicos de Herbart, sin duda lo menos fuerte y vivo de su obra.

II

METAFÍSICA

Define Herbart la filosofía como la elaboración de los conceptos; es, por tanto, un conocimiento secundario que se ejercita sobre uno primario: la experiencia. Ésta se caracteriza por su pasividad: en la experiencia nos encontramos con contenidos —sensaciones, representaciones, conceptos— que nos son «dados». La filosofía, si no quiere degenerar en un ilusionismo, ha de limitar bien sus meditaciones a esto que la experiencia da. Por otra parte, si lo que la experiencia da fuera completo en sí mismo, holgaría el subsecuente trabajo filosófico. Mas no acontece así. Lo dado nos conduce a una serie de consideraciones escépticas, dubitativas.

Por «dado» entiende Herbart todo aquello que hallamos en nuestro conocimiento con un carácter de imposición; así una fantasía nuestra no lleva consigo una referencia forzosa a una realidad de que ella pretenda ser copia o representación. En cambio, una sensación nos trae, queramos o no, la ilusión de una realidad en ella y por ella sentida. Del mismo modo, el concepto de «cosa» es imposible de remover de nuestra conciencia: cuando percibimos algo pensamos ineludiblemente en que lo percibido —color, sonido, resistencia— es un conjunto de propiedades de una cosa, la cual se halla tras ellas, es algo distinto de ellas, es la unidad de ellas.

Ahora bien; todo esto en la experiencia (= conocimiento espontáneo) dado puede clasificarse en dos órdenes: la materia dada en la experiencia y la forma dada también en ella. Para Kant la experiencia sólo nos da la materia —color, sonido, resistencia. Herbart encuentra que si la nota de que algo nos es dado yace en el carácter impositivo, ineludible, con que ese algo llega a nuestra reflexión, tan involuntario y forzoso como el color visto es para nosotros la extensión que ese color ocupa o el orden temporal en que las sensaciones se suceden. Espacio y tiempo, formas en que se ordena y estructura la materia de la experiencia, nos son, por consiguiente, también dados. Y lo mismo sustancia, causalidad, etcétera.

La materia dada y las formas dadas llevan a dos órdenes de dudas, según hemos dicho. La sensación —en la cual se nos da como presente una realidad— varía: lo que ahora vemos blanco, aparece luego azulado: además, los diversos sentidos al hacer referencia a una misma realidad refieren a ella distintas materias: ¿cuál de ellas es la que *en realidad* posee lo real? Otros perciben la misma pretensa realidad de distinta suerte que nosotros, etcétera, etcétera. En una palabra: la sensación nos pone delante con toda evidencia la realidad; pero vacila, es contradictoria en la determinación de *qué*, *cuál*, sea esa realidad: nos dice con absoluta evidencia que *algo es*; pero *lo que* ella nos da como siendo ese algo es sólo apariencia, relatividad. Lo real que ella anuncia no es como ella supone. A estas dudas que la materia de la experiencia plantea llama Herbart *escepticismo inferior*[1].

Las formas de la experiencia nos conducen a un *escepticismo superior*[2]. Ante todo: si el espacio nos es dado, ¿cómo nos es dado? —ni lo vemos ni lo tocamos. ¿Y la sustancia? ¿Y la causa? Nada parece más evidente que nuestro yo; pero ese yo tan evidente, ¿en qué consiste? Apenas ensayamos la respuesta a estas preguntas nos vemos cercados de dificultades. Estos dos escepticismos ponen en inquietud nuestro pensamiento, que ya no logra contentarse con lo dado, antes bien, hallando en éste siempre un problema[3], entra en un movimiento reflexivo y se dispone a buscar soluciones. Este movimiento del pensar, dirigido a aclarar y corregir los conceptos problemáticos ofrecidos por la experiencia, es la filosofía.

Hay en esta labor una primera operación: la de hacer los conceptos dados claros y distintos. La claridad de un concepto procede del análisis de sus notas constitutivas: la distinción de un concepto procede de que se le haya separado bien de los demás. La Lógica es la primera disciplina filosó-

---

1. *Lehrbuch zur Einleitung in die Philosophie*, § 17-21, págs. 59-65 (ed. Hartenstein).

2. Ibíd., § 22-23, págs. 65 a 76.

3. Contra W. Kindel, *Joh. Fr. Herbart, sein Leben und seine Philosophie*, 1903, que (pág. 94) no ha entendido bien hasta qué punto en la cuestión de lo dado se aproxima Herbart a Kant. Lo «dado» no es para aquél como para éste sino un punto de partida, nunca un ser, una determinación suficiente. Al contrario, lo que Herbart acabará por decir en su *Metodología* es que lo *dado* es siempre una contradicción. Ahora bien, la contradicción es lo que hace de algo un problema. Lo dado es, pues, en Herbart, como en Kant, un problema. Y cuando aquél insiste en que la filosofía se atenga a lo dado, no pretende más sino que parta de problemas reales. Porque lo único que no se puede inventar es un problema.

fica encargada de dar claridad y distinción a los conceptos: es una disciplina formal que no crea nuevas nociones, meramente determina cómo *debemos* pensar los conceptos que ya tenemos.

Pero, una vez claros y distintos éstos, acaso continúen ofreciendo dificultades. Estas dificultades, no siendo oriundas de la confusión o indistinción con que el sujeto maneja un concepto, nacerán de lo más íntimo de éste. ¿Cómo superarlas? Es preciso variar el concepto mismo, transformarlo, *completarlo*, hacer de él otro. He aquí la misión de la metafísica[1]: librar de dificultades a la experiencia, llevarla a perfecta comprensión.

Tomemos uno cualquiera de los problemas que suscitan las formas dadas en la experiencia, la forma «cosa» —*res*—, por ejemplo. A la pregunta ¿qué es esta cosa? se contesta enumerando sus caracteres, se dice: «Esta manzana es redonda, verde, dura, ácida, etcétera». Con esto, en lugar de la una cosa nos encontramos ante varias cosas: una cosa redonda, una cosa verde, etcétera. Y, sin embargo, por cosa entendemos una unidad. Y, sin embargo, cuando se nos pregunta qué es esa cosa una, tenemos que suplantar a la unidad una multiplicidad de notas. La contradicción esencial aparece: la forma «cosa con sus propiedades», sin la que no podríamos pensar, es, no obstante, contradictoria, y contradictoria, no por azar o accidente, sino contradictoria en sí misma. Otras contradicciones nos ocurrirán que proceden de errores subjetivos nuestros: la lógica, que es

---

1. *Metaphysica est ars experientiam recte intelligendi* —ciencia de la comprensibilidad de la experiencia. *Theoriae de attractione elementorum principia metaphysica* IV, 527.

como un aseo y una higiene mentales, acude a salvar la contradicción mostrando que era sólo aparente. Mas aquí hallábamos una contradicción verdadera y no aparente. Y si recorremos los demás conceptos fundamentales de la experiencia: cambio, causa, yo, etcétera, topamos con análogas contradicciones. La experiencia, en suma, es en sí misma incomprensible, irracional: la experiencia es un problema, el problema de la metafísica.

De suerte que ésta consistiría en un proceso intelectual que, partiendo de lo dado —que es una contradicción, un problema—, va a conceptos nuevos, no dados, donde se resuelven las contradicciones. ¿No dados? Entonces ¿de dónde los sacamos? ¿Cómo podemos caminar del concepto-problema al concepto que es solución?

La metafísica tiene, pues, que resolver una cuestión previa: su método. La metafísica comienza por ser *metodología*.

a) METODOLOGÍA

Ese proceso de lo dado a otro concepto es lo que se llama la relación de principio y consecuencia. Si la experiencia es hallar pasivamente y la lógica aclarar y distinguir, es la metafísica concluir de un concepto a otro.

Ahora bien: esa relación de principio a consecuencia no es menos contradictoria que las ya apuntadas de inherencia, causalidad, etcétera. La consecuencia sale del principio, no hay si no de dónde sacarla. Esto quiere decir que se halla en el principio; pero si se halla en él no necesita seguirse de él, sino que es el mismo principio. Y si no es el mismo principio no puede ser su consecuencia. De modo que la consecuencia necesita ser distinta del principio y a la vez no ser distinta del principio.

Cuando demostramos que los ángulos de la base de un triángulo isósceles son iguales, es el triángulo isósceles el principio, y la igualdad de sus ángulos básicos la consecuencia. Sin embargo, para concluir ésta de aquél necesitamos suponer que una perpendicular tirada del vértice a la base divide al triángulo en dos triángulos rectángulos iguales. Ahora bien: si esta consideración es necesaria para obtener la consecuencia, es evidente que el triángulo, tal y como primero aparecía, no era el principio completo y que la feliz idea de tirar la perpendicular lo ha completado. Una vez completo el principio hallamos que él mismo es la consecuencia.

Generalizando este ejemplo hallamos medio de corregir la contradicción que encierra la relación de principio y consecuencia. Ésta es, en efecto, distinta de lo que primero aparece como principio; pero esto que primero aparece como principio no lo es, en realidad, si no se le considera en unión de otros elementos que en conjunción con él forman el principio entero, el cual no es ni más ni menos que la consecuencia. No el triángulo isósceles solo, mas éste completado con los triángulos rectángulos en que se le *puede considerar* dividido, forman el principio entero o, mejor dicho, la conjunción de principios cuya unidad es la consecuencia.

Es menester, pues, que haya intervenido en la relación de principio y consecuencia un cierto *modo nuestro de considerar* aquél, una variación de aquél que no era necesaria, pero que era posible. Yo no *necesito* pensar el triángulo isósceles dividido en dos rectángulos; pero puedo pensarlo así. Esto es lo que Herbart llama las *zufällige Ansichten*, las consideraciones contingentes que necesitan intervenir en el proceso racional[1].

La contradicción en la relación de principio y consecuencia y el modo de resolverla son ejemplares para la metafísica. De ella obtiene por simple generalización Herbart su método. Las «consideraciones contingentes» permiten resolver toda contradicción. Consiste ésta siempre en que se nos dan como opuestos dos miembros: M y N, que a la vez se nos propone pensemos como idénticos. Recuérdese el problema de la «cosa con múltiples propiedades». Ese concepto contradictorio dado es nuestro principio, cuya consecuencia buscamos. La «consideración contingente» consiste en buscar tras del M, que siendo opuesto a N no puede ser su idéntico (o viceversa), un M que sea idéntico a N sin dejar de ser M. ¿Cómo es esto posible? Consideremos que N no es el miembro completo que se propone como idéntico a M: consideremos una pluralidad de M, cuyos elementos están en conjunción. Entonces cabrá decir que un M es opuesto a N; pero que a la vez la conjunción de los M, aquello que entre sí sean y formen, puede ser idéntico a N. En breve hallaremos ocasión de aclarar esto con un ejemplo.

1. Muy difícil es fijar en pocas palabras su verdadero sentido. A quien interese el tema vea las páginas 263 a 265 del *Lehrbuch zur Einleitung in die Philosophie*, que son, a lo que se me alcanza, el lugar más detallado: a nosotros, los neolatinos, nos aclara un poco este concepto extraño la traducción que del término *zufällige Ansichten* hace casualmente Herbart en un rincón de sus obras donde las llama *modi res considerandi. Theoriae de attractione...*, pág. 525. Se trata, en rigor, del problema modal de lo posible en oposición a lo real. Después de leer las páginas siguientes sobre *Ontología* resultará más claro este método general.

De tal suerte arriba Herbart a lo que él llama «método de integración de los conceptos»[1]. En la *Breve Enciclopedia de la filosofía* de 1831 formula así este método: «Cuando nos es propuesto poner un elemento que no puede ser simplemente puesto ni tampoco suprimido, póngase en forma de multiplicidad»[2]. Por este procedimiento se sale de lo dado y su contradicción y se llega a un concepto que tiene con lo dado una dimensión común, la cual asegura su validez y, por otra parte, queda exento de la contradicción, racionalizado, lógico.

b) ONTOLOGÍA

Pertrechado con él pasa Herbart a resolver los primeros problemas de la metafísica y ante todo el que nos plantea la sensación. Danos ésta en su contenido sólo apariencias, según notamos más arriba; pero justamente la posición de una apariencia impone la afirmación del ser tras ella. Lo aparente no es tal y como aparece; pero es indicación de un ser, que en ella aparece. «Cuanto haya de apariencia, tanto hay de referencia al ser»[3].

Hemos aprendido antes a distinguir entre *lo que es*, el *quale* del ser y el ser mismo. No debemos decir el ser es, sino el ser no es, quien *es* es un *quale*. Cuando decimos de algo que es, ¿qué queremos decir de él? Queremos dar al

---

1. «Ita vertendus videtur terminus, quo in vernacula uti consuevi, *Methode der Beziehungen*». *Theoriae de attractione elementorum*, IV, 259 nota. Sobre el «método de la integración de los conceptos», véase *Hauptpuncte der Metaphysik*, IV, págs. 8-9; *Allgemeine Metaphysik*, § 185-188, IV, págs. 49-55.
2. II, 281.
3. IV, 70.

algo un ser independiente de nosotros, ponerlo absolutamente, con entera independencia de nuestro pensar[1]. Esto
es el ser, absoluta posición, referencia que hacemos a algo
declarándolo constituido por su independencia de esta nuestra misma posición. Por eso tenemos que distinguir entre el
ser y *lo que es*: vulgarmente, en el concepto *ser* mezclamos ambas cuestiones y no podemos salir a claridad. No; el ser «no
es una determinación de la cosa real, sino sólo la manera
como nosotros la ponemos» (IV, 122). Si tomamos *ser* como
debemos, notaremos que es predicado y sólo predicado. El
problema está en buscar un sujeto que le sea adecuado y de
quien podamos decir sin limitaciones que *es*.

Cuando vemos o tocamos algo, este algo se presenta con
un carácter de absoluta independencia de nosotros. Consideraciones posteriores nos llevan a notar que el contenido de la visión y del tacto, *lo visto* y *lo* tocado, no pueden
llenar las condiciones del sujeto para el predicado *ser* = absoluta posición[2]. Vaciando, empero, de la sensación su contenido nos queda como resto aquella genuina referencia y
posición absoluta de *lo que* vimos y tocamos, del substrato
de aquellos colores y resistencias que ahora reconocemos
como meras manifestaciones o apariencias de aquél. «La
sensación —llega a decir Herbart— contiene y proporciona
el único fundamento posible de nuestro conocimiento de
lo *Real*... Toda posición artificial puede ser retirada..., toda
posición que lleve consigo alguna huella de ser realiza-
da por nosotros y dependiente de nosotros es al punto re-

1. Empleo las mismas frases de que se sirve Kindel para extraer con
gran fortuna este difícil paso.
2. Con efecto, lo visto resulta dependiente de quien ve, *es* sólo *en* un vi-
dente.

pudiada como ilusoria cuando se trata de atestiguar y probar la existencia. Y con toda razón. El punto central de la antigua falsa metafísica consistía en imaginar que tenemos en nuestra mano la posición absoluta y podemos a voluntad poner un conjunto de realidades. Esta vieja metafísica no había comprendido nada de la posición *absoluta*; de otro modo habría notado que *ésta tiene que verificarse antes de toda filosofía y aun antes de todo pensar y que sólo cabe reconocerla, porque si faltara no hallaríamos ni podríamos obtener cosa alguna que la compensara*» (IV, 314-315). La posición absoluta sólo ficticiamente puede ser retirada por el pensar; el mismo pensar en que suponemos que *nada es* está *sintiéndose* a sí mismo como manifestación de algo que es absolutamente.

En suma: la sensación, dejándonos sólo como válido lo que de absoluta posición tiene, nos obliga a buscar un *quale* digno de ser puesto en esta manera. A ese sujeto —de quien con todo rigor podemos decir que *es*— llamamos lo Real. Pero de la cualidad de ese Real poco podemos saber, meramente aquello que no contradiga nuestro concepto de absoluta posición, a saber: 1.º, que esa cualidad será positiva —pues toda negación es relativa a una afirmación, por tanto no absoluta; 2.º, que es perfectamente simple; 3.º, que la cantidad le es extraña; 4.º, la cantidad extraña a lo Real *puede*, sin embargo, ser real o, de otro modo, multiplicidad *en* el ser es inadmisible, pero no es inadmisible multiplicidad del ser.

Aquí tenemos el ensayo de vuelta al realismo que hace Herbart en agria polémica con los ideales de su tiempo[1].

---

1. Sería complicar la exposición de lo que por sí mismo es ya complicado y perder de vista la intención de estas páginas —que es mostrar en epítome

El Real (así habría que decir y no *lo* real, pues es sustantivo por excelencia), tomado en todo su estricto valor, como posición absoluta, es lo que llamamos *Ente* (*Wesen*). Pero pensado sólo en lo que a su cualidad o consistencia atañe y hecha abstracción de su absoluta existencia, llamémosle *imagen*[1]. Con esto damos en la curiosa extravagancia que introduce Herbart por dondequiera en la metafísica. De un lado y en serio, del Real en cuanto ser no conocemos sino eso poco mencionado: que es, que es simple, que no es cantidad y que no sabemos si hay uno o muchos. Pero de otro lado, podemos considerarlo según nuestros modos de pensar, podemos hacernos de él una imagen compuesta de notas que ciertamente no contradigan esos caracteres que le son esenciales, pero que, en rigor, le son contingentes. Esa *imagen* del Real contendrá lo que el Real es *para* nosotros, no en sí. Al ser absoluto le es indiferente la tal imagen; pero no es indiferente para la Metafísica. De manera, que cuanto sigue *es* sólo como imagen, como pensamiento, como

las ideas matrices de Herbart— poner aquí una crítica de esta metafísica. Si fuera una teoría influyente hoy o en otro tiempo no holgaría algún comentario estimativo; pero, según he indicado, la metafísica herbartiana ha ejercido siempre una débil seducción. Sólo diré que el realismo de Herbart no es, en rigor, realismo, aun cuando fuera una verdad su sistema. Se nota un curioso empeño en el filósofo de dar en el rostro a sus hermanos triunfantes y mayores. Como indica muy exactamente Windelband: «la ontología de Herbart es, conforme al carácter del tiempo, completamente idealista». *Allgemeine Geschichte der Philosophie* (*Die Kultur der Gegenwart*), 1909, pág. 503.

1. Cuando decimos «X es» (donde *es* = posición absoluta) indicamos que eso, X, existe sin referirse ni contar para nada con nuestro pensamiento. Mas si nos preguntamos *qué* es esa X, aquí es significa la posición de X relativamente a nuestro pensar o en nuestro pensar, *lo que* X es *para* nuestro concepto. *Imagen* llama Herbart al contenido de nuestro concepto en cuanto tal contenido, sin pretensión de independencia.

apariencia, no *es* en el sentido en que decimos del Real que *es* simple.

Con este compás se interna Herbart en el problema de la inherencia, de la «cosa con varias propiedades». La experiencia nos presenta cada cosa como siendo a la vez redonda, verde, agria, etcétera. Una variedad nos es propuesta como unidad: lo *mismo* que es redondo se nos da como siendo verde. Ahora bien, esto es un grave conflicto: lo que está constituido por la redondez no puede estar constituido por la verdosidad, son dos cosas distintas. Mas es el caso que la experiencia nos obliga a pensar ambas como una sola y hacer de lo redondo y lo verde meros atributos, inherencias de la cosa real. Tenemos, pues, una contradicción cuyos elementos son: la cosa A propuesta como única y los atributos *constitutivos*, inherentes, a, b, c. A tiene que ser a, pero también b: luego no puede ser a ni b. ¿Cómo introducir a y b en A sin que ésta padezca en su identidad y simplicidad? Empleando el método de integración de los conceptos corregimos esa imposición de la experiencia *completando* el concepto «cosa con varias propiedades». En lugar de una cosa (Real) A pongamos varias y digamos: A sólo no sería a, pero A está en conjunción o concurrencia con otros Reales determinados[1], y en esta conjunción toma A el carácter a. La propiedad b hace alusión a una pareja conjunción de A con otros determinados Reales. Al A *en cuanto* sometido a la conjunción que produce a llamá-

1. Se entiende determinados en sí mismos, no determinados por nosotros. Ignoramos quiénes sean los que en concurrencia producen a y quiénes los que producen b; sólo sabemos que pues a y b nos son propuestos en la experiencia, dos series de Reales distintas tienen que existir allá en la región *real*.

moslo *A'* en cuanto sometido a la conjunción que produce *b* llamámoslo *A"* y tendremos:

$$a \quad > \quad A' \quad + \quad A' \quad + \quad A' \dots$$

$$b \quad > \quad A'' \quad + \quad A'' \quad + \quad A'' \dots$$

$$c \quad > \quad A''' \quad + \quad A''' \quad + \quad A''' \dots$$

A', *A"* y *A'''* son *A* en diferentes concurrencias (*Zusammenlauf*). De esta guisa un mismo *A* puede ser *a*, *b* y *c*. Sin embargo, nótese que no es rigorosamente *A* quien se convierte en *a*, en *b* y en *c*, sino *A en concurrencia con* otros Reales.

El problema de la inherencia parece, pues, a Herbart soluble únicamente si nos formamos una «consideración contingente», una «imagen» del Real con notas que en estricto sentido no le son necesarias, a saber: la pluralidad de Reales y su concurrencia.

No ofrece grandes dificultades a la comprensión ese pluralismo de Reales; más difícil es apercibir en qué consista esa concurrencia. Los Entes son simples, no pueden en consecuencia hacer ni padecer; un Ente no puede enviar un influjo transeúnte al otro. Como las mónadas de Leibniz –que son su origen histórico– los Reales carecen de ventanas. Su cualidad es inmutable.

El método de los modos contingentes de considerar el ser, viene aquí de nuevo a auxiliarnos. Nada impide que consideremos dos entes como de cualidad opuesta. Cierto, esta suposición no podemos atribuirla a ellos mismos, sino sólo a ellos en cuanto «imágenes» o pensamientos nuestros. Dos Reales opuestos, *A* y *B*, se comportan como un sí y un no. Su concurrencia tenemos, pues, que pensarla como un intento de mutua supresión a que responde cada uno por un acto de *conservación de sí mismo* (*Selbsterhaltung*). *A* se conserva *A* contra *B* y *B* contra *A*. Pero esta conservación de sí mismo es distinta cuando son distintos los Entes que amenazan con *perturbaciones* (*Störungen*). Por esto *A*, para seguir siendo *A* contra *B*, se conserva en forma de *a*, pero contra *C* en forma de $a' = b$, contra *c* en forma de $a'' = c$.

De toda esta lucha entre los Reales, de todo este *real acontecer* no llega, claro está, la menor noticia directa hasta nosotros. Pero sí llega el hecho de que la cosa *A* se presenta, nos *es dada* con las propiedades aparentes *a*, *b*, *c*. Y como toda apariencia, según dijimos con palabras de Herbart, alude a un Ser, la pluralidad de propiedades aparentes indica, concluye a una pluralidad de entes y la concurrencia de ellos.

Con esto queda solventado el problema de la inherencia. La cosa real *A* por sí sola no es ninguna de sus propiedades o manifestaciones *a*, *b*, *c*, pero, en conjunción con otros Reales, se conserva a sí misma tomando esas propiedades que con ser tan varias no alteran su identidad. *A* es, pues, sustancia o sujeto *único* que *tiene* propiedades *plurales*; pero lo es gracias a la causalidad trascendente de los otros Reales que sobre ella operan. «No hay sustancia sin causalidad»[1]. En la serie $a > A' + A' + A'$... la primera *A'* es la sustancia en cuanto concurre con las demás que son la causa.

Con lo dicho hemos anticipado la solución al tercer problema ontológico: la variación. La cosa *A* no sólo tiene pluralidad de propiedades, sino que éstas varían. La apariencia de variación nos es dada. Aplicando los mismos métodos

1. IV, § 220, págs. 110 y siguientes.

—no poco extraordinarios, a decir verdad— venimos a concluir que la concurrencia de los Reales es distinta antes y después de la variación. Pero el antes y después, el tiempo, es como el espacio ajeno al Ente. Si hemos empleado esa expresión ¿ha de entenderse como una metáfora?

En este punto conviene suma claridad si queremos entender el pensamiento de Herbart. La metafísica parte de lo «dado», que se manifiesta como un conjunto de contradicciones, como un haz de problemas, en una palabra, como apariencia. Reconocido como apariencia el plano de lo «dado», la metafísica tiene que buscar aquello real y absoluto de quien ese plano es apariencia. Ya hemos visto cómo la ontología determina en qué consiste esa realidad: es posición absoluta y nada más que posición absoluta. No sabemos otra cosa de ella. Todo lo que no sea decir del ser que es posición absoluta y lo que en esta posición va necesariamente envuelto (la simplicidad cualitativa), es ya una posición relativa, nuestra, que no se hace a sí misma obligatoria, que podemos retirar. Así el concepto del Ente no lleva consigo la necesidad de que se le ponga como un solo o como muchos. Si lo ponemos de uno u otro modo, esta posición es decidida por nuestro pensar.

¿Quiere esto decir que sea caprichosa? No. Entre la realidad que es absoluta, indestructible posición y la apariencia de que partimos como problema hay un mundo intermedio. Necesitamos explicarnos los problemas de la apariencia, poner los datos de ésta en conexión intelectual con aquel ser indubitable. A este fin imaginamos un sistema de conceptos, necesarios, *no en sí*, pero necesarios *para* enlazar la realidad con la apariencia. La multiplicidad de los Reales, su concurrencia, sus perturbaciones y conservaciones, etcétera, son ese edificio de conceptos que llena el mundo intermedio a que nos referíamos. Y estos conceptos no tendrán una realidad absoluta, pero tampoco son meramente subjetivos, fantasías, caprichos, errores. Tienen una realidad intermedia. Forman una «apariencia objetiva», *tienen el mismo valor de realidad que los problemas dados*. Son el contenido de la ciencia.

Esta última expresión acaso la repudiara Herbart. Y, sin embargo, es la más exacta. Ella pone de relieve hasta qué punto Herbart depende de Fichte. Salvo el ser mismo, todo lo demás tiene, para aquél como para éste, una realidad meramente científica, intelectual, en una palabra, ideal. El idealismo inunda la filosofía de Herbart penetrando por todos sus poros, contra la áspera voluntad de su autor.

c) SYNECOLOGÍA

La metafísica es «un movimiento en forma de arco»[1], que partiendo de la apariencia, que es un problema, va a buscar la absoluta realidad, que es un principio, y hallado éste torna a explicar aquélla. La ontología conduce a los problemas del mundo aparente: el espacio, el tiempo, la materia, el movimiento que Herbart estudia como formas particulares de un problema general: la continuidad. De aquí el nombre de *Synecología*.

El método es el mismo que ya conocemos: nuevas aplicaciones de los conceptos de Real, concurrencia, etcétera, permiten —no sin intrincadísimas combinaciones— dar un fundamento en lo real al espacio, tiempo, etcétera, aparen-

---

1. *Allgemeine Metaphysik*, IV, 314-315.

tes. Dejemos toda esta parte la menos útil para nuestra intención actual y la más vanamente complicada.

Todo ese mundo que resulta de la metafísica es —decíamos— una «apariencia objetiva», una imagen firme, científica, pero, al cabo, una imagen. De *qué* sea imagen, ya lo hemos visto; pero como «toda apariencia alude a un ser», es forzoso hallar *quién* es el Ser en que la apariencia aparece, quién el sujeto que imagina. Concluye, pues, la metafísica con la teoría de la apariencia o imagen como tal (*Eidolología*), que sirve de fundamento y tránsito a la psicología.

d) EIDOLOLOGÍA

Toda imagen se presenta con una doble referencia: de un lado, presenta lo imaginado; de otro, se declara a sí misma como perteneciendo a un yo. El mundo de la «apariencia objetiva» es un mundo de representaciones de un yo. Con esto damos en uno de aquellos temas contradictorios que la experiencia ineludiblemente nos plantea. Yo no puedo representar algo sin atribuir a mi yo, como una propiedad y parte de él, esa representación. No obstante, mi yo me aparece como una unidad frente a las muchas representaciones que lo constituyen. Es el eterno problema de la inherencia, de la «cosa con varias propiedades» que vuelve aquí particularizado en la cosa «yo». No ofrece, por lo pronto, novedad alguna y podrá resolverse del mismo modo arriba indicado. Más aún: la solución general que da Herbart al problema de la inherencia no adquiere sentido claro hasta su aplicación concreta al problema del yo. Para él fue, en verdad, pensada primero por quien más que metafísico era psicólogo.

El yo, que siendo uno, es, no obstante, la muchedumbre de nuestras representaciones, tiene que someterse al «método de integración de los conceptos». El yo es un Real que está en comercio y concurrencia con otros Reales: a las perturbaciones con que éstos le amenazan responde con actos de conservación de sí mismo, y éstos son la génesis de las representaciones, propiamente las sensaciones, reacciones elementales del alma. Su muchedumbre, variedad, sus idas y venidas, dependen de las series de Reales con quienes entre o deje de entrar en concurrencia. Las representaciones contrarias nos hacen concluir a la conjunción del Real que es nuestro yo con Reales de cualidad contraria. De este modo, sin abandonar aquél su identidad y su simplicísima cualidad, toma estados varios —nuestras representaciones. La doble referencia de la representación a lo representado y al yo mismo que representa, adquiere así, para Herbart, una explicación. Cada una es el mismo yo, pero el mismo yo en función de otro Real determinado.

Con esto desembocamos en la parte más clara y fecunda, también más conocida, de la filosofía de Herbart, su psicología.

III

PSICOLOGÍA

Aquí es más fácil separar las líneas generales del pensamiento herbartiano y el detalle de su exposición. Podemos ser más breves que al exponer la metafísica aun cuando la psicología reciba una aplicación más inmediata que aquélla en su sistema pedagógico.

El yo que representa, el Real cuyos estados son las representaciones, es lo que llamamos alma. Pero entiéndase bien que ese yo no es el que percibimos; lo que ordinariamente denominamos así es una complexión de representaciones, un yo empírico, una representación entre otras, cuya formación constituye un problema particular de la psicología. El yo puro, el alma, es, en cambio, el principio general de ésta. Y la explicación que ella dé de los fenómenos psíquicos consistirá en mostrar cómo éstas son posibles en un ser simple y sin ventanas.

No he de vacilar en reconocer que es esta preocupación de mostrar cómo es posible la *variedad* infinita de los fenómenos psíquicos en la *unidad* del yo lo que da mayor valor al ensayo psicológico de Herbart. Éste es, con efecto, el verdadero problema: la unidad de la conciencia. No otra cosa acontece con la física: el problema que cada fenómeno físico plantea a esta ciencia es el de qué sea ese fenómeno referido a la unidad integral de la naturaleza. Por sí, aislado, ningún fenómeno sería problema: la cuestión está en qué es ese fenómeno cuando se le considera unido a los demás. En la psicología, este carácter aparece elevado a su última potencia. Porque el fenómeno físico no se presenta, desde luego, como constituido por esa referencia a la unidad del cosmos, mas el psíquico precisamente manifiesta su carácter de psíquico en referirse a mi yo, a un mismo yo que los demás. En rigor, no hay dolor ni hay representación: hay sólo *mi* dolor y *mi* representación.

Por haber acentuado en este sentido el problema de la psicología fue tan fecundo y feliz el influjo de Herbart que al punto se reveló extendiéndose sobre la historia y la lingüística, sobre la antropología, etcétera. Yo no sé si puede afirmarse que el camino emprendido luego por esta ciencia, tomando el tono de experimental, ha hecho avanzar un jeme la cuestión esta esencial de toda investigación psicológica.

Pero volvamos a nuestra exposición.

Si el alma solicitada por el Real *A* responde con la conservación de sí misma *a*, ¿qué ocurre cuando, sometida al influjo de *B*, no puede permanecer como *a*? Al influjo de *B* responde *A* con la conservación *b*; mas como se hallaba en el estado *a*, sobreviene un conflicto. El alma se conserva como *a* frente a *A*, como *b* frente a *B*. Si *B* = *A* será *a* = *b* y no existiría conflicto. Pero si el Real *A* es de cualidad opuesta a *B*, las conservaciones consiguientes lo serán también: una tiene que ceder a otra y tiene lugar una continuada dinámica entre ambas. Aquí se origina todo el mecanismo de la vida psíquica.

El acto de conservación del alma contra otros Reales es un acto de representar (un darse cuenta de sí misma en un modo particular, en el modo *a* o *b*...). Si *B* obliga al alma a representar *b* (contrario por hipótesis a *a*), el modo *a* tiene que desaparecer. Ahora bien, desaparecer *a* es desaparecer el alma misma que ahora es *a*. Se opone, pues, contra *B* y *a* contra *b*. Sólo viniendo estos dos modos contrapuestos a la unidad podrán convivir, sólo en *una* representación total. Pero el esfuerzo de *B* sobre el alma trae, no un cambio de *a* en *b*, mas sí una disminución de la fuerza representativa de *a*. Mutuamente la representación dueña del alma y la nueva que aspira a poseerla se *estorban*. El *estorbo* o *detención* (*Hemmung*) constituye una situación dinámica cuyas consecuencias pueden ser reducidas a cálculo. Cada representación frente a otra opone dos energías: 1.ª, la fuerza con que llega al alma; 2.ª, el grado de posición en que se halla con la otra.

Si la *b* opuesta a *a* es más fuerte que *a*, ésta queda estorbada y no desaparece del alma, pero sí amengua el grado de intensidad con que es representada. La fuerza de *b* puede ser tal que supere completamente la de *a*. Claro que al esforzarse por suplantar a ésta, la resistencia por *a* ofrecida reabsorbe una parte de la fuerza de invasión que radica en *b*. De suerte que para superar completamente a *a* es menester que sea su fuerza igual a la de *a* + la pérdida que la resistencia de *a* le ocasione. El estorbo de *a* sobre *b* y de *b* sobre *a*, nos dan una suma que Herbart llama «suma de estorbo»[1].

En este punto hace su aparición en la psicología la matemática. El siglo XIX, que ha creído resolver con el cálculo infinitesimal los problemas psicológicos, encuentra en Herbart su precursor y no ha sido parco en la alabanza. Cierto que Herbart no introduce la matemática en la psicología con la misma intención que los modernos psicofisiólogos y experimentales. Herbart no pretende medir, sino simbolizar con exactitud. Se trata, pues, de un mero juego terminológico sin consecuencias; este uso metafórico de las matemáticas no puede ser tomado como iniciador directo de la psicología matemática moderna donde ésta ejerce plenamente su oficio métrico.

La cantidad que cada representación ofrece a la suma de estorbo depende de su fuerza y de su posición, según decíamos. El estorbo para cada representación está en razón

---

1. *Psychologie als Wissenschaft*. Todo lo siguiente procede de esta obra. El *Lehrbuch der Psychologie* publicado con anterioridad —aunque luego corregido— no presenta la teoría en la madurez que luego adquirió.

inversa de su fuerza, en razón directa de su grado de oposición.

El resultado del mutuo estorbo puede ser que *a* pierda toda su energía — que desaparezca de la *conciencia*, no del alma, que siendo simple no puede perder su cualidad ni los modos —*a* en este caso— de su cualidad. Queda *a* como representación sepultada en lo inconsciente pugnando por volver a conseguir vigor bastante a elevarla de nuevo a la conciencia. La relación de fuerzas de estorbo que en cada momento luchan en el alma exige un *minimun* determinado a favor de una de las representaciones para que ésta gane la conciencia: a esa cantidad llama Herbart *umbral de la conciencia*.

Hasta ahora hemos hablado del caso en que dos representaciones sean opuestas. Veamos el caso inverso. No siendo *a* y *b* contrapuestas, no se estorban; pero así como las opuestas sólo conviven en la unidad del alma en forma de mutuo estorbo, las homogéneas sólo pueden convivir uniéndose. Estas uniones son de dos linajes: representaciones de una misma clase (colores entre sí, sonidos entre sí), pueden ser encontradas (ejemplo: blanco y negro); las de clase distinta, no. Las primeras se unen sólo en tanto que el estorbo lo permite, y forman *fusiones*. Las segundas se unen por completo, y forman *complicaciones*.

Lo mismo en unas que en otras hay que tener en cuenta dos instantes: las representaciones antes de ser detenidas y después. En la detención pierden una porción de sí mismas y entran a la fusión modificadas. Esto que entra de ellas es lo que tienen de común con las a la sazón dominantes en la conciencia. Después de la detención fúndense sin más, pero ya no son las mismas que eran. Han sido, por decirlo así, reducidas a un común denominador con las preexistentes.

Lo propio ocurre con las complicaciones. Las representaciones de clases diversas, o llegan, desde luego, a complicarse o han sufrido ya una detención por conflicto con otras opuestas: en el primer caso, la complicación es perfecta; en el segundo, imperfecta. Sea a una representación que ha sido detenida y de la que sólo pasa a la conciencia un resto = τ y α otra a quien acontece lo mismo y es reducida al resto ς. La complicación se verifica entre τ y ς. Pero como éstos pertenecen a representaciones íntegras que aunque no están en su totalidad sobre el umbral de la conciencia, permanecen enteras bajo él, dan lugar a una nueva situación dinámica. Con efecto, τ y ς forman una energía conjunta que favorece a las representaciones de que ellas son restos. Si τ sufre un estorbo más fuerte, no responde sólo con la fuerza de a, sino con la de b, a quien por ς está unida: b es de esta suerte un auxiliar de la a.

Tales son los principios de lo que Herbart llama estática del espíritu o teoría del equilibrio entre las representaciones. El movimiento, el cambio en la vida de la conciencia exige que la estática se complete con una mecánica psicológica. En ella estudia Herbart la sucesión de las representaciones, su reproducción y asociación. Como no nos interesa aquí el detalle de estas explicaciones, las dejaremos a un lado para fijarnos en el término más característico de toda la psicología de Herbart que ha de ser rueda maestra de su pedagogía: la *apercepción*. En rigor ya conocemos su mecanismo: basta con que lo que en la estática considerábamos como efectos pasivos en las representaciones adquiera ahora una forma de actividad. Cuando una nueva representación acude a la conciencia, salen a su encuentro las que en la conciencia preexistían y entrando en contienda con aquélla, la transforman haciéndola apta para vivir en unidad consigo mismas. Son éstas los elementos apercipientes de la conciencia; aquélla, el elemento apercibido.

Nada como esta teoría de la apercepción pone en claro la intención fundamental en Herbart de centrar el problema de la conciencia en el problema de su unidad. El Real alma, sus conservaciones y comercio místico con otros Reales pertenece al ámbito dudoso de las construcciones trascendentes. El mecanismo de la apercepción, en cambio, tiene un sentido —abstrayendo del metafísico forcejeo entre las representaciones— estrictamente psicológico y significa la exigencia metódica de que todo contenido de la conciencia ha de ser estudiado en función de la unidad de ésta.

No menos patente es la fecundidad del mecanismo aperceptivo para la pedagogía. Justamente de eso se trata en la enseñanza y en la educación: de llevar a una conciencia germinal ciertos contenidos intelectuales, morales y estéticos que por una razón u otra son tenidos como ejemplares. Y toda la didáctica estriba en hallar las formas intermedias que lleven por el camino más corto de los elementos apercipientes del niño a aquellos contenidos ejemplares y supremos.

No hemos hablado hasta ahora más que de representaciones; pero ¿somos por ventura exclusivamente sujetos que perciben, recuerdan o piensan? ¿No sentimos, deseamos y queremos u odiamos? Herbart responde taxativamente: el alma no tiene más función originaria que el representar: nuestra sustancia es intelectual[1]. El desear y el sentimiento

---

1. La psicología de Herbart es la más radicalmente intelectualista que se ha intentado. Es esta excesiva predilección por lo intelectual un rasgo de

no son formas estrictamente originarias del espíritu: son manifestaciones adjetivas de la representación.

El esfuerzo de una de éstas por ascender sobre el umbral de la conciencia y adueñarse de ella es aquella cualidad psíquica que llamamos deseo. Cuando la representación ha triunfado sobre las demás viene un instante de dominio no exento de lucha, pero sí sobrante de fuerza vencedora: entonces decimos que el deseo se ha satisfecho, y esta cualidad de tranquilo dominio por parte de una representación es lo que llamamos sentimiento de placer. Cuando nuevas representaciones llegan con reciedad a arrojar aquélla de la conciencia, defiéndese ésta vigorosamente, y entonces experimentamos una presión que llamamos sentimiento de desagrado.

El sentimiento de agrado y desagrado no se refiere, pues, nunca a un contenido determinado, al cual vaya unido invariablemente. Ninguna representación lleva en sí un objeto que por sí mismo origine uno de esos sentimientos. Nada es esencialmente agradable o desagradable. Agrado y desagrado, enojo y fruición, o comoquiera llamarse a estos sentimientos puramente sensuales, son por su esencia relativos y marcan en cada instante el grado de equilibrio o desequilibrio de la situación general de la conciencia. Así *lo que* ahora sentimos como dolor con desagrado es para nosotros un momento después motivo de agrado por el mero hecho de que relativamente ha disminuido. La disminución del dolor produce agrado.

su personalidad que nos lleva a descubrir en él un temperamento del siglo XVIII —sereno, razonador y flemático— perdido en la selva ardiente del romanticismo octocentista. Para su pedagogía fue fatal este intelectualismo psicológico. En este punto me parece justa sobremanera la acerba crítica de Natorp, *loc. cit.*

IV

ÉTICA

He de declarar paladinamente que contra la opinión recibida tengo la ética de Herbart por lo más fuerte de toda su filosofía. El hecho es que apenas si nadie la ha conocido y que si la ha conocido la ha desdeñado. No recuerdo que ninguna grande alabanza le haya sido tributada en los últimos tiempos. Se comprende: la ética contemporánea, o ha solido atenerse a una interpretación psicológica de la moralidad o, siguiendo al pie de la letra el método de Kant, ha construido una metafísica moral. Herbart, en cambio, conduce a la ética por un camino intermedio. Yo creo que los tiempos van llegando en que volvemos a tener un órgano sensible para este modo de tratar la moral.

No puede ser, con efecto, el asunto de la ética investigar cuál es el mecanismo real que pone en marcha dentro de cada conciencia el juicio moral. Esto será bueno para un capítulo de la psicología. La ética trata de qué es lo bueno, de qué acciones son las buenas: y lo bueno no es un hecho psíquico, sino una calidad objetiva.

Mas por lo mismo que la ética trata de averiguar qué es el bien, es decir, lo que *debe ser* aunque no sea, lo que *no debe ser* aunque sea, no puede tratar de qué *debe ser* el bien, de qué debe ser lo que debe ser, como en ciertos lugares de sus escritos de filosofía práctica parece Kant pretender. La ética no puede inventar[1], construir racionalmente el bien;

1. Kant protesta formalmente de que se le impute la pretensión de inventar la moralidad; pero es el caso que su ética no aspira a menos que a

ha de limitarse a describirlo como describe un viajero la egregia belleza de un paisaje.

Ésta es la manera como Herbart entiende la ética. Lo bueno no se puede definir racionalmente, demostrar ni decir: sólo se puede mostrar, ponérnoslo delante, hacer que nos percatemos de su fisonomía[1].

El bien no es una cosa, no es un ser, ni siquiera lo que debe ser, es una calidad que hallamos en aquello que fuerza nuestra aprobación (*Beifall*). Mal la calidad de lo que nos fuerza a la desaprobación (*Missfallen*). Herbart, como se ve, se aproxima a la concepción de bueno y malo como valores, que hoy empieza a triunfar entre los filósofos. Y lo que diferencia justamente un valor de lo que no es valor consiste en la imposibilidad de razonarlo, de conocerlo. El valor no se conoce, se reconoce, se acepta. No es la razón, la ciencia, quien puede decir cuáles valores son buenos (positivos) y cuáles malos (negativos): el órgano para los valores es una peculiar sensibilidad que actúa en forma de aprobación y desaprobación. Herbart llama a esta sensibilidad gusto (*Geschmack*). Cuál sea su composición y oriundez psicológica, no interesa a la ética, como no interesa a la lógica las ruedas psíquicas que permitan funcionar al juicio[2].

---

demostrar que la hay. Tampoco aspira a más. Ética es, para el criticismo, eso y sólo eso. Ahora bien, demostrar que hay algo, ¿no es lo mismo que inventarlo de nuevo? La invención del espacio de *n* dimensiones es una y misma cosa con su demostración.

1. *Allgemeine praktische Philosophie*, VIII, 19.
2. Es una opinión tradicional identificar el *gusto*, según Herbart, con el *moral sense* de Shaftesbury y Hutcheson. Pero nótese que el sentido moral de que éstos hablan consiste en la facultad del sujeto para distinguir lo bueno de lo malo, bueno y malo que por sí mismos son independientes del sentido moral. El gusto, en cambio, no *distingue* los valores unos

Un juicio es el gusto también, precisamente el juicio estimativo (*Schätzung*), el juicio de valor. Los juicios estéticos son también de este linaje, juicios de sensibilidad —no visual, táctil ni cognoscitiva—, sino perceptora de valores como tales. Vemos de un cuadro lo que tiene de realidad física, pero no lo que tiene de bello; esto último no es un dato más que entra en nuestro conocimiento, sino un valor que aceptamos. De aquí que la ética sea para Herbart una estética o ciencia de la sensibilidad estimativa, del gusto (*Geschmacklehre*)[1], donde lleva éste la voz cantante, mientras el intelecto, la operación científica, se limita a transcribir sus dictados en expresiones conceptuales descriptivas.

Tal estética tiene por objeto lo bello en sus varias formas concretas: hay lo bello-musical y lo bello-plástico, hay junto a éstos lo bello-moral. Las primeras formas de lo bello han sido sólo tratadas de paso por Herbart en su *Breve Enciclopedia*, en algunas otras páginas perdidas dentro de su larga producción; no nos interesa mayormente. Por el contrario, la estética moral reclama nuestra atención.

Podía el gusto confundirse con el sentimiento de placer y dolor, que ya hemos estudiado en la psicología, así como algunos lo han confundido con el deseo. Pero la diferencia es clara a poco que nos fijemos. El deseo era aquel esfuerzo de una representación por llegar a triunfar en la conciencia; es,

de otros, sino que éstos se constituyen en él. El gusto valora y el *moral sense* percibe sus valoraciones. En una «Explicación» que Herbart compuso contra un crítico de su *Filosofía práctica general* se lee: «El crítico no debiera haber hablado aquí de los moralistas ingleses, a fin de no quedar bajo la sospecha de *confundir* constantemente el *juicio estético mismo* con la *sensibilidad* para percatarse de esos juicios». VIII, 211.
1. *Allgemeine praktische Philosophie*, VIII, 16.

pues, un movimiento de la representación, un defecto de plenitud en ésta. En el juicio estimativo, por el contrario, no hay ese movimiento del representar ni esa imperfección en lo representado. La estimación o desestimación son, por decirlo así, momentáneas, tranquilas declaraciones de nuestra conciencia, simples e irrevocables como sentencias supremas. Del placer y dolor se diferencia en que, si bien tienen de común la nota de aprobación y desaprobación, lo aprobado y desaprobado por el sentimiento no es discernible, separable del sentimiento mismo. En un dolor de muelas, el desagrado y lo que desagrada no son cosas que toleren disyunción: sentimos el desagrado —dolor—, pero no sabemos bien qué es el dolor aparte del desagrado. La razón de esto se declara recordando que, en efecto, el objeto a que el sentimiento se refiere, es momentáneo, relativo, distinto siempre; es el estado general de la conciencia que varía de momento a momento y nunca se repite idénticamente.

«En el juicio moral, lo representado ha de poder ser separado de aquél, es decir, sin la nota de aprobación o desaprobación, ha de poder representarse teoréticamente». Ahora bien, ¿cómo lo que es objeto necesariamente de aprobación o desaprobación puede ser representado como indiferente? Sin duda algo falta a lo indiferente para dejar de serlo y convertirse en estimado o desestimado. Se compondría, pues, de lo indiferente más algo que lo completa y que, a fuer de parte de lo representado sería también representativo. Esta contradicción queda resuelta notando que *cada* parte de lo que en su composición agrada o desagrada, tomada por sí, es indiferente, como en una tercia o una quinta los tonos componentes. La materia, diremos, es indiferente; la forma será el objeto propio del juicio de gusto. Por lo tanto, no es en estricto sen-

tido el juicio una facultad de *dar* aprobación o desaprobación, sino que aquellos juicios que para diferenciarlos en general de otras manifestaciones del mismo, suelen llamarse
gusto son efectos de la representación completa de *relaciones*,
formadas por una pluralidad de elementos»[1]. En el juicio o
gusto moral, los elementos de esas relaciones son voluntades.

La ética trata de hallar esas relaciones fundamentales que
el gusto declara en sí mismas estimables. No pretende establecer una casuística ni anticipar todas las situaciones morales concretas. Pero sí obtener aquéllas que constituyen el
fondo decisivo de las concretas y que, si no aparecen en la
práctica aisladas y puras desde luego, como en la ética, es
por encontrarse complicadas o confundidas con detalles
indiferentes a la relación esencial.

Esas relaciones cardinales, repetimos, no las inventa la
ética: simplemente las halla y las presenta en todo su fulgor
y evidencia. Son las valoraciones ejemplares yacentes en
todas las valoraciones concretas, son lo moralmente estimable.
El pensamiento del científico las busca sistemáticamente; pero
el gusto decide si ellas son las buscadas. Resucitando el venerable término platónico las llama Herbart ideas prácticas,
«a fin de designar así algo que se nos presenta con inmediatez
intelectual (*geistig unmittelbar*), sin necesidad de la intuición
sensible ni de los hechos accidentales de la conciencia»[2]. La
primera de estas «Ideas» es la de la *libertad íntima*.

---

1. *Loc. cit.*, 18-19.
2. *Loc. cit.*, 30; no cabe expresión más exacta de la objetividad de los
valores. Tal vez no haya en la obra entera de Herbart pensamientos
de sabor más contemporáneo, estoy por decir, más futuro. A su lado, la
polémica que contra las ideas prácticas mueve Natorp suena como un
pasado remoto y un caduco lenguaje.

Cuando una volición se levanta en el yo, éste la percibe, tiene de ella una representación, una imagen. Percibirla y dejar caer sobre ella una estimación, un juicio de valor, es todo uno; el juicio se cierne sobre la volición, y en tanto que aquél se mantiene inmóvil, procede ésta, se convierte en acto. Entonces, o bien la persona ha sostenido con su voluntad lo que con el juicio desestimaba, o ha omitido con la voluntad lo que con el juicio prescribía, o volición y juicio de gusto han afirmado o negado unánimes.

Se establece, pues, una relación entre nuestra volición y el juicio sobre ella, entre nuestro querer y la valoración que merece a nuestro gusto moral. En caso de coincidir ambos elementos nuestra volición adquiere una fisonomía nueva; nació como algo moralmente indiferente, era un deseo que avanza ciego en dirección a lo deseado. Mas ahora se transfigura en algo coincidente con nuestro gusto moral, y al seguir su curso y verificarse plenamente el acto volitivo, *no queremos tanto en éste lo deseado materialmente cuanto lo que el acto tiene de coincidente con el valor moral.*

Sin embargo, es éste un paso de una delicadeza extraordinaria que ha sido y es incomprendido por casi todos los que han criticado a Herbart, incomprensión tanto más grave cuanto que se trata de lo esencial, del todo de esta ética.

Un acto nuestro no es moral porque lo que en él hacemos y quisimos sea lo mismo que el juicio de gusto aprueba. Esto equivaldría a suponer que el juicio de gusto aprueba o desaprueba un acto por el contenido o *fin* que lleve. Ahora bien, ningún acto o querer nuestro aislado es ni puede ser —en opinión de Herbart— bueno: la calidad de bondad (= ser digno de aprobación) le llega al querer *en relación* con otro querer. Desde un punto de vista sistemático entra un querer *pri-*

mero en relación con el querer la aprobación o desaprobación que sobre él deja caer automáticamente el gusto moral. *Y esta relación es la que es estimable o desestimable*, la que es buena o mala, según sea armónica o inarmónica.

Toda la dificultad que ofrece esta primera «idea práctica» de Herbart para ser comprendida proviene de que se la considera aislada, siendo así que, aunque sistemáticamente le corresponda el primer lugar en el orden psicológico, en el orden real de nuestra vida volitiva aparece después de las otras.

Pasemos, pues, a la segunda, que nos servirá para concluir de aclarar la primera. Llámala Herbart *idea de la perfección*. Se origina cuando varias voliciones son comparadas desde un punto de vista cuantitativo, es decir, con respecto a su intensidad y a su extensión (donde extensión significa la amplitud y numerosidad de los objetos a que la volición se refiere).

El contenido estimable, bello por sí mismo que ofrece esta idea, es el del mayor valor de lo grande frente a lo pequeño. Aquí se ve de un modo palmario cómo lo estimable o desestimable es una relación y no uno u otro de los elementos de la relación. Nada es en sí grande ni pequeño, fuerte ni débil: lo grande es grande relativamente a lo pequeño, y éste lo es en relación con aquél. Lo más, por el mero hecho de ser más, es *mejor* que lo menos. Preferir lo débil a lo fuerte significa perversión moral. Perfección equivale a henchimiento y potenciación; no incluye ninguna cualidad, es un valor puramente cuantitativo.

Ahora volvamos a la «idea de libertad íntima». Un querer nuestro aparece siempre como más o menos fuerte que otro querer nuestro: automáticamente nuestro gusto moral bajo la especie de idea o modelo de perfección declara estimable el más fuerte. Pero esta nota es extrínseca a este querer más fuerte; para que adquiera la calidad de belleza moral es menester que lo estimemos, no por ser más fuerte, sino porque siendo más fuerte es más estimable. Lo decisivo, por consiguiente, en el acto moral es esta primera idea, sin la cual las demás no serían, en rigor, morales.

El hombre que se encuentra ante el dilema de ceder a una imposición del medio o resistirla, lo cual exige mayor energía, halla en su gusto moral la declaración de que la acción más enérgica es la preferible (estética, moralmente la buena). Si se decide por ella, empero, no es porque sea la más enérgica —para esto no hubiera hecho falta el cariz de preferencia, de belleza moral que el gusto vierte sobre ella— sino por ser la preferible.

La tercera relación típica es la *idea de benevolencia*[1]. En lugar de relacionarse una volición mía con otra mía también entra en relación mi querer con la imagen recibida en mi yo de un querer de otra persona. Mi voluntad hace suyo ese querer del prójimo, quiero para él lo que él quiere para sí, quiero su satisfacción. El uso corriente de las palabras «bueno», «bondad», expresa claramente esta «idea». Un buen carácter es este carácter benévolo. Consiste, no en querer lo que yo creo que es el bien del otro[2], sino lo que yo creo que él quiere.

En esta relación la voluntad de la otra persona no tiene que ser real: no es con ella como realidad con quien mi

---

1. *Lehrbuch zur Einleitung in die Philosophie*, I, 139 y siguiente.
2. Esta diferencia es la que sugiere el título de la obra de Benavente, *Los malhechores del bien*.

volición entra en conexión, sino sólo con la representación que yo tengo de ella. Cuando ambas voluntades —la mía y la suya— se exteriorizan, se hacen reales externamente, es que entre ambas se ha interpuesto un objeto real. Los dos tenemos un mismo objeto como término de nuestras voluntades: un conflicto sobreviene. No quiere esto decir que haya entre nuestras voluntades malevolencia, en el sentido de la «idea» anterior: en el conflicto no se refieren una a otra directamente, sino mediante el objeto. La evitación del conflicto lleva a la *idea del derecho*. A diferencia de las anteriores, esta idea presenta un carácter negativo: lo ingrato de todo conflicto.

También la quinta relación expresa una nota de esencial desaprobación. Cuando una acción llega a realizarse en que producimos ventajas o enojos, nace la exigencia de reparación. Ésta es la *idea de compensación o equidad*. El acto no compensado lleva consigo el concepto de perturbación que necesita ser compensada para borrarse. Aquí se fundan las nociones morales de premio y castigo. Para Herbart, no sólo a lo provechoso ha de contestarse con lo provechoso, sino a lo nocivo con lo nocivo. ¿Es esto admisible?

La claridad con que Herbart acepta en esta idea la vieja ley bárbara del Talión, nos hace advertir que, así como la primera idea práctica pervive en todas las demás y sólo si se halla complementando éstas la elevan a modelos morales, también las cuatro ideas subsecuentes se necesitan unas a otras, se completan y corrigen. La ética para mostrarlas en su pureza tiene que separarlas perfectamente, como haría la estética de lo bello plástico al describir una por una las relaciones fundamentales que constituyen la belleza del cuadro, si bien éste es bello por la complicación de todas ellas.

En la *idea de perfección* habrá ocurrido al lector una dificultad análoga: si lo más fuerte es lo estimable, una voluntad satánica será moralmente bella. No hay duda que en cuanto satánica —es decir, malévola, contraria al gusto, injusta y no equitativa o caprichosa— es inmoral, pero en cuanto satánica quiera decir genialmente vigoroso, voluntad recísima, que a todo se sobrepone, es evidentemente moral. El mito religioso alude a esta antinomia cuando habla de Satán, del mal como de un ángel caído; por caído es malo; por ángel, bueno; ángel caído es un mal que conserva una arista del bien: la fuerza. Satán es el mal sumo, es decir, la *perfecta maldad*.

De estas ideas primarias se derivan otras que forman como un ámbito de segunda moralidad. En lugar de considerar las voliciones dentro de un hombre, tómase a una pluralidad de individuos reunidos y conviviendo en una unidad social. Nace en ésta una idea social de derecho o de sociedad jurídica que evita los conflictos entre los individuos. La idea de compensación funda una idea derivada que Herbart denomina «Sistema de premio y castigo» (*Lohnsystem*). La benevolencia, a su vez, sugiere un «sistema de administración», un ideal económico. La perfección, un «sistema de cultura», de cultivo de las fuerzas humanas en dirección a su plenitud. La idea de libertad íntima, en fin, conduce a la de una «sociedad unánime», corona del mundo ético.

1914

La Universidad de Murcia

Que en esta hora, tan adecuada para una reforma hondísi-
ma de nuestra vida nacional, lo único que se haya creado
sea una Universidad más, equivale a un golpe fatal que re-
cibimos los ortodoxos del optimismo. Si se hubiera descubierto algún grave desliz en la contabilidad del Estado,
habríamos hecho la mueca de indignarnos, pero la raíz de
nuestro optimismo quedaría indemne. Gentes que cometan
abusos, que brinquen las bardas legales, no faltarán nunca.
Toda sociedad, aun la de existencia más normal, tiene que
hacer un descuento al crimen. El mal para una sociedad
no es que en ella ocurran males, sino que no ocurran
bienes.

Y esperábamos que después de tantos años de dolorosa
crítica, de tantos cursos de desconfianza, la manera de pensar y sentir hubiera cambiado en todas las provincias españolas. Pero ahora advertimos que hay por lo menos una
resuelta a no variar: la de Murcia.

Quería emplear de algún modo útil esta provincia unos dineros que le habían sido legados. ¿Qué hacer? ¿Se reúnen las personas más conscientes entre sus habitantes para meditar la empresa? ¿Consultan a aquellos mejores españoles que en larga vida de trabajo y virtud han conquistado para sus nombres una firme garantía de seriedad? Nada de esto; en Murcia no han llegado a dudar de sí mismos. No creen todavía que hacer bien las cosas es una cosa difícil, que no se puede improvisar el criterio sobre nada. A un periodista local se le ocurre decir que debería hacerse una Universidad. Sin reflexión, sin atención, sin comprensión, es acogido el proyecto y se hace de él un tema de honor provincial. Los diputados locales se ven envueltos en esa corriente de opinión: como viven de la opinión, no tienen el valor de oponerse a ella. Del modo que los ríos van a dar en el mar, todas las políticas murcianas van a dar en el señor La Cierva. El señor La Cierva, de quien queríamos haber esperado otra cosa, se pone al frente de los solicitantes y deja caer sobre el Gobierno la petición. El Gobierno, desea ante todo gobernar, y gobernar no quiere decir, por lo visto, hacer bien cosas que estén bien, sino evitar conflictos personales, en el caso presente, dar satisfacción al señor La Cierva.

En suma, desde hace unos días, España, a quien sobraban seis Universidades, goza de una más.

No hay en ninguna de estas palabras que escribo acusación ni censura para nadie: ni para Murcia, ni para el modesto periodista que tuvo tan deplorable inspiración, ni para las personas más responsables de lo que sienta y quiera el alma murciana, ni para el señor La Cierva. No hay en mis palabras ni siquiera enojo. No hay más que un lírico dolor, dolor de español, que se encuentra una vez más ante la falta de seriedad, de amor, de solicitud, de respeto con que tratamos a España.

¡Un trozo de nación, la provincia de Murcia, quiere renacer... y funda una Facultad de Derecho!

Manifiesta esa decisión una tendencia tan grave hacia el absurdo en la mente de esos compatriotas, que nos hace inclinar la frente, avergonzados, a los ortodoxos del optimismo.

Sólo una esperanza retrospectiva nos queda. Y es esta sospecha: si cuando tuvo el modesto periodista esa triste idea, el señor La Cierva y los diputados que le siguen, y éste, y aquél, y todos, se hubieran propuesto convencer a los murcianos de que llevar a Murcia una Universidad era como enviarles un cuerpo muerto, de que en su lugar debía crearse una institución más moderna y eficaz, donde lo peculiar de la existencia local recibiera un fomento técnico que luego reobrara sobre la economía de la provincia, ¿no se habría evitado esta enorme falta?

He aquí un caso de lo que yo llamo política de nación frente a política de Estado. La fuerza gastada en conquistar la *Gaceta* pudo emplearse en rectificar la opinión real de los murcianos. La idea de una institución verdaderamente moderna acaso hubiera sido simiente y empujón hacia la modernidad, hacia la nueva vida para toda la comarca. La vieja ciudad, que tiene, mirada desde el malecón, entre las huertas profundas, la silueta más dulce y elegante que pueda imaginarse, la vieja ciudad dulce y moribunda, acaso sintiera germinar en sus flancos arcaicos una voluntad joven, una ciudadanía aspirante y enérgica...

En cambio de esto, de otoño a verano, bajo el cielo luminoso que se apoya en los altos abanicos de las palmeras, mientras llega lenta la muerte, unos hombres solemnísimos, entrarán en un edificio con unos libros bajo el brazo y delante de los últimos murcianos comenzarán a explicar Código civil, Código penal, Código mercantil, Derecho internacional... *Nulla est redemptio!*

España, 2 de abril de 1915

[La pedagogía de la contaminación]

Lo que vais a escuchar no es una lección, no es una enseñanza. Día a día se afirma en mí la sospecha de que nada que en verdad merezca la pena de ser aprendido, puede, en rigor, ser enseñado. Por muy grandes que sean los afanes del maestro siempre habrá una última precisión, una postrera claridad, una gota la más sabrosa del jugo científico o artístico que no podrá trasmitirnos, que habremos de conquistar con nuestro propio esfuerzo doloroso. Y esa última precisión, esa postrera claridad, esa la más sabrosa y esencial gota del zumo es —en ciencia y en arte y en vida— todo. Lo demás está ahí meramente como vaso y artificio para impedir que ese valor esencial se evapore y desvanezca.

Fluye por toda la pedagogía y especialmente en la contemporánea una triste e inelegante hipocresía con la cual puede pactar quien haya hecho del pacto norma de su conducta, pero que a un ánimo indócil, humano y r* sólo desdén puede inspirar.

¿A qué llaman nuestras escuelas enseñar la ciencia? A descargar sobre el alma de los discípulos un lastre de doctrinas científicas ya hechas o, cuando más, un doctrinal ya hecho de métodos para la investigación. ¡Mansa, beata labor! Pero al través de su fácil tejido se escapa el ser mismo de la ciencia como el agua en una canastilla, y queda en el alma del discípulo justamente lo opuesto a la ciencia: el dogmatismo. Porque lo real y concreto de la ciencia es la actividad sin descanso del intelecto que se enfrenta valerosamente, peligrosamente con los problemas y pugna con ellos para darles solución. Y como al llegar a esta nueva solución, del mismo modo que al llegar a una cima más alta aumenta el círculo de los problemas, tiene, a su vez, que ser corregida, y sirve sólo de punto de apoyo y pretexto para un nuevo avance como la tierra sirve al que camina sólo para tocarla con el talón e iniciar un nuevo paso. Cuando el físico concluye de escribir la última página en su Tratado de Física, ya no piensa de la Física lo que dice su tratado, ya su pensamiento ha avanzado sobre aquella momentánea cristalización de su esfuerzo, ya es problema abierto mucho de lo que en la obra impresa parece solución cerrada, ya está de su mente vivaz la proa inquieta en ruta hacia nuevas costas lejanas y confusas. Si se toma, pues, sin ironía, la ciencia del libro, la ciencia conclusa y petrificada, se toma exactamente lo opuesto a la ciencia verdadera que no está hecha de conclusiones, que es la acción intelectualmente flúida, en perpetua superación de sí misma, ampliación

---

* [Aquí se interrumpe el manuscrito].

de sí misma. La ciencia fluye al través por los libros de ciencia como el río, móvil y líquido, por el cauce, sólido y quieto. Lo que se enseña en las escuelas modernas de todo el mundo es ciencia congelada, inmovilizada, suplantada, dogmatizada —un cauce seco y estéril por el que no ruedan las gotas esenciales. ¡Gracias a que no faltan nunca hombres que, a pesar de la escuela y, a veces, fuera de la escuela, sienten brotar en su pecho originalmente el hontanar de la curiosidad científica!

Espero no hallar la objeción de que la moderna enseñanza tiende a enseñar más que un sistema doctrinal los métodos de investigación científica, por tanto, a hacer ciencia. Este tópico contemporáneo es una puerilidad: los métodos de investigación no son más que resultados del sistema doctrinal de la ciencia y sólo dentro de éste tienen sentido. Al variar los principios de la doctrina, varían los métodos de investigación. Su apariencia impersonal, automática e imparcial induce a que muchos trabajadores se crean eximidos de formarse una noción de qué sea la ciencia y haciendo funcionar sus metódicos aparatos pierdan su vida en vano como las abejas alojadas en los alvéolos de una colmena inexistente.

Veis, pues, que de la pedagogía al uso se escapa volatilizado lo esencial de la ciencia, que es el movimiento del pensar flotando en una atmósfera de problemas. Con toda finura se repite en la historia intelectual la metáfora del cazador, símbolo del científico: θηρευτής, dice Platón; *venator*, dice Santo Tomás. No es la ciencia labor cómoda que se hace cobijado bajo una aprendida doctrina. Ciencia aprendida, *contradictio*: quien, en serio, aspire a la dignidad de científico ha de tener el valor de vivir siempre a la intemperie espiritual, como un buen cazador.

El hecho de que la sociedad contemporánea parezca en todo el mundo tan satisfecha de sus centros de enseñanza superior, a pesar de que en ellos no se enseña lo que hace de la ciencia ciencia, revela simplemente, dicho sin hipocresías, que a la sociedad contemporánea no le interesa la ciencia, no tiene sospecha de qué es eso. La gente quiere no sabiduría sino recetas: recetas para fabricar aparatos de locomoción o alcaloides y sueros. Cuando hablan de la cultura, entiéndase el confort; un progreso en la rapidez de los vehículos y en la exención de los dolores corporales. Se me dirá que siempre ha acontecido así, que siempre el monstruo del millón de cabezas que llamamos la «gente» ha sido ciego y sordo para toda la vida esencial y sólo ha aspirado a que se le llene bien el millón de fauces del millón de cabezas. Es cierto; pero en otras épocas la gente no ejercía el papel de protagonista responsable que tiene en nuestro tiempo, vivía más o menos relegada a un segundo plano y permitía que sobre el haz de Europa resonara la voz de la opinión selecta, anegada hoy por el torrencial alarido de la opinión pública.

Fatal es y acaso justo que la opinión pública, para quien la ciencia real no pueda existir, pida no más que recetas, pero como esta preocupación al informar y regir la enseñanza ha traído y traerá consigo una mengua de la verdadera potencia científica, llegará una hora en que ni recetas habrá. Tal vez en ninguna edad se ha hablado tanto de ciencia como en la nuestra; por esto es perentorio hacer notar que esa ciencia de que la gente habla y por la cual se interesa no es la ciencia como saber, es la ciencia petrificada, materializada en utilidad. Tiempos atrás se hablaba mucho menos de la ciencia pero los que hablaban sabían de qué hablaban y nadie abusaba del significado equívoco de esa palabra para fingirse interesado en lo que le era indiferente u odioso. Hipocresías de esta índole son características de la conciencia contemporánea y conviene de tiempo en tiempo delatarlas. ¿Qué sabe ni qué importa al buen burgués o al buen obrero el *saber*, ese sutil drama permanente del intelecto que vive siempre en duda de sí mismo, en afán sin tregua, de suerte que para él asentarse en una conclusión, en una doctrina es morir? Cuando veo con un libro en la mano a uno de esos hombres —decía Leonardo— espero que hagan lo que los monos que *sel mettino al naso e si domandan se è cosa mangiativa.*

Pues bien, ¿dónde hay lugar en la pedagogía contemporánea, que aspira a mecanizar la enseñanza como dice su clásico Pestalozzi, para enseñar eso que no puede enseñarse mecánicamente, esa única realidad de la ciencia que es la trágica actitud del pensamiento criándose a sí mismo en cruelísimo esfuerzo y negándose a recibir nada por herencia, tradición o autoridad?

Más clara se ve esta incapacidad de nuestra educación en el plano del arte. Frente al arte es la opinión pública más sincera. Como es el arte tan evidentemente inútil, la opinión pública lo declara francamente superfluo. Más por inercia que por otra cosa deja que se perpetúen academias e instituciones artísticas y en los centros de enseñanza deja que se deslice la historia de la literatura y de las artes. Pero ¿es que en parte alguna se enseña ni remotamente la sublime emoción estética?

Ni se enseña a gozar ni se enseña a crear arte porque ni una ni otra delicada función de humanidad tolera ser mecánicamente enseñada. Ser artista es hacer sonar la propia alma en una modulación original, nunca antes sida; es libertarse heroicamente de todas las pautas, de todas las normas, de todos los estilos usados y ensayar uno nuevo, es en suma añadir un elemento inesperado a la flauta de Pan capriforme.

Por último, las escuelas nos prometen enseñarnos moral, esto es, a vivir. Ahora bien, la vida hace en cada individuo el ensayo de una nueva figura y gesto de hombre. Hebbel solía decir: Yo vivo, esto es, yo me diferencio de todo lo demás. Cada uno de nosotros es el proyecto y germen de una personalidad única con ademanes propios, deseos únicos, necesidades incomparables y deberes originales. Y el maestro sólo puede enseñarnos maneras tópicas, gustos genéricos, ideales y deberes mostrencos; sólo puede desvirtuar nuestras posibilidades habituándonos a repercutir la vida de otros, a ser espectros y sombras de otros; sólo puede enseñarnos pues, a enterrar nuestra propia vida posible, a morir nuestra vida personal. ¿Cuántos, por ventura, son los afortunados que al salir de los años de educación llevan hincada en su conciencia la idea de que, fuertes o débiles, mejor o peor dotados, encierran en su ser la posibilidad delicadísima de algo nuevo, bello y fecundo, y que debe ser para ellos su vida el más armonioso espectáculo y el más valiente experimento? Pensad en la enorme cantidad de energías individuales que son para la humanidad quebrantadas, paralizadas, desperdiciadas por pretender las pedagogías al gusto usual enseñar a los hombres moral, esto es, ¿cómo debe cada hombre vivir?

Ved, pues, que esas tres supremas cosas ciencia, arte, moral no pueden ser mecánicamente enseñadas, según se pretende, y que si la opinión pública está satisfecha con su enseñanza es porque la opinión pública se queda sólo con esas tres palabras y renuncia de antemano a las tres cosas. Basta con una mínima desviación para que estas sutiles realidades se conviertan en lo contrario de ellas o, cuando menos, en vocablos cóncavos y huecos. ¡Es tan fácil la suplantación!

Son palabras, señores, místicas ampolluelas incorpóreas que se desprenden de los senos del alma y a veces, en el aire vibrátil, se quiebran derramando su interno licor.

Nada malo me parecería que el buen burgués y el buen obrero, el buen abogado y el buen médico, el buen industrial y el buen político no hablasen jamás de la ciencia, del arte, de la moral, en suma, de la cultura. Nada malo me parecería: hasta me parecería provechoso. Lo malo, lo grave, lo que puede hacer periclitar el porvenir de la misma cultura es que se suplante su significado, que se la defraude y desvirtúe. Tiene derecho a decir esto todo hombre consciente que haya asistido a los primeros tiempos de esta guerra, cuando una cortina de fuego se corría hasta incendiar la línea toda del horizonte. Y no ciertamente por la guerra misma que es, por el contrario, una profunda realidad y por tanto un gigantesco problema de la cultura, sino por lo que todos los días teníamos que leer en todos los periódicos, y oír en casi todos los labios, aquella hipócrita sorpresa de que la Europa culta se lanzase al campo de batalla, aquellas lamentaciones sobre el fracaso de la cultura. Si alguna duda se abrigaba todavía, entonces apareció manifiesto hasta qué punto es ficticia la adhesión a la cultura, hasta qué punto la conciencia pública desconoce el sentido de ésta. Viose entonces que el europeo medio tiene de la cultura la idea de ser ésta no sabemos bien qué cosa lograda de una vez para siempre, como una de esas recetas técnicas o preceptivas artísticas o pragmáticas morales a que antes me refería, algo que se recibe de fuera y que podemos meter en el bolsillo sin que el conservarlo nos exija esfuerzo sin tregua.

El hombre verdaderamente culto, ante un fenómeno como la guerra u otra grave emergencia en que se patentiza algún cruel defecto e insuficiencia de la vida, siente potenciarse su fe en la cultura, ve con mayor lucidez que nunca el sentido de ésta, su radiante necesidad. Porque darse cuenta de un problema nuevo o del recrudecerse un problema añejo es, a la vez, darse cuenta de una nueva tarea para el espíritu, de una nueva solución a buscar. No es inculta la piedra porque no acierte con las soluciones sino porque no tiene sensación de los problemas. Los principios de Galileo y Newton, cimiento último de la ciencia natural moderna, socavados en todo su derredor amenazan hoy con venir ruidosamente a tierra. La democracia, idea básica en que transitoriamente descansa el perenne anhelo de justicia política, prisionera de innumerables objeciones que no puede sojuzgar, se halla en trance de capitular. Poco probable es que no asistamos los que aún no somos muy viejos al derrumbamiento de la física de Galileo y Newton y la democracia de Rousseau y Robespierre. El día que esto acontezca, ¿nos ocurrirá hablar del fracaso de la cultura? Pues qué ¿habrán sucumbido esas ideas víctimas de alguna catástrofe telúrica o antes bien obedecerá su desvanecimiento a una visión más amplia y más estricta de los problemas que ellas a su hora pretendieron resolver, por tanto, a una mayor perfección de la sensibilidad para los problemas, a una exigencia de mayor precisión en las soluciones, por tanto, a un nuevo triunfo de la cultura?

La cultura no se rinde si no es a una cultura mejor, a la cual pueda decir como el poeta Shelley a su amada: amiga, tú eres mi mejor yo.

Si la opinión pública europea, con motivo de la guerra, ulula el fracaso de la cultura, es que entiende por ésta la supresión de los problemas, en consecuencia, lo opuesto al ser mismo de la cultura (con *c* o con *k* o como se quiera, porque no tengo ahora tiempo ni nunca el mal gusto de entretenerme con estos juegos de palabra, sobre todo con uno tan poco ingenioso y tantos decenios hace inventado y usado ya por Tolstoi, en una hora que se olvidó de la elegancia de su alma). El buen filisteo no quiere la inquietud de las cuestiones y cuando pide cultura entiéndase que pide volver a ser piedra.

No nos hagamos ilusiones: falta a nuestra época la conciencia de la cultura, esto es, de aquella cosa que en apariencia más la envanece. A ello ha contribuido la expansión democrática de la enseñanza que ha cuidado más de extender el uso del vocabulario que de intensificar y purificar en una minoría selecta la conciencia de las ideas. Merced a ello ha multiplicado los médicos, los ingenieros, los abogados, los técnicos, los lectores de periódico y, en cambio, ha restado los hombres cultos. Causa última, síntoma definitivo de esta mengua es que padece nuestra edad una forma específica de la incultura, precisamente el desconocimiento de aquellas meditaciones que aclaran el sentido de la cultura, y en consecuencia, el sentido de la vida humana: es la incultura del sabio médico, del sabio ingeniero, del sabio jurista, la ignorancia de lo general que padece el sabio de lo especial. Del siglo X hasta nuestros días la época que se caracteriza por su incultura filosófica es el siglo XIX, centuria del especialismo. Porque la conciencia de la cultura no es, señores, otra cosa que la filosofía.

Por esto conviene que hablemos de cuando en cuando de filosofía, tan sólo hablar de ella porque a fuer de ser la ciencia más sutil es la que menos puede ser enseñada. La filosofía, señores, no se enseña; la filosofía a lo sumo, se contamina. Frente a la pedagogía mecanizada yo afirmo como única verdadera y sin hipocresías la pedagogía de la contaminación. No pretendo, pues, enseñaros nada de filosofía; habré hecho todo si consiguiera seduciros hacia ella.

Como la gota va arrastrada en la turbulencia del río, va cada cual sumergido en esta cosa inmensa, turbia y rauda que es la vida. ¿No es oportuno que de cuando en cuando tratemos de alzar la cabeza sobre la corriente y mirar adónde nos lleva el río? Al comienzo de su *Ética* dice bellamente Aristóteles: busca el arquero un blanco para sus flechas ¿y no lo buscaremos para nuestras vidas?

Espíritu significa precisamente la serenidad en medio del vital torbellino de la muchedumbre de deseos parciales, de amarguras, de exaltaciones que nos hace no perder la conciencia de una dirección, de un sentido que orienta y califica toda esa turbulencia.

La mayor parte de los hombres vive atenta sólo al pequeño negocio o afán que delante tiene: si se les dejara solos, cada día tendría en ellos la vida menos pulsaciones. El pequeño negocio sería cada vez más pequeño: el campo visual más angosto y los corazones más estrechos. Por esto es la misión del intelectual y sobre todo del filósofo, proclamar fervorosamente, exasperadamente la obligación del esfuerzo espiritual que dilata las almas y potencia la vida. Frente al hombre utilitario ha de adoptar una absurda actitud de desinterés y vivir como el fuego consumiéndose a sí mismo. Ha de hacer*

Ésta ha de ser la actitud del filósofo y, por eso, cuando aparece un verdadero filósofo, la humanidad siente como un espolazo hacia la vida.

Ni que decir tiene que no pretendo yo ser ese verdadero filósofo ni aún siquiera un filósofo aparente. Sólo por una forzosidad administrativa soporto el título de profesor de metafísica, de una cosa que no sé bien, y que aun bien sabida no se puede, en rigor, enseñar. Yo os invito, pues, a coincidir conmigo en no tomar en serio esta mi capacidad administrativa.

Mi pretensión es incomparablemente más modesta: me contentaría con pasar junto a las almas más quietas que la mía y dejar caer en ellas fermentaciones de duda, ambición y esperanza. Habréis notado que al hallarnos inclinados sobre un estanque o laguna de agua muerta, y ver la superficie tan inmóvil, pulida, indiferente donde se reflejan las nubes viajeras —las nubes de abril redondas y barrocas— se apodera de nosotros como una irritación y un deseo de romper aquella ficticia calma y pulimento que ocultan toda la vida hirviente del fondo cenagoso. Y sin darnos cuenta, nuestra mano coge una piedrecita y la arroja en el agua, cuyo cristal se quiebra y vibra trémulo como una espalda viva y deja escapar burbujas que ascienden del fondo como suspiros. Hecho esto nos alejamos ingenuamente satisfechos. Pues algo no menos ingenuo me sería grato hacer con las almas demasiado quietas —mis aspiraciones se agotan, como veis, en llegar a ser un profesor de tirar piedrecitas en los estanques.

* [Aquí se interrumpe el manuscrito].

El *Quijote* en la escuela

A propósito de la Real Orden que impone la lectura del *Quijote* en todas las escuelas primarias, escribe en *La Libertad* Antonio Zozaya: «El *Quijote* no es lectura para párvulos ni para adolescentes... En la escuela no hacen falta Don Quijote ni Hamlet». Desde que apareció la Real Orden mencionada esperaba yo que alguien se resolviese a decir esto el primero, con el fin de apresurarme a repetirlo yo el segundo. La razón por la cual esperaba cortés a que alguien se me adelantase no importa mucho, aunque podría en pocas palabras expresarse así: los que están condenados a pensar en muchas cosas de distinta suerte que sus convecinos, a ser de otra opinión, a ser *heterodoxos*, deben economizar cuanto puedan esta su heterodoxia, para que no se tache de afán lo que es más bien una desdicha. Es seguro que la Real Orden quijotesca parecerá excelente a casi todo el mundo. Como a mí me parece en muchos sentidos un desatino, me complace cargar la responsabilidad de esta opinión sobre los hombros respetables de Antonio Zozaya, escritor tan mesurado y reflexivo, de quien las ideas suelen presentarse avanzando noblemente sobre un fondo de elevada filosofía.

No quiere esto decir que yo coincida con el resto del artículo que el señor Zozaya escribe. Sus ideas pedagógicas difieren notablemente de las que yo tendría si alguna vez me atreviese a tener ideas pedagógicas. Conviene, pues, para nuestra común oposición a la escolaridad del *Quijote*, que se advierta cómo desde puntos de vista dispares y aun antagónicos se llega a la misma conclusión.

La lectura del artículo citado me deja la impresión de que el señor Zozaya defiende una pedagogía practicista del giro usado en la segunda mitad del siglo XIX. Don Quijote y Hamlet le estorban en la escuela porque «no capacitan, no preparan para la vida». Si yo, por un desliz, me sorprendiese alguna vez en flagrante pedagogía, también habría de ser practicista, y, como el señor Zozaya, pensaría que la escuela tiene por única misión capacitar, preparar para la vida. Pero se trata sólo de una aparente coincidencia fundada en el equívoco que yace en esas palabras.

«Preparación para la vida» significa, en la intención del señor Zozaya, aprendizaje de ciertas técnicas particulares que permiten ejercer con alguna perfección determinadas funciones vitales. Si preguntamos a su artículo cuáles son esas funciones vitales cuya técnica es de máxima urgencia aprender, nos encontramos con que el señor Zozaya no se refiere a aquellas actividades esenciales de la conciencia humana que en todo tiempo y condición, con unos u otros pretextos, ejecuta el hombre, y que, por tanto, constituyen en nuestra especie el repertorio fundamental y perenne de la vida. El señor Zozaya propone que se lean en la escuela los periódicos con preferencia a toda literatura. Esta opinión, en que yo no puedo acompañarle, nos revela cuáles son las funciones vitales que a su juicio deberán ser más urgentemente educadas. Porque el periódico no es expresión de la vida, sino sólo de la faz que hoy tiene la vida. El periódico es actualidad y superficie. La vida íntima, personal y profunda se halla casi por entero excluida de él: el periódico hace resaltar sólo la vida social, y aun de ésta pone en primer término lo más periférico: la política, la técnica, la economía.

Lo importante —se dice— es que el niño averigüe pronto qué es un ferrocarril, una fábrica, una letra de cambio. La vida real se compone del uso de esas cosas, y cuanto mejor se conozca su estructura y manejo más fácil será el triunfo en la «lucha por la existencia».

No voy a dudar yo de la utilidad de esas averiguaciones, y claro es que si a los niños pudiera enseñarse todo, también habría que enseñarles eso. Pero la cuestión está en que la capacidad receptiva del niño y la docente del maestro son muy limitadas en volumen, en calidad y en tiempo. El problema de educación es siempre un problema de eliminación, y el problema de la educación elemental es el problema de la educación esencial.

Todo dependerá, pues, del acierto con que determinemos cuáles son las funciones esenciales de la vida en el orden psíquico, que es el más discutido, problemático y relevante en pedagogía.

La bicicleta, el pie y el pseudópodo

No todas las funciones vitales, corporales o psíquicas son de un mismo rango biológico. Aparte del valor preeminente que en virtud de consideraciones ajenas a la biología otorgamos a algunas (desde el punto de vista ético, por ejemplo, es la voluntad desinteresada la función superior del ser humano), cabe disponerlas en una jerarquía puramente vital. En otras palabras: hay funciones vitales que lo son en un sentido más plenario y radical que otras.

Para aclarar esto, comparemos someramente ciertas actividades corporales que tienen evidente afinidad.

Montar en bicicleta es, sin duda, una función vital. Cuando la descomponemos en sus factores hallamos de un lado la actividad motriz de nuestras piernas y manos; de otro, un aparato mecánico, la bicicleta. Este aparato mecánico es una creación de la actividad intelectual del hombre auxiliada por otras máquinas, manejadas a su vez por piernas y brazos. Construimos la bicicleta a fin de obtener, con un mínimum de esfuerzo vital, un máximum de rapidez en la locomoción. Con una pequeña intervención por nuestra parte, el aparato funciona según su régimen propio, extravital, mecánico. En la motocicleta se ve más patente aún la finalidad de todo instrumento o máquina, a saber: que nuestra actividad queda reducida a disparar su funcionamiento. En el uso de una máquina debe ésta ponerlo casi todo, nosotros casi nada.

La ventaja de esta economía en el esfuerzo que la máquina proporciona trae consigo, sin embargo, compensaciones desfavorables. La máquina tiene que ser hecha para un servicio muy determinado, y funciona sólo dentro de rigorosas condiciones. Cuando nuestra necesidad y las condiciones del caso coinciden con la máquina, su utilidad es superlativa. Pero cualquiera leve discrepancia la hace perfectamente inútil, más aún, la convierte en estorbo.

Sobre tierra quebrada o de grandes declives, lejos de depósitos de gasolina, una motocicleta es una desventaja en la lucha por la existencia. Además, el provecho mismo de una máquina es meramente relativo y transitorio; otra máquina más perfecta deja fuera de la concurrencia vital a quien posee aquélla anticuada.

Emparejemos ahora con el montar en bicicleta otra función vital: el andar a pie. También en el andar podemos distinguir dos factores: de un lado, la energía nerviosa y muscular que empleamos; de otro lado, el esqueleto que hacemos moverse.

Es el esqueleto de las piernas con sus pies terminales algo muy semejante a una máquina. Como ella, tiene una forma fija, se compone de piezas determinadas y posee un repertorio de posibles movimientos más amplio que una bicicleta, pero también circunscrito. Su diferencia de la máquina es puramente relativa: adaptación a un círculo mayor de condiciones y de servicios, menor dificultad para su sostenimiento y empleo, independencia de las industrias fabricantes y de los precios en el mercado; en fin, escasa probabilidad de que se inventen modelos de pies más veloces. De todas suertes, una cosa parece bien clara: que salvo en el caso concretísimo en que la bicicleta dé su normal rendimiento, el pie es una máquina de mayor utilidad vital si se suman y se restan sus mayores servicios y sus menores perjuicios.

Sería bastante absurdo que enseñásemos a los niños el uso de la bicicleta y no les enseñásemos a andar. Compara-

do con esta función orgánica de nuestro cuerpo es la ciclo-
moción una función mecánica, y, como tal, circunscrita, va-
riable, condicionada por mil detalles, y fuera de ellos, inútil
o, lo que en biología es sinónimo de inútil, perjudicial.
Además, el montar en bicicleta supone la función motriz
primaria del hombre, con sus aparatos óseos, nerviosos y
musculares. En fin, implica el ejercicio y buen éxito de
nuestras facultades científicas, creadoras del instrumento
locomóvil y las facultades jurídicas, políticas, industriales,
mercantiles, sin las cuales no habría bicicletas. El progreso,
regresión o simple cambio de ruta en estas funciones, anula
la bicicleta, sustituyéndola o suprimiéndola.

Mas si el uso de la bicicleta es mero mecanismo y, por
tanto, menos vital que el uso del pie, tampoco éste representa la esencial vitalidad, también es mecanismo en comparación con otras funciones biológicamente primarias.

Compárese el andar del hombre con la traslación del ser
más elemental: la ameba. La ameba carece casi por completo de estructura; no tiene órganos especializados en funciones determinadas. Cuando quiere desplazarse hace avanzar
su protoplasma en la dirección deseada, formando una
especie de tentáculo o prolongación. Fabrica, pues, un pie
momentáneo y *ad hoc*, que se tiende hacia el sitio ambicio-
nado. Por contracción elástica, este casi pie o pseudópodo
arrastra el resto del cuerpo amíbico. Llegar al lugar apetecido y desaparecer el pseudópodo son una misma cosa. Una
vez utilizado, viene aquel órgano transitorio a reintegrarse,
a reabsorberse en la masa total del organismo, y puede la
ameba entregarse entera a la nutrición, sin tener que preocuparse de pie ni de pierna que, en el hombre, incapaces
de alimentarse a sí mismos, constituyen una carga para el

estómago. El pseudópodo es, por tanto, un órgano que sólo existe en tanto y mientras es útil, que es útil para la traslación sin las limitaciones y condicionamientos a que está sometido el pie humano, y más que el pie humano, la bicicleta industrial. Ciertamente que éstos, dentro de condiciones muy precisas, sirven la función de andar mucho mejor que el pseudópodo; pero fuera de ellas sirven para poco o para nada, esto es, perjudican. En el balance que la vida hace de sus cuentas milenarias, el pseudópodo lleva fabulosas ventajas al pie y a la bicicleta. Por eso la ameba tiene una existencia mucho más segura que la del hombre caminante, para no hablar del ciclista. En una sociedad de seguros de vida la prima mayor sería otorgada a la humilde ameba, mientras hoy no se concede seguro al aviador.

El andar de la ameba es, a un tiempo, creación del órgano adecuado y empleo de él. No queda resto de mecanismo. En cambio, el andar humano es relativamente mecánico. Todo órgano estable en la medida que es estable, con forma fija y funcionamiento predeterminado, tiene el carácter de una máquina, y su uso, de una función mecánica. Esto quiere decir que *toda aquella zona de la vida que consiste en la actuación de estructuras fijas y especializadas representa una vitalidad mecanizada, secundaria*. El plasma viviente, al crear el órgano específico, conquista algunas ventajas a cambio de quedar en parte prisionero de su obra, agarrotado por su invención. Si tras el funcionamiento de los órganos no quedase latiendo insumisa la vitalidad primigenia, inmecanizada e inespecializada, el organismo, cuanto más complicado, sería menos apto para subsistir.

Pero la máquina no marcha sin la mano o el pie, ni el pie y la mano se mueven sin una fuerza genérica de motividad previa a toda organización. Lo que en la ameba se presenta a nuestros ojos acontece en todo organismo, bien que en forma menos descubierta. La ciencia de nuestro tiempo, preocupada, en virtud de razones que no son del momento, por el estudio de los órganos y su funcionamiento mecánico, no ha estudiado aún debidamente las actividades primarias de la vida. Se ha hecho mecánica biológica, pero no propiamente biología: ha atendido, con raro exclusivismo, a aquellos fenómenos que, aconteciendo en el ser vivo, son menos vida.

Si el lector me ha seguido hasta aquí, advertirá que se llega a definiciones de la vida radicalmente distintas, según se tome como tipo de las funciones vitales una u otra de las tres bosquejadas.

Civilización, cultura, espontaneidad

Traduciendo este ejemplo del orden físico al psíquico, podremos distinguir tres clases de actividad espiritual: Primera: el uso de mecanismos o técnicas, políticas, industriales, etcétera, que en conjunto llamamos civilización, y corresponden al montar en bicicleta. Segunda: las funciones culturales del pensar científico, de la moralidad, de la creación artística, que siendo íntimas al hombre son ya especificaciones de la vitalidad psíquica dentro de cauces normativos e infranqueables: ellas valen en el orden psíquico lo que el andar en el corpóreo. Tercera: los ímpetus originarios de la psique, como son el coraje y la curiosidad, el amor y el odio, la agilidad intelectual, el afán de gozar y triunfar, la confianza en sí y en el mundo, la imaginación, la memoria. Estas funciones espontáneas de la psique, previas a toda cristalización en aparatos y operaciones específicas, son la raíz de la existencia personal. Sin ciencia no hay técnica, pero sin curiosidad, agilidad mental, constancia en el esfuerzo, no habrá tampoco ciencia. El médico no será buen médico si no es un poco científico, y no será un poco científico si no es bastante inteligente. Ahora bien: es un error creer que a fuerza de enseñar técnica terapéutica se logrará dotar a un individuo de visión científica, y mucho menos hacerlo inteligente.

Asimismo, para que un hombre ejerza bien sus actos civiles, deberá educarse su moralidad afinando su sensibilidad para las normas éticas, robusteciendo su obediencia a los imperativos del deber; pero será estéril intentar todo esto si no se cuenta de antemano con una vigorosa potencia de voluntad, de entusiasmo, de energía básica.

Previa a la civilización transitoria de nuestros días, previa a la cultura de los últimos milenios, hay una forma eterna y radical de la vida psíquica, que es supuesto de aquéllas. Ella es, en última instancia, la vida esencial. Lo demás, incluso la cultura, es ya decantación de nuestras potencias y apetitos primigenios, es más bien que vida, precipitado de vitalidad, vida mecanizada, anquilosada.

Los grados superiores de la enseñanza podrán atender a la educación cultural y de civilización, especializando el alma del adulto y del hombre. Pero la enseñanza elemental tiene que asegurar y fomentar esa vida primaria y espontánea del espíritu, que es idéntica hoy y hace diez mil años, que es preciso defender contra la ineludible mecanización que ella misma, al crear órganos y funciones específicas, acarrea.

Pensando así, claro es que me aterra la proposición hecha por el señor Zozaya de que se lea el periódico en la escuela. Le estorban Hamlet y el Quijote, porque son del siglo XVII y hoy vivimos en el XX. La escuela ideal sería para mi opuesto gusto un instituto que hubiese podido permanecer idéntico desde los tiempos más salvajes del pasado y perdurar invariable en los tiempos más avanzados del futuro. Porque lo que ella ha de educar es inmutable en calidad y contenido; sólo es perfeccionable en intensidad.

A mi juicio, pues, no es lo más urgente educar para la vida ya hecha, sino para la vida creadora. Cuidemos primero de fortalecer la vida viviente, la *natura naturans*, y luego, si hay solaz, atenderemos a la cultura y la civilización, a la vida mecánica, a la *natura naturata*.

LA PARADOJA DEL SALVAJISMO

Hace dieciocho o veinte años sufrió España una epidemia de practicismo ingenuo y mal entendido. Un fenómeno particular de esa epidemia fue creer que el porvenir nacional e individual de los españoles estaba en la explotación minera. Numerosas familias hicieron que sus hijos, tuvieran o no la vocación de ello, siguiesen la carrera de ingenieros de minas. Cuando pocos años más tarde sobrevino la ruina de nuestra minería, los jóvenes ingenieros se encontraron, al concluir sus estudios, especializados en una función social sin horizonte favorable, y no pocos pagaron el error de sus padres con el fracaso de sus vidas.

Imagínese que se les hubiese sometido a la especialización, no ya en el postrer grado de la enseñanza, sino, como querrían los pseudopracticistas, desde la educación elemental. Habríanse obtenido hombres totalmente incapaces para un mundo donde hay escasas minas, como los esquimales de Heine resultaron inservibles para el cielo cristiano porque en él no existen focas.

No se me ocurre negar que la vida marcha siempre en un sentido de progresiva especialización. Pero es precisamente la aberración típica de nuestra época olvidar que la vida primaria e indiferenciada perdura bajo este especialismo. Y no sólo perdura, sino que progresa también a su modo. Si llamamos al hombre relativamente exento de especialización —esto es, de cultura y civilización— hombre salvaje, yo diría que en el hombre culto perdura, como base de sustentación vital, el hombre salvaje, y que el progreso cultural procede paralelamente a un progreso en salvajismo. Esta palabra «salvajismo», cargada con su significación peyorativa, implica ya un error. Llamar salvaje al hombre primitivo porque posee menos instrumentos materiales, políticos e intelectuales que nosotros, es condenarlo íntegramente. Llamar al hombre actual civilizado significa, de paso, hacer su completa apología. Esto sería justo si la vida fuese sólo, o siquiera principalmente, funcionamiento de órganos dados, como creía el siglo XIX, sometido al influjo de Darwin. Pero es el caso que el funcionamiento de los órganos supone, por lo pronto, la creación de esos órganos, y además su conservación, regulación e impulsión. *La vida organizada, la vida como uso de órganos, es vida secundaria y derivada, es vida de segunda clase. La vida organizante* es *la vida primaria y radical.* La biología darwiniana comienza precisamente allí donde la vida, en sentido estricto, acaba. Darwin sólo pretende explicar cómo de ciertas formas dadas, unas perduran y otras sucumben; pero deja intacta la cuestión esencial, a saber: cómo esas formas dadas son dadas; cómo y por qué son creadas. Si el darwinismo fuese cierto, que no lo es, constituiría una biología de segunda clase. Hoy queda barrido de los laboratorios por una biología más fundamental que estudia la vida primaria. En vez de observar la supuesta lucha por la existencia que riñen entre sí las formas orgánicas, investiga el principal supuesto de esa lucha, que son sencillamente los luchadores[1].

Tal cambio de perspectiva biológica nos invita a atender esta humilde perogrullada: la cultura y la civilización, que tanto nos envanecen, son una creación del hombre salvaje y no del hombre culto y civilizado. *La vida no organizada crea la organización*, y todo progreso de ésta, su mantenimiento, su impulsión constante, son siempre obra de aquélla. Esto aclara el hecho paradójico de que todas las grandes épocas de creación y renovación cultural han coincidido, o fueron precedidas, por una explosión de salvajismo: el siglo VI de Grecia, el siglo XIII, las centurias del Renacimiento, el friso del siglo XIX[2].

1. El carácter vulgar de este ensayo hace inoportuna la descripción detallada de lo que hoy es la biología en oposición a lo que fue en la segunda mitad del siglo XIX. Nada diría al lector ordinario una serie de títulos de obras y de nombres extranjeros. Espero, no obstante, que el entendido en estos problemas biológicos podrá recoger sin vacilación las alusiones que haga a trabajos determinados, y aun a escuelas enteras de la más reciente biología.

2. Los tiempos que ahora vivimos son de esta calidad. El gran público siente confusamente la impresión de que atraviesa la humanidad una hora de salvajismo. Habituado a oponer esta idea a las de cultura y civilización, no sospecha que dentro de ese salvajismo se está forjando toda una cultura y una civilización superiores. Por lo pronto, en el orden científico existe ya una renovación sólo comparable a la del Renacimiento. La ascensión obrerista que trae en su seno una nueva estructura política es, por lo pronto,

Como todos los *parvenus*, el *parvenu* de la civilización se avergüenza de las horas humildes en que inició su existencia y tiende a sigilarlas. El «progresista» de nuestro tiempo es el mejor ejemplar de esta clase; de aquí su fobia hacia el pasado, sobre todo hacia el hombre primitivo. Deslumbrado por las botas nuevas de la civilización actual, cree que el pretérito no puede enseñarnos nada, y mucho menos ese pasado absoluto, fuera ya de la cronología, que habita el hombre prehistórico.

En medio de la refinada cultura del siglo XVIII, inventor del progresismo, hubo, sin embargo, gentes capaces de tornar la vista hacia ese hombre originario. Los viajes de Bougainville y de Cook atrajeron la atención de los parisienses sobre la vida silvestre de Taití, o, como entonces se decía, de O'Taiti. Hubo un día en Versalles gran desbordamiento de simpatía hacia unos taitianos que consigo trajo el primero de estos navegantes, y que representaban la sencillez, la desnudez primigenias frente a la peluca, la enciclopedia y el maestro de baile. Muchos cortesanos se ofrecían para educar a aquellos indios importados; pero, según refiere la *Chronique de l'Oeil-de-boeuf*, una linda marquesa se interpuso diciendo: *Mais vous allez leur faire perdre leur joli naturel!* De aquel movimiento «primitivista» nació el alma de Rousseau, su retorno a la Naturaleza, y con ello el nuevo clima moral, político y estético del siglo XIX.

Sería, no obstante, tergiversar por completo mi pensamiento emparentarlo con el de Rousseau. Yo pido que se atienda y fomente la vida espontánea, primitiva del espíritu, precisamente a fin de asegurar y enriquecer la cultura y

una exaltación de lo primitivo social. Tal vez por eso ha llamado Rathenau al movimiento obrero una irrupción vertical de los bárbaros.

la civilización. Rousseau, por el contrario, odia éstas, las califica de desvarío y enfermedad, proponiendo la vuelta a la existencia primitiva. A mí, esto me parece una salvajada. El valor de la vida primitiva es ser fontana inagotable de la organización cultural y civil. Tomarla a ella misma como tipo ideal de organización es, claro está, una perversión como tantas otras en que abunda la obra de Rousseau. Situar, según él hace, al hombre primitivo en el bosque de Fontainebleau, más que un imposible retorno al salvaje, se me ha antojado siempre gana de hacer el Robinsón.

Esta valoración de la vida espontánea, y si se quiere denominarla así, de la vida salvaje del espíritu, es, al cabo, la misma que todo el mundo acepta sin darse cuenta de ello. Nada más general en nuestra época que la admiración por el hombre «antiguo», simbolizado en la obra de Plutarco. Lo mejor que sabemos decir de ciertas personalidades vigorosas es que tienen un carácter antiguo. Pues bien; si fuese ésta la ocasión para hacer la psicología del hombre de Plutarco, veríamos que lo que nosotros admiramos en él no son estos o los otros contenidos de su cultura —la cultura griega, que tanto estimamos por otras razones, es posterior al tipo psicológico que Plutarco describe—, sino ciertas cualidades psíquicas generales, como son el ímpetu para obrar y la energía para soportar, la solidaridad e interno acuerdo con que la persona se mueve y que le presta ese cariz de sustancia íntegra (hombre íntegro decimos aún por el hombre honrado), toda ella quieta o toda ella vibrante como el bronce y el mármol; en fin, la violencia de los apetitos, el envidiable afán que aquellos hombres sabían sentir por el mando o la riqueza, por la gloria o la sabiduría. Espíritus mucho menos complejos que los nuestros, eran, en cambio, más vitales; sus últimos resortes biológicos funcionaban con mucha mayor tensión y les hacía avanzar sobre el área de la existencia certeros y retemblando como dardos bien templados.

Pues bien; como Nietzsche repetía, citando a Joubert: «el salvaje no es sino el *antiguo moderno*», es el hombre de Plutarco sin Plutarco. Bajo la autoridad y prestigio que envuelve la cultura grecorromana, admiramos en el hombre antiguo al hombre primitivo[1].

Una pedagogía que quiera hacerse digna de la hora presente y ponerse a la altura de la nueva biología tiene que intentar la sistematización de esta vitalidad espontánea, analizándola en sus componentes, hallando métodos para aumentarla, equilibrarla y corregir sus deformaciones.

No es, pues, lo que llamo educación de la espontaneidad cosa que ande próxima a la pedagogía de *Emilio*, como no se tome la semejanza en el sentido amplísimo de haber sido Rousseau uno de los jalones eminentes en la evolución de las ideas pedagógicas. «La primera educación —dice Rousseau— debe ser puramente negativa». «No hacer nada, no dejar

---

1. Para todo buen aficionado a Platón no es una novedad advertir la doble preocupación, en apariencia contradictoria, que le acompañó toda su vida. Por un lado, Platón, vecino de Atenas, mira constantemente con el rabillo del ojo a Esparta, ideal del griego culto, que simboliza la razón, la medida, la arquitectura, la ley política, y, en fin, a través del alma dórica de los pitagóricos y Parménides, la filosofía y la matemática. Mas, por otra parte, Platón dirige una y otra vez su divina mirada curiosa a los «bárbaros». Reconoce que no se pueden comparar con los griegos en gracia, razón, cultura, civilidad. Pero... Platón siente en el fondo de sí mismo una extraña admiración indomable hacia los bárbaros, pese a su orgullo de heleno. Por fin, en el libro IV de la *República*, obligado a profundizar en los problemas psicológicos, descubre con súbita claridad el motivo de su estimación. Con vocablo aún impreciso dice: «El bárbaro no es sabio; pero es corajudo, impetuoso». No se olvide que para el griego el bárbaro es el hombre primitivo.

hacer nada», añade. Pienso, por el contrario, que toda educación tiene que ser positiva, que es preciso intervenir en la vida espontánea o primitiva[1].

Lejos de abandonar la naturaleza del niño a su libérrimo desarrollo, yo pediría, por lo menos, que se potencie esa naturaleza, que se la intensifique por medio de artificios. Estos artificios son precisamente la educación. La educación negativa es el artificio que se ignora a sí mismo, es una hipocresía y una ingenuidad. La educación no podrá ser nunca una ficción de la naturalidad. Cuanto menos se reconozca como una intervención reflexiva e innatural, cuanto más pretenda imitar a la naturaleza, más se aleja de ella haciendo más complicada, sutil y refinada la farsa.

Se trata, pues, de una cosa muy distinta de la sensiblería naturalista de Rousseau, que indujo a que las damas amamantasen sus hijos en el teatro durante las representaciones de la ópera.

PEDAGOGÍA DE SECRECIONES INTERNAS.—
LA VIDA COMO SUMA Y COMO UNIDAD

De 1850 a 1900, por uno u otro camino, vía Darwin o vía Lamarck, se llegaba siempre a definir la vida esencial como una adaptación al medio[2]. Tal modo de pensar conducía

---

1. Rousseau llamaría espontánea a toda la vida humana, inclusive la más especializada, siempre que se haya desenvuelto libre de todo influjo adventicio; yo llamo espontáneas sólo a ciertas funciones vitales perfectamente determinables, y que la psicología biológica puede metódicamente aislar.
2. Así, Weissmann, último gran pontífice del «neodarwinismo»: «Todo es adaptación. Adaptación de hoy, de ayer o de los tiempos más remotos». *La teoría de la selección*, 1909.

por fuerza a atender con excesiva predilección aquellas funciones orgánicas que operan directamente sobre el medio envolvente y que consisten, bien en amoldarse a él, bien en transformarlo. El pelo blanco de la liebre polar sería la aceptación, por su parte, del color de la nieve sobre que corre milenariamente. En cambio, sus zancajos y la velocidad de su carrera son adaptaciones más positivas; merced a ellas el animal huye, esto es, cambia un medio peligroso por otro favorable. En fin: la mano, sobre todo en el hombre, es el órgano ejemplar de la adaptación creadora, que consiste en transformar provechosamente el medio.

En estas funciones, el organismo confina inmediatamente con el medio, con el exterior; son funciones que concluyen fuera del individuo, y que, por tanto, podemos llamar externas. Las secreciones digestivas son, en este sentido, no menos externas que la locomoción o la aprehensión manual, puesto que actúan sobre la realidad exterior que, en forma de alimentos, ha sido introducida en el estómago[1].

Habituados los naturalistas a considerar las funciones externas como el prototipo de la acción vitalmente útil, no sabían bien qué pensar de muchos órganos interiores cuya función no parecía rozarse directamente con el medio. Así, toda la serie de glándulas ocupadas en segregar sustancias que son absorbidas difusamente por el organismo y en él

---

1. A fin de no complicar más este ensayo, doy por supuesto, según las ideas recibidas, que haya una sección de la funcionalidad orgánica susceptible de ser interpretada como una adaptación al medio. Pero claro es que ni mi opinión ni, lo que importa más, la de los biólogos actuales, admiten ese pacto. Los fenómenos de adaptación verdadera son sólo anormales. Basta recordar los hechos hoy conocidos de la nutrición y la inmunidad para convencerse de que la vida, más bien que una adaptación, parece un ataque al medio.

desaparecen sin tropezar en ningún punto de su trayectoria con el mundo exterior. Miradas desde la teoría en uso, tales órganos y tal función de íntimas exudaciones parecían completamente inútiles. Ahora bien: la inutilidad es el escándalo biológico, como la contradicción es el escándalo lógico.

Por razones cuyo mero enunciado prolongaría indebidamente estas páginas, la biología de la adaptación propende a considerar la vitalidad como la suma de funciones singulares relativamente independientes. Vida, sería, según esto, ver + oír + andar + digerir..., como el río es la colección de los arroyos y riberas preexistentes. Esta propensión hacía olvidar o cegarse para todos aquellos fenómenos que presentan al ser vivo funcionando integralmente, de modo que cada una de sus funciones es operación del organismo entero. No hace mucho que comenzaron los laboratorios a estudiar con mayor cuidado todos estos procesos de unidad funcional[1]. Merced a ello, se inicia una interpretación de la vida inversa de la tradicional: en lugar de aparecernos como una suma que resulta de ciertos sumandos previamente existentes, adquiere más bien el cariz de una división, esto es, de una especificación. La vitalidad es anterior y creadora de sus funciones concretas; el río es padre del arroyo[2].

1. Véase A. Pi y Suñer, *La unidad funcional*, 1917.
2. En 1879 decía ya el botánico De Bary: «No son las células quienes forman la planta, sino la planta quien forma la célula». Signo inequívoco de los tiempos es que un hombre tan cauteloso y de medias tintas como Oscar Hertwig considere esta fórmula como casi aceptable en su última obra: *La génesis de los organismos*, 1918. No cito a Letamendi, porque sus teorías unitarias de la vida son puras construcciones de vaga dialéctica.

Al amparo de esta tendencia, confesada tácita o aun inconsciente en muchos investigadores, se ha descubierto la profunda importancia biológica de aquellos órganos y funciones que antes parecían inútiles. No hay, por ventura, en la ciencia actual capítulo más revolucionario de las viejas concepciones que la doctrina de las secreciones internas[1]. Ahora resulta que sin esas exudaciones íntimas nada funcionaría en el ser vivo. La glándula vierte su jugo en las canales sanguiníferas, y al través de su maravillosa red, acaso también por medio del sistema nervioso, hace llegar a los lugares más apartados del cuerpo su sustancia específica, excitando la actividad de aquéllos, deprimiéndola, equilibrando y regulando cada función con el resto. Considerando la acción excitadora como la más característica, Starling ha llamado a la sustancia básica de la secreción interna «hormona», lo «incitante». He aquí, pues, que la hormona no es útil para adaptación ninguna al mundo exterior; la secreción hormonal no concluye fuera del organismo, no es tangente al medio, no vierte su influjo fuera, no es función externa; por el contrario, nace y termina en la intimidad fisiológica, vierte dentro, es función interna.

De esta sencilla averiguación ha nacido la rama más importante de la terapéutica actual, y gracias a ella la medicina se prepara a un gigantesco progreso. Ahora, para obtener el perfecto desarrollo de un órgano o la exactitud de su funcionamiento, no se atiende a él, no se actúa sobre él; antes bien, olvidándolo por completo, se acude a tratar en un plano más hondo de la fisiología esta o aquella secreción interna.

---

1. Véase Gregorio Marañón, *La doctrina de las secreciones internas*, 1915.

Aparte de sus aplicaciones médicas, dentro de la pura teoría biológica pertenecen las secreciones internas a la clase general de los fenómenos de regulación, que hoy van invadiendo la atención de los laboratorios. Ahora bien; frente a las funciones de adaptación y funcionamiento de los órganos representan las funciones de regulación un orden más profundo de la vitalidad, y están mucho más cerca que aquéllas de lo que he llamado vitalidad primaria. El uso que el cangrejo hace de sus pinzas es relativamente mecánico si se compara con el hecho de que ese mismo cangrejo, rota una de sus pinzas, hace nacer otra nueva en el mismo sitio de su cuerpo. Éste es un fenómeno de regeneración, la cual Driesch y otros grandes naturalistas consideran como una forma especial de la regulación[1]. Que un infusorio puesto en movimiento prosiga en la misma dirección, es relativamente mecánico en comparación con un cambio de trayectoria en ese movimiento. Jennings ha estudiado minuciosamente todas las variaciones del movimiento como casos de regulación[2]. Y así sucesivamente, porque la lista no acabaría nunca.

Pasemos ahora a la vitalidad psíquica. También ella ha padecido los mismos errores y manías que la biología corporal durante la pasada centuria. Pero no son éstos lugar ni ocasión para hacer un esquema de la historia de la psicología en los últimos ochenta años. Lo que estrechamente importa a nuestro tema es que también, al observar la vida psíquica, hallamos, por lo pronto, funciones que, sin dejar de ser psíquicas, cabe llamar externas en el sentido que

1. H. Driesch, *Philosophie des Organischen*, 1908.
2. Jennings, *The Behavior of the Lower Organisms*, 1911.

arriba he fijado. La percepción proporciona una aprehensión adecuada del medio, la memoria conserva ésta, tesauriza nuestras noticias del mundo real, y las ciencias naturales, usando de aparatos mentales económicos —como la industria de sus máquinas—, amplían nuestra recepción del medio, restaurando el pasado y anticipando el porvenir. Asimismo la conciencia moral al uso adapta nuestros apetitos al contorno social, eliminando aquellas acciones nuestras que la colectividad castiga, o, cuando menos, reprueba. De este modo sabemos querer lo que, según normas objetivas —esto es, impuestas por el medio—, se debe querer.

Todas estas funciones vierten, pues, hacia fuera, confinan con el medio y son regidas por él, o directamente en vista de él.

Pero si penetramos alma adentro, hallamos estratos más profundos de vida psíquica, que no es fácil filiar como adaptaciones al medio; antes bien, parecerían audaces inadaptaciones. Y es curioso advertir, desde luego, que esa trastierra espiritual, esa fauna psíquica inadaptada, es mucho más rica, enérgica y abundante que la prudente y útil.

EL DESEO

Escojamos un ejemplo entre mil, perteneciente a nuestra vida de voluntad. En la conversación solemos usar, como equivalentes, las ideas de querer y desear. La observación psicológica muestra, sin embargo, que una y otra se refieren a fenómenos psíquicos muy distintos. Querer es querer la realidad de algo, y, por tanto, querer los medios que lo realizan. En última sustancia, es siempre un querer «hacer» algo. Desear, en cambio, es lo que solemos expresar con más rigor cuando hablamos de un «mero deseo». El deseo, en sentido estricto, implica el darse cuenta de que lo deseado es relativa o absolutamente imposible.

Pues bien; en el niño, esta diferencia no existe. Ignora que unas cosas son posibles y otras no. Su volición tiene un cariz anterior a esta diferencia entre querer y desear. Cuando la experiencia le va mostrando la imposibilidad de satisfacer ciertos apetitos, la técnica para satisfacer otros, su voluntad propiamente tal se va retirando de muchas cosas que persisten, no obstante, como apetecibles, bien que irrealizables. El contacto con el medio selecciona del tesoro enorme de apetitos primarios unos pocos que resultan prácticos, mientras el resto perdura desarticulado de su realización exterior, en calidad de «meros deseos». Ciertamente que nada puede ser querido si no ha sido antes objeto de un apetito primario; pero no todo lo que anhelamos lo queremos. De la cuna a la sepultura es la existencia una lucha de fronteras entre nuestras voliciones y nuestros deseos, y en cada instante podríamos hallar en nosotros una zona confusa donde no sabemos si nuestro querer es un mero desear o nuestro desear es ya un querer. Entre ambas provincias interiores hay ósmosis y endósmosis constantes. El deseo es un querer fracasado, es el espectro de una volición; mas, por otra parte, sigue en él viviendo el apetito primario, siempre presto a transformarse otra vez en voluntad cuando lo que ayer era imposible parece hoy realizable. El deseo nutre el querer, lo excita, gravita constantemente sobre él, moviéndolo a ampliarse, a ensayar una vez y otra la realización de lo que ayer era imposible. El deseo es, pues, una función interna. Impráctico si se le confronta con el medio, es útil como regulador de la voluntad y de otras funciones anímicas. Cuanto mayor sea nuestro repertorio de deseos, más grande es la superficie ofrecida a la selección en que se va decantando el querer. El deseo, por tanto, vierte su influjo dentro del organismo psíquico.

Es erróneo suponer que un simple aumento de posibilidades multiplica las voliciones. El «nuevo rico» no sabe qué querer; de aquí su falta de originalidad en las adquisiciones que hace, la mayor parte de ellas sin apetito verdadero. Se orienta en los deseos de los demás y compra lo que otros querrían. Contra lo que se cree, sin embargo, el «nuevo rico», el «indiano», el «emigrado», da un pequeño contingente al lujo social, aunque casos aislados y ruidosos muevan a pensar de otro modo. Es muy característico del hombre humilde que asciende rápidamente a la riqueza y no es de condición vanidosa seguir haciendo vida modesta por carecer de «necesidades»[1]. Generalmente, tarda una generación en desarrollarse la vena de los apetitos hasta henchir el cauce de las posibilidades económicas.

Yo sospecho que si algún día se hace en serio la historia económica de España, aparecerá nuestra raza como mucho más pobre en deseos que en riqueza. Por este motivo no he

---

1. Werner Sombart, en *El capitalismo moderno*, tercera edición, 1919, atribuye suma importancia para la evolución económica al apetito de lujo en los que alguna vez llama impropiamente *nouveaux riches*. El industrial que se enriquece, el capitalista, será «nuevo rico» en comparación con la nobleza feudal; pero es un tipo humano totalmente distinto de aquél que súbitamente, por un azar favorable de la economía social, resulta rico. El mismo Sombart hace notar, y es bien sabido de todo industrial perspicaz, que no basta con lanzar al mercado el nuevo producto, sino que se precisa una labor especial, a veces larga y difícil, para suscitar la «necesidad» de él.

podido nunca formar en el coro de laudes a la sobriedad ibé-
rica, a la falta de necesidades del español. Debilidad en la
secreción psíquica interna del deseo, trae consigo mengua
de vitalidad e ineptitud para la cultura y la civilización, que
son, a la postre, no más que el reboso y la sobra de aquélla.

En un artículo sobre «el arte fenicio» muestra Renan las
vicisitudes de penuria y esplendor por que ha pasado Siria,
según la varia condición de sus dueños. «Con el triunfo
—dice— de los sarracenos y el Islam comienza la barbarie.
La barbarie en este país es siempre el triunfo del beduino,
del hombre que tiene pocas necesidades»[1].

Una pedagogía de adaptación tenderá, movida por su
miope utilitarismo, a podar en el niño y el adolescente toda
la fronda del deseo, dejando sólo aquellos apetitos que el
maestro juzga practicables. Con ello vendrá a hacerse cada
vez más angosto el círculo de la voluntad y menos briosos
los ímpetus de ensayo. Una pedagogía de secreciones internas cuidará, por el contrario, de fomentar los apetitos,
formando un abundante *stock* de ellos en el alma juvenil.

Pero hay en nuestra vida psíquica fenómenos donde el
carácter de función interna aparece con mayor pureza y rigor que en el deseo.

VIDA ASCENDENTE Y DECADENTE

Más a la intemperie que el cuerpo, presenta la psique su
actuación como un todo solidario, como una unidad funcional. Nuestros pensamientos y apetitos singulares no

1. Renan, *Mélanges religieux et historiques.*

aparecen juntos merced a un zurcido, sino que se les siente nacer de cierta raíz íntima y como manar de cierto hontanar profundo y único.

Para que se entienda lo que pretendo decir, atendamos, por lo pronto, no al conjunto, sino sólo a un menudo trozo de nuestra vida psíquica; los pensamientos e intenciones que sobre una persona tenemos y los actos que hacia ella ejecutamos, se revelan, si miramos bien, como concreciones particulares de un sentimiento inicial o previa actitud de simpatía o antipatía que, desde luego, surgió en nosotros respecto a ella. Lo mismo que las flores, hojas y frutas van saliendo del árbol según la ocasión de las estaciones y los cambios de clima, así de aquella emoción primera brotan nuestras opiniones, propósitos y actos hacia el prójimo. Todos ellos, sea cualquiera su contenido particular, van teñidos de aquel sentimiento inicial favorable o adverso. Un mismo juicio sobre dos personas distintas aparece, a lo mejor, ante nuestra visión íntima como cargado de electricidades contrarias. La censura que a alguien hacemos nace acaso en nosotros de un sentimiento de amor, mientras esa misma censura dirigida a otro sale envenenada de una fuente rencorosa.

Pues esas emociones matrices de nuestras ideas y actos se originan a su vez de una radical fluencia psíquica que lleva sobre sí toda nuestra fauna íntima, más aún, que la suscita o anula, la alimenta o deprime, la dirige o regula. Llamarla sentimiento es impropio, porque de ella nacen los sentimientos mismos y es menos concreta, más imprecisa que éstos. Es más bien como el pulso de vitalidad propio a cada alma, manantial que luego se deshace en los mil arroyos de nuestro pensar, sentir y querer, y que, deshecho en ellos,

adopta las formas más claras, pero también más mecaniza-
das, de los cauces por donde fluye.

Alguna claridad obtendremos si decimos que ese pulso
psíquico o, llamándolo impropiamente, ese sentimiento de
vitalidad, es en unos hombres de tonalidad ascendente; en
otros, de tonalidad descendente. Hay quien siente brotar
su actuación espiritual de un torrente pleno de energía,
que no percibe su propia limitación, que parece saturado
de sí mismo. Todo esto nace en almas de este tipo con la
plenitud magnánima de un lujo, como un rebosamiento de
la interna abundancia. En este clima vital no se dan, por lo
menos con carácter normal, las envidias, los pequeños ren-
cores y resentimientos. Hay, por el contrario, en otros
hombres un pulso vital descendente, una constante impresión de debilidad constitutiva, de insuficiencia, de desconfianza en sí mismos[1]. No necesitan temperamentos tales
compararse con otros individuos para encontrarse mengua-
dos. Lo típico de este fenómeno es que el sujeto siente su vivir como inferior a sí mismo, como falto de propia satura-
ción. La fauna y la flora internas de este clima vital decadente
llevan el estigma de su origen. Todo en ellas será pequeño,
canijo, reptante, temblón, torvo. Es la atmósfera en que la
envidia fructifica y el resentimiento sustituye a la actitud
amorosa, la suspicacia a la generosidad[2].

---

1. Han de entenderse estas palabras como refiriéndose exclusivamente a
nuestra personalidad psíquica, aparte de nuestro bienestar o malestar
corporales, cualquiera que sea la influencia de éstos sobre aquélla.
2. En los psicólogos alemanes se habla muy frecuentemente de un «sentimiento vital», *Lebensgefühl*. Con este nombre se alude, sin embargo, a
un fenómeno muy distinto del que arriba menciono. Por «sentimiento
vital» entienden ellos exclusivamente la suma o resultante de nuestras
sensaciones orgánicas o intracorporales (sensaciones de tensión muscu-

Cuanta atención se preste a estas dos formas de pulso vital será escasa. De que dominen la una o la otra entre los hombres de una época depende todo: la ciencia como el arte, la moral como la política. En un caso, la historia asciende; la energía y el amor, la nobleza y la liberalidad, la idea clara y el buen donaire se elevan dondequiera sobre el haz planetario como espléndidos surtidores de vital dinamismo. En el caso opuesto, la historia declina, la humanidad se contrae estremecida por convulsiones de rencor, el intelecto se detiene, el arte se congela en las academias y los corazones se arrastran tullidos y decrépitos.

Del mismo modo, a poco que tratemos un individuo, percibimos inequívocamente a qué tipo de pulsación vital pertenece. Si es de tonalidad ascendente, nos sentimos, al apartarnos de él, como contagiados de su plenitud y mejorados por una inefable corroboración vital. Si es de tonalidad descendente, notamos que, sin saber por qué, se nos han cegado de pronto fuentes de interna actividad, que trozos de nuestra alma han caído en parálisis, que su periferia experimenta una rara contracción y encogimiento; en fin, que en nuestra atmósfera íntima soplan insólitas ráfagas de acritud.

No hay que esperar a la valoración ética de estos dos tipos de pulso vital. Antes que hable la ética, tiene derecho a

---

lar, vasculares, vagosimpáticas, algedónicas, etcétera), en que se funda esta impresión que solemos expresar diciendo: «Ahora me siento bien, o mejor, o mal». Excluye, pues, ese sentimiento del estado carnal la vida propiamente psíquica. Además es como un balance de innumerables sensaciones previamente dadas, no su fuente. Sea dicho de paso que aun en este sentido y por razones que no son del momento, me parece erróneo este concepto tan usado en la psicología contemporánea.

hablar la pura biología. Sin salir de ella, desde el punto de vista estrictamente vital, nos aparece el uno como un valor biológico positivo, como vitalmente bueno; el otro, como un valor biológico negativo, como vitalmente malo. Luego vendrá la ética y habrá lugar para discutir si lo moralmente bueno y lo moralmente malo coinciden o no con esos otros valores vitales.

Por lo pronto, tenemos que asegurar la salud vital, supuesto de toda otra salud. Y el sentido de este ensayo no es otro que inducir a la pedagogía para que someta toda la primera etapa de la educación al imperativo de la vitalidad. La enseñanza elemental debe ir gobernada por el propósito último de producir el mayor número de hombres vitalmente perfectos. Lo demás, la bondad moral, la destreza técnica, el sabio y el «buen ciudadano», serán atendidos después[1]. Antes de poner la turbina necesitamos alumbrar el salto de agua.

La pedagogía al uso se ocupa en adaptar nuestra vitalidad al medio; es decir, no se ocupa de nuestra vitalidad. Para cultivar ésta tendría que cambiar por completo de principios y de hábitos, resolverse a lo que aún hoy se escuchará como una paradoja, a saber: la educación, sobre todo en su primera etapa, en vez de adaptar el hombre al medio, tiene que adaptar el medio al hombre[2]; en lugar de apresu-

1. Éste sería el lugar para mostrar que ninguna de esas calidades es posible normalmente sino como emanación de una sana vitalidad. Pero las proporciones de este ensayo lo impiden.
2. Nada más característico de la inversión a que se van sometiendo las ideas biológicas en nuestros días que los admirables ensayos de von Uexküll para estudiar la vida como una adaptación del medio al organismo. Su último libro, donde a grandes rasgos describe su sistema, ha sido publicado en la colección *Ideas del siglo xx*, con el título de *Ideas para una concepción biológica del mundo*.

rarse a convertirnos en instrumentos eficaces para tales o cuales formas transitorias de la civilización, debe fomentar con desinterés y sin prejuicios el tono vital primigenio de nuestra personalidad.

Para ello se necesita aprender el tratamiento de las funciones psíquicas internas.

EL SENTIMIENTO

Entre éstas, las más profundas y eficaces son los sentimientos. Sería interesante, si el espacio no lo vedara, desarrollar con alguna minucia el paralelismo entre sentimientos y emociones, de un lado, y las secreciones internas de otro[1]. Sabido es que la actividad sentimental constituye una de las grandes objeciones contra el darwinismo y, a la par, uno de los problemas más difíciles en biología. El sentimiento, por lo menos primariamente, carece de utilidad externa. Que al tocar con el dedo una llama experimente el sujeto una sensación de dolor es útil, porque provoca el movimiento de retirar la mano. Pero que esa sensación de dolor suscite además un sentimiento de desagrado, a veces tan vivo que lleva a contraer los músculos de la cara y a verter lágrimas, no parece de provecho alguno. A veces, el perjuicio es evidente. El miedo que la percepción de un pe-

---

1. El atraso en que la psicología actual se encuentra respecto a los fenómenos sentimentales es sencillamente escandaloso y un síntoma inequívoco de lo que fue el alma de estos últimos ochenta años, afortunadamente transcurridos ya. Mis oyentes universitarios pudieron advertir la incalculable ampliación que cabe dar al estudio de los sentimientos en las seis lecciones sobre el amor y el odio que incluí en mi curso del año 1919.

ligro origina produce en ocasiones la paralización de la motilidad, impidiendo la huida oportuna.

Pero no voy ahora a perderme en esta sugestiva ruta de la biología del sentimiento y de los gestos expresivos que de él se disparan. Me basta hacer notar al lector la superfluidad del sentimiento mirado desde el punto de vista de las actividades externas. La alegría o la tristeza son funciones internas, inútiles si se las refiere a la periferia de la vida, a la adaptación exterior, pero de clara eficacia si se mira hacia el centro íntimo de la vida. Porque, en resolución, ese pulso vital de que antes hablaba se nutre, potencia y regula a sí mismo por medio de emanaciones sentimentales.

Cuando en una corriente eléctrica se abre o cierra un circuito prodúcense corrientes inducidas que reobran sobre la corriente primaria de donde nacieron. Muy semejante a este fenómeno físico es la fisonomía de los sentimientos. Presentad al niño la imagen de Hércules echándose al hombro el toro de Creta, o a Ulises sonriendo desde la marina mientras el Cíclope aúlla de dolor con el asta astuta clavada en la frente: en la fontana vital del niño se producirá un estremecimiento y de él brotará a poco una flúida oleada de cálida, irreal materia, que inundará el volumen entero de su alma. Es el entusiasmo, ardiente ráfaga íntima que cruza nuestro paisaje psíquico con todo el dinamismo exaltador de una primavera momentánea. Las porciones de la psique, que acaso estaban entumecidas y como solidificadas, vuelven a licuarse y fluir bajo el nuevo calor. Nos parece haber perdido de peso, nos sentimos capaces de todo, e inertes un momento antes, advertimos con sorpresa en nosotros una súbita posibilidad de heroísmo.

La alegría, la tristeza, la esperanza, la melancolía, la compasión, la vergüenza, la ambición, el rencor, la simpatía y otras innumerables fuerzas del sentimiento tienen este mismo carácter de flujo humoral, que en el cuerpo caracteriza a las secreciones internas[1]. La terminología más antigua indica ya la percepción de que los sentimientos tienen una consistencia flúida en comparación, por ejemplo, con los conceptos que son contenidos psíquicos de contornos precisos y que, pulidos por la ciencia, adquieren rigorosas aristas hasta parecer geométricos diamantes. Así, melancolía significa propiamente «flujo negro», y nuestro idioma habla aún de buen humor y mal humor para denominar nuestro estado emocional. «Derramósele la melancolía por el corazón», dice Cervantes de Don Quijote en aquellos últimos capítulos tan delicadamente tristes.

El mito

Mediante reacciones sentimentales podemos, pues, favorecer o corregir el pulso radical de la vida psíquica. La técnica de estos influjos, la proporción o combinación en que deben suministrarse las corrientes emotivas es, sin duda, bastante complicada. Sin embargo, la importancia pedagó-

---

1. Zoología y botánica han llegado a describir, diferenciar y clasificar minuciosamente hasta dos millones de especies animales y vegetales, sin que nadie las tache de bizantinismo. En cambio, la psicología sale al frente de la fauna y la flora psíquicas, tal vez no menos ricas que las otras, con tres o cuatro docenas de conceptos, y aun ésos, toscos y mal diferenciados. Esto es imperdonable. La psique es infinitamente más ingeniosa que nuestra psicología. Yo espero que se nos deje a los psicólogos un amplio margen para más sutiles definiciones y clasificaciones.

gica de ciertas emociones corroborantes no ofrece lugar a duda. El niño debe ser envuelto en una atmósfera de sentimientos audaces y magnánimos, ambiciosos y entusiastas. Un poco de violencia y un poco de dureza convendría también fomentar en él. Por el contrario, deberá apartarse de su derredor cuanto pueda deprimir su confianza en sí mismo y en la vida cósmica, cuanto siembre en su interior suspicacia y le haga presentir lo equívoco de la existencia.

Por esto yo creo que imágenes como las de Hércules y Ulises serán eternamente escolares. Gozan de una irradiación inmarcesible, generatriz de inagotables entusiasmos[1]. Un pedagogo practicista despreciará estos mitos y en lugar de tales imágenes fantásticas procurará desde el primer día implantar en el alma del niño ideas exactas de las cosas. «¡Hechos, nada más que hechos!», grita el personaje de los *Tiempos difíciles*, a quien luego hace coro monsieur Homais. Para mí, los hechos deben ser el final de la educación: primero, mitos; sobre todo, mitos. Los hechos no provocan sentimientos. ¿Qué sería, no ya de un niño, sino del hombre más sabio de la tierra, si súbitamente fueran aventados de su alma todos los mitos eficaces? El mito, la noble imagen fantástica, es una función interna sin la cual la vida psíquica se detendría paralítica. Ciertamente que no nos proporciona una adaptación intelectual a la realidad. El

---

1. Lo que hoy son para nosotros fueron a la hora de su nacimiento. En el libro que sobre Platón ha publicado Wilamowitz-Moellendorff, el mejor conocedor de Grecia entre los vivientes, leo esto: «Has nacido bueno y puedes obrar certeramente con solo querer. De tu propio esfuerzo depende todo, y ni hombres ni dioses te estorbarán para que hagas lo que tienes que hacer. Para vencer, te basta con tu vigor, si sabes emplearlo. En estas palabras formularía yo lo que la leyenda de Hércules quería decir a los griegos». *Platón: Su vida y sus obras*, 1919.

mito no encuentra en el mundo externo su objeto adecuado. Pero, en cambio, suscita en nosotros las corrientes inducidas de los sentimientos que nutren el pulso vital, mantienen a flote nuestro afán de vivir y aumentan la tensión de los más profundos resortes biológicos. El mito es la hormona psíquica[1].

El arte en general tiene, comparado con la ciencia, un carácter de función interna. Es él una fabulosa inadaptación al medio y vive entero de irrealizar, de trastrocar, de fantasmagorizar el mundo exterior. Por lo mismo, suele haber más vitalidad en el artista que en el científico, en el empleado o en el comerciante. Las personas exentas de sensibilidad y atención para el arte, esto es, los filisteos, son recognoscibles por un peculiar anquilosamiento de todas aquellas funciones que no son su estrecho oficio. Hasta sus movimientos físicos suelen ser torpes, sin gracia ni soltura. Lo propio advertimos en el sesgo de su alma. Juzgado desde un punto de vista ampliamente vital, el «especialista» suele producir la impresión de un idiota. Y es que falta en él la potencia fundente y efusiva del arte, que mantiene siempre despierta la fluidez psíquica, azuzándola en todos sentidos, alerta y vivaz.

Pero no quiero yo ahora entrar en tan complejas cuestiones. Mi propósito en este ensayo se reducía a empujar la curiosidad de mis lectores habituales hacia problemas y aspectos pedagógicos poco frecuentados. Algún día, en lugar más idóneo, tal vez vuelva sobre estas ideas con mejor

1. El libro de Cannon sobre *Dolor, placer y secreciones internas* daría algún derecho a afirmar que no tardará la terapéutica en usar metódicamente las impresiones poéticas y, en general, artísticas, como medicina para curar enfermedades corporales.

orden y más amplitud, si entretanto no se me derrama por el corazón demasiada melancolía.

LA VIDA INFANTIL

Mi oposición a la escolaridad del *Quijote* no se funda en un practicismo miope. No me estorba el *Quijote* en la escuela porque sea un libro añejo, inadaptado a la realidad contemporánea; al contrario, me parece un libro de espíritu demasiado moderno para el ambiente de las aulas infantiles, que debe mantenerse perennemente antiguo, primitivo, siempre entre luces y rumores de aurora.

La discriminación entre lo que han de leer y no han de leer los niños debiera ser, por lo menos en principio, bastante clara, y derivarse como un corolario de la noción de vida infantil.

EL MEDIO VITAL

Pero no hay modo de acercarse con alguna pulcritud a la esencia de la vida infantil si antes no rectificamos las ideas recibidas sobre lo que es el medio. Para la biología del pasado siglo, el medio era, en definitiva, el mundo fisicoquímico, un escenario único donde caen los individuos y las especies como en un contorno hostil y frente al cual no les queda otro papel que el de adaptarse con la mayor humildad posible. Si el medio no tolera un órgano o una función, la vida, servilmente, habrá de amputar aquél y atrofiar ésta.

Parejo pensamiento ha mantenido durante cincuenta años obturado el ingreso a la biología. Por la sencilla razón de que el mundo fisicoquímico, el mundo compuesto de átomos, de iones, de energías, es indiferente a la vida. Los fenómenos vitales comienzan donde los fenómenos mecánicos concluyen. Ciertamente que una retina se compone de átomos, lo mismo que una piedra; pero cuando una retina ve una piedra, no es un átomo quien ve a otro átomo. La luz que la física investiga se resuelve, a la postre, en radiación eléctrica; pero la luz que ve el lince y no ve el topo no es radiación eléctrica, sino esa cosa mucho más simple que simplemente llamamos luz. El enamorado que se consume de deliquio contemplando el divino óvalo de la faz de la amada no se extasía ante una disposición oval de átomos, y la liebre que huye del galgo no huye de una ecuación fisicoquímica.

Medio biológico es sólo aquello que existe «vitalmente» para el organismo. La vida, antes de adaptarse al medio, antes de poder reaccionar frente a él, necesita de alguna manera recibirlo, sentirlo. Y como cada especie goza de aparatos receptores distintos, de una sensibilidad diferente, no podrá hablarse de un medio único e idéntico, al cual hayan de adaptarse todas. Compárese lo que para nosotros es el mundo formado por una fabulosa variedad de objetos, colores, sonidos, resistencias, que de tan múltiples maneras provocan constantemente la reacción de nuestro organismo, con el mundo que para las medusas existe. Estos animales primarios son como campanas cristalinas que flotan en profundidades medias del mar. Su alimento consiste en algas microscópicas, que atraviesan como prados móviles esas profundidades. Pues bien; la medusa ni ve, ni oye, ni olfatea, ni palpa. No tiene órgano de sensibilidad más que para una cosa: las variaciones de presión producidas por los cambios de densidad del agua. Todo su mundo se reduce a esta única peripecia: mayor presión o menor presión. Cuanto nosotros vemos en torno a ella, el ameno paisaje intramarino que el buzo contempla, no existe para la medusa. Su único problema vital es coincidir con las cañadas acuáticas, por donde pasan las nutritivas diatomeas. Y como éstas desvían su camino cuando la densidad del agua cambia, conviene a la medusa percibir a tiempo las variaciones de presión. En efecto, el sencillo aparato nervioso de la medusa siente el cambio de presión, y al punto dispara su aparato muscular: la campana cristalina se cierra como un paraguas, y el animal asciende hasta ponerse al nivel de las sabrosas algas errantes. Como se advierte, la medusa está maravillosamente adaptada al medio, se entiende al suyo, al escogido y creado por su sensibilidad[1]. Puestos a resolver el problema vital de la medusa, nosotros fracasaríamos, porque carecemos de órgano apto para percibir las modificaciones de la densidad marina. Asimismo, la medusa haría muy mal papel enfrontada con el medio del hombre. Por esto carece de sentido preguntarse si el hombre o la medusa están mejor adaptados al medio. Cada especie, merced a su sensibilidad, selecciona del mundo infinito un repertorio de objetos, únicos que para el animal existirán y que, articulados en admirable arquitectura, formarán su contorno. Hay un mundo para el hombre y otro para el

---

1. Uexküll: *Die Schwimmbewegungen von Rhizostoma pulmo*. Comunicaciones de la Estación Zoológica de Nápoles. Vol. 14, 1894. Véase el admirable libro del mismo autor *Umwelt und Innenwelt der Tiere*, Berlín, 1911.

águila, y otro para la araña. No sólo el organismo se adapta al medio, sino que el medio se adapta al organismo, hasta el punto de que es una abstracción, cuando se habla de un ser vivo, atender sólo a su cuerpo. El cuerpo es sólo la mitad del ser viviente: su otra mitad son los objetos que para él existen, que le incitan a moverse, a vivir.

De aquí se desprende que para entender una vida, sea ella la que quiera, humana o animal, habrá que hacer antes el inventario de los objetos que integran su medio propio o, como yo prefiero decir, su paisaje[1].

LA PSICOLOGÍA DEL CASCABEL

La incomprensión de la vida infantil que solemos padecer procede de que juzgamos los actos de los niños suponiendo a éstos sumergidos en el mismo medio que nosotros. Partimos de nuestro mundo como de algo definitivo; y en vista de que el niño se mueve torpemente por este paisaje nuestro, consideramos la infancia como una etapa enfermiza, defectuosa, que la vida humana atraviesa para llegar a la madurez.

De aquí que la pedagogía tienda siempre a actuar contra la niñez del niño, a reducir cuanto puede su puerilidad, introduciendo en él la mayor cantidad posible de hombre.

---

1. Desde las *Meditaciones del Quijote* —1914— intento propagar esta idea del medio vital que, con más o menos claridad, va imponiéndose a la biología. Así, en estas mismas páginas de *El Espectador* [en «Muerte y resurrección», en *El Espectador I y II*, de esta misma colección, pp. 233-242] y en la lectura hecha en 1915 ante el Ateneo de Madrid, «Meditación de El Escorial».

Las ideas de Froebel, que permitían la invasión del juego en la seriedad triste de las escuelas, sonaron durante mucho tiempo a paradoja. Y eso que la afirmación de los derechos infantiles hecha por Froebel no tiene carácter radical. Al fin y al cabo, Froebel usa arteramente del juego como de un mecanismo para educar al hombre en el niño; pero no porque el juego por sí mismo —esto es, la niñez por sí misma— le parezca cosa importante. Siempre se hace que la madurez gravite sobre la infancia, oprimiéndola, amputándola, deformándola.

Suele pensarse que el procedimiento mejor para obtener hombres perfectos consiste en adaptar desde luego el niño al ideal que tengamos del hombre maduro. En los artículos anteriores va insinuada la necesidad de iniciar un método inverso. La madurez y la cultura son creación, no del adulto y del sabio, sino que nacieron del niño y del salvaje. Hagamos niños perfectos, abstrayendo en la medida posible de que van a ser hombres; eduquemos la infancia como tal, rigiéndola, no por un ideal de hombre ejemplar, sino por un *standard* de puerilidad. El hombre mejor no es nunca el que fue menos niño, sino al revés: el que al frisar los treinta años encuentra acumulado en su corazón más espléndido tesoro de infancia.

Las personalidades culminantes suelen parecer algo pueriles al ciudadano mediocre. El comerciante —a mi entender, el tipo inferior del hombre— encuentra siempre un tanto infantil al poeta y al sabio, al general y al político; le parecen gentes que se ocupan de cosas superfluas y cuyo trabajo tiene siempre un aire de juego. Esta impresión que el filisteo recibe del hombre genial no es inmotivada; sólo que de esa propensión a gastar esfuerzo en lo superfluo ha nacido cuanto en el mundo hallamos de respetable, incluso los inventos, que, una vez logrados, enriquecen al mediocre mercader. Hay hombres que llevan en el ángulo de la pupila una inquietud latente, la cual hace pensar en un niño acurrucado y escondido, presto a dar el brinco genial sobre la vida, la carrera loca y alegre que proporciona el gran botín de la ciencia, del arte y del imperio. Sólo esos hombres me parecen estimables, y el resto es contabilidad.

Más arriba[1] he combatido la tendencia a creer que en la evolución de la cultura cada nuevo estadio suprime el anterior y todos ellos suponen la muerte previa del salvajismo. Del mismo modo se imagina que en el desarrollo del organismo, hasta su culminación, cada etapa implica la supresión de la antecedente; por tanto, que la madurez trae consigo la desaparición de la niñez en el hombre. Nada más falso. Hegel vio muy bien que en todo lo vivo —la idea o la carne— superar es negar; pero negar es conservar. El siglo XX supera al XIX en la medida que niega sus peculiaridades; pero esta negación supone que el siglo pasado perdura dentro del actual, como el alimento en el estómago que lo digiere.

Así, es la madurez no una supresión, sino una integración de la infancia. Todo el que tenga fino oído psicológico habrá notado que su personalidad adulta forma una sólida coraza hecha de buen sentido, de previsión y cálculo, de energía y voluntad, dentro de la cual se agita, incansable y prisionero, un niño audaz. Este díscolo personaje interior es el que nos hace tal vez reír en medio de un duelo, o

1. Véase «La paradoja del salvajismo».

decir una impertinencia a un grave magistrado, o seguir tomando el sol cuando el deber nos obliga a ausentarnos. Somos todos, en varia medida, como el cascabel, criaturas dobles, con una coraza externa, que aprisiona un núcleo íntimo, siempre agitado y vivaz. Y es el caso que, como el cascabel, lo mejor de nosotros está en el son que hace el niño interior al dar un brinco para libertarse y chocar con las paredes inexorables de su prisión. El trino alegre que hacia fuera envía el cascabel está hecho por dentro con las quejas doloridas de su cordial pedrezuela. Así, el canto del poeta y la palabra del sabio, la ambición del político y el gesto del guerrero son siempre ecos adultos de un incorregible niño prisionero.

Influidos por una psicología ya anticuada, queremos cegarnos ante el hecho palmario de que, en la realidad psíquica, el pasado no muere, sino que persiste, formando parte de nuestro hoy. Y no sólo perduran aquellos breves trozos de nuestro personal pretérito que recordamos, sino que todo él, íntegramente, colabora en nuestro ser actual, como en el fin de una melodía actúa su comienzo, inyectándolo de sentido peculiar.

El genial psiquiatra Freud descubre la génesis de muchas enfermedades mentales y de ciertas formas del histerismo en la explosión anómala que hace dentro del hombre adulto su niñez maltratada. Fue acaso una escena violenta presenciada en los primeros años, una cruda negativa de los padres a satisfacer un enérgico deseo del niño; el choque afectivo experimentado entonces forma a modo de un quiste o tumor psíquico que acompaña al alma en su crecimiento, deformándola, hasta el día en que explota como una carga de espiritual dinamita. ¡Cuántas veces, al mirar los ojos de un hombre maduro, vemos deslizarse por el fondo de ellos su niño inicial, que se arrastra, todavía doliente, con un plomo en el ala![1]

Pues grande parte de la pedagogía actual —no obstante los progresos innegables, que comienzan con Rousseau y Pestalozzi— tiene el carácter de una caza al niño, de un método cruel para vulnerar la infancia y producir hombres que llevan dentro una puerilidad gangrenada.

Y todo ello por querer suplantar el paisaje natural del niño con el medio que rodea a las personas mayores.

PAISAJE UTILITARIO. PAISAJE DEPORTIVO

El medio vital, decía yo, no es el mundo, sino sólo aquel conjunto de objetos o porciones de ese mundo que existen vitalmente para el animal. La estructura de cada especie puede imaginarse como un cedazo o retícula que deja pasar ciertos objetos y elimina los restantes. Así el aparato visual del hombre percibe sólo los colores que se ordenan del rojo al violeta. No obstante, sabemos que existen más colores a ultranza del violeta, los cuales quedan detenidos por nuestra retina, ciega para ellos. Asimismo de entre los innumerables sonidos selecciona la audición humana los que median entre 20 y 40.000 vibraciones por segundo. Sin embargo, esta primera selección efectuada por los órganos sensoriales es sólo la primaria y más grosera. Tras éstos se

---

1. Ésta es la idea inicial de Freud, que considero digna de no ser abandonada. Luego tomó su teoría un sesgo extravagante, concretando el origen de la psicosis en perturbaciones sexuales de la primera edad.

halla la conciencia, con todos sus mecanismos psíquicos, ocupada en una más fina selección. Porque el hombre entero con todo su cuerpo y toda su alma viene a ser un órgano receptivo, viviente antena radiotelegráfica que recoge e intercepta los infinitos temblores de la realidad circunstante. Para reconocer esto basta con mentar el influjo que la atención ejerce. Sobre la superficie de sonidos que nuestro oído deja pasar realiza la atención una nueva faena selectiva, de modo que en cada momento no oímos todo lo que materialmente podríamos oír, sino sólo aquellos sones y ruidos que escoge nuestra atención pasiva o activa. Hay una sordera y una ceguera que no provienen de oídos y ojos, sino que se originan en nuestra intimidad psíquica y aniquilan innumerables objetos de nuestro contorno. Así, los que habitan junto a una catarata no perciben su estruendo, y, en cambio, si por azar cesa éste, oyen lo que menos podía pensarse: el silencio.

El medio, por tanto, no depende sólo de nuestra estructura corporal, sino también de nuestra estructura psicológica. Cada individuo posee un régimen de atención distinto, o, como suele decirse, «se fija» en unas cosas y se ciega para otras. El que es cazador y pasea por el campo con un agricultor nota pronto la diferencia entre el paisaje que ante sí tiene y el que existe para su acompañante. El agricultor, por ejemplo, no suele oír y, desde luego, no percibe distintamente los ruidos campesinos. Las lejanas voces de las aves no son por él reconocidas: los rumores mágicos de la campiña, que para el cazador son signos inequívocos de un claro lenguaje telúrico, no dicen nada al que vive en el campo con el fin de explotarlo. Viceversa, ciertos detalles de la campiña notados por éste escapan al cazador; pero, en definitiva, no puede negarse que el paisaje del cazador es mucho más rico en objetos que el del hombre agrícola. Cien veces hemos advertido, con sorpresa, lo poco que saben del campo los campesinos.

Este tema merecería por sí mismo ser desarrollado y nos llevaría directamente a las cimas más sugestivas de los problemas humanos. Al hilo de él descubriríamos que si el paisaje del labriego es menos henchido que el del cazador se debe a que aquél adopta ante el campo una actitud más utilitaria. El utilitarismo proporciona ciertamente mayor agudeza para percibir algunas cosas, pero es a costa de estrechar el horizonte vital. Cuanto más desprendida de intereses prácticos sea nuestra visión, más amplio y múltiple será nuestro contorno. Marta la hacendosa tuvo de Jesús una imagen mucho menos adecuada y completa que la extática María, la sublime y ardiente espectadora, absorta siempre en un aparente ocio contemplativo e impráctico.

Si entendemos por trabajo el esfuerzo que la necesidad impone y la utilidad regula, yo sostengo que cuanto vale algo sobre la tierra no es obra del trabajo. Al contrario, ha nacido como espontánea eflorescencia del esfuerzo superfluo y desinteresado en que toda naturaleza pletórica suele buscar esparcimiento. La cultura no es hija del trabajo, sino del deporte.

Bien sé que a la hora presente me hallo solo entre mis contemporáneos para afirmar que la forma superior de la existencia humana es el deporte. Algún día trataré de explicar por qué he llegado a esta convicción, mostrando cómo la marcha de la sociedad, junto con los nuevos descubrimientos de las ciencias, obligan a una reforma radical de las ideas en este punto y anuncian un viraje de la historia hacia un sentido deportivo y festival de la vida[1].

LA VARITA DE VIRTUDES

Pero quede esta cuestión intacta para mejor oportunidad. Ahora se trata de filiar en dos palabras el medio natural del niño. ¿Cuál es el paisaje pueril? ¿Qué carácter general tienen los objetos que predominan en el contorno de la infancia? En la teoría por mí expuesta, a cada especie corresponde un pequeño mundo de objetos, y así como aquélla se reconoce por un cierto perfil general y permanente, sus objetos afines, su medio específico, tendrán también una específica silueta. Un mismo edificio sobre la larga estepa manchega presenta a Don Quijote rostro de castillo y hace a Sancho una mueca de venta.

Pues bien; yo diría que si comparamos el medio de las personas mayores con el de los niños salta pronto a la vista

---

1. Sólo a modo de media palabra para el buen entendedor, sea dicho lo siguiente: el ineludible triunfo del socialismo (que no es precisamente el «obrerismo») sobre el régimen capitalista equivale a arrebatar su predominio al tipo de hombre utilitario que ha imperado las ideas y los sentimientos durante casi dos siglos. Una vez transcurrido el período de turbulencias que todo cambio profundo trae consigo, el poder social pasará de manos del *homo oeconomicus* o utilitario a manos de otro tipo humano antieconómico, inutilitario, esto es, vitalmente lujoso para quien vivir no es ganar, sino, al contrario, regalar. El centro de gravedad de la historia humana ha oscilado siempre, en ritmo constante, del utilitarismo a la generosidad, y viceversa. Muy probablemente, dentro de cincuenta años Europa estará dirigida, no por instituciones feudales, pero sí por hombres de espíritu mucho más parecido al de los señores feudales que al de los dueños del siglo XIX: financieros, abogados y periodistas.

la diferencia. Los objetos que para el niño vitalmente existen, que le ocupan y preocupan, que fijan su atención, que disparan sus afanes, sus pasiones y sus movimientos, no son los objetos reales, sino los objetos deseables. Podrá ocurrir que a veces un objeto deseable sea además real; sin embargo, al niño le interesará porque es deseable, no porque sea real. Al hombre maduro le acontece lo inverso: le interesa lo real por serlo, aunque no sea deseable.

Suele decirse de la infancia y de su prolongación, la juventud, que «viven de ilusiones». El sentido que estas palabras arrastran me parece un poco erróneo: quiere indicarse con ellas que el niño imagina una realidad deliciosa muy diferente de la verdadera, y luego los años le van desilusionando; esto es, le van mostrando cómo lo que él suponía real no lo es. Si un infante pudiera entender estas palabras, yo pienso que nos miraría con la cara más pícara del mundo, como diciendo: «Señor mayor, padece usted una grosera equivocación. Para usted, precisamente por ser persona mayor, la cuestión de si algo es real o imaginario es la más importante, la que se instala en el primer término de sus preocupaciones. Pero a mí y a mis compañeros nos importa muy poco: sólo allá, en último término y con carácter muy borroso, se nos presenta esta cuestión. Lo que nos interesa es que las cosas sean bonitas. Pero dejemos esta conversación frívola; señor mayor, hablemos en serio; cuénteme usted un cuento».

El individuo normal, al pasar de niño a hombre, no sufre una desilusión. Los «desilusionados» son casos anómalos y, desde luego, patológicos. El tránsito de la niñez a la madurez significa simplemente un cambio de régimen vital: el alma que antes gravitaba hacia lo deseable, ahora gravita hacia la realidad. Dejad correr un poco el tiempo y veréis que el individuo, ingresando en un tercer régimen psicológico, comienza a gravitar hacia algo que ni es real ni puramente imaginario, a saber, hacia el pasado. Es la etapa postrera, es la vejez. ¿Habéis notado la heroica energía que el anciano derrocha para no enterarse de la realidad presente? Desinteresado de ella, desarticulado de ella, libertado de ella, su espíritu, como el heliotropo, experimenta una patética torsión hacia los días solares de su adolescencia. Del mismo modo, el niño goza de un poder gigantesco para eliminar las realidades, es decir, las cosas según son. Su almita, como una fina retícula que puesta en el arroyo intercepta todo detritus sólido y deja pasar únicamente la clara danza flúida del agua, que cauce abajo corre y canta, elimina lo real y se queda sólo con lo deseable; esto es, con las cosas según debían ser.

¿De dónde salen los objetos deseables? Todo hecho, toda cosa que llega a punzar la periferia de nuestra alma provoca en ella dos reacciones, en cierta manera, antagónicas. Por una parte, nuestra razón comienza a trabajar, según sus leyes, en torno al nuevo objeto intruso: todo su trabajo va guiado por el afán de obtener una noción exacta de él, de elaborar una copia intelectual que fielmente lo transcriba tal y como es. Por este camino llegamos a conocer la realidad: nuestra mente fabrica historia. Mas de otra parte, nuestra fantasía sale a recibir el hecho recién llegado, y, en vez de contentarse, como la razón, con reflejarlo exactamente, penetra audazmente en él, lo hace pedazos, aleja algunos de ellos, se queda con otros, acaso funde éstos con elementos de otras cosas, en una palabra, descompone la realidad y obtiene un nuevo objeto compuesto sólo de ingredientes selectos. Frente al objeto real que la razón descubre nace así el objeto deseable o *desideratum* que la fantasía, orientada por el deseo, construye. Nuestra mente fabrica leyenda.

No hay cosa que al llegar a nosotros no suscite esta doble reacción: historia y leyenda. Unas veces dominará aquélla, otras ésta. A menudo el halo legendario que se forma en torno al objeto o suceso puesto en contacto con nuestra fantasía es prácticamente imperceptible. Faltar no falta nunca; es más, la leyenda ocupa tanta porción de nuestro paisaje, que no acertamos en muchos casos a separarla de la realidad, ni siquiera nos damos cuenta de que es leyenda. Las nociones más estrictas de la ciencia ruedan por el alma del sabio envueltas en magníficas resonancias legendarias. No se olvide que de una cosa llamada «positivismo» ha podido hacerse una religión; por tanto, un mito. En fin, la idea misma de ciencia es una leyenda, un *desideratum* que ni ha sido ni será nunca rigorosamente realidad.

Ofrece, pues, el mundo en su conjunto y en cada una de sus partes dos vertientes: la histórica y la legendaria, la real y la deseable. Hay individuos con mayor capacidad para percibir la una que la otra, temperamentos hiperpoéticos e hipopoéticos. Aunque en España no es muy frecuente, todos hemos tropezado alguna vez con un hombre que, al hablar de cosas y personas, del presente, del pasado o del porvenir, parecía dotar a cuanto nombraba de un brillo divino que hacía nuevos para nosotros los objetos más habituales. Sentíamos que, evocadas por su alma generosa, llegaban las cosas a nosotros como por vez primera, cargadas de sugestivas irradiaciones, despertando en nuestro corazón insospechados deseos y ansias de vivirlas. Todo se acercaba a nuestra sensibilidad mágicamente recamado y en la aureola rutilante de una transfiguración. Y, sin embargo, no había en ello nada de fantasmagoría, ni nos hablaba sólo de cosas espléndidas. Lo humilde seguía siendo humilde, y enfermo lo enfermo. Pero el secreto don de su voz hacía que súbitamente la humildad y la enfermedad mismas cobrasen una gracia inesperada, y, sin dejar de ser lo que son, se tornasen en calidades amables y atractivos poderes. Durante un rato nuestro paisaje perduraba deliciosamente incendiado: todo nos impulsaba a vivir, todo era incitante, todo atraía nuestro esfuerzo. Poco después el incendio se borraba y el sordo contorno habitual reaparecía tristemente, como las áureas arquitecturas que el crepúsculo prende en el ocaso son disueltas en gris y ceniza por la noche vecina. Éste es el temperamento hiperpoético que arranca al mundo su antifaz de realidad y descubre su eterna faz deseable.

Comparado con las personas mayores, el niño es un heroico creador de leyendas. Cuanto toca su alma queda transfigurado, y su paisaje se compone casi exclusivamente de *desiderata*. Todo lo que ve en torno suyo es como debía ser, y lo que no es así no lo ve. Los vicios mismos, hasta la muerte y el crimen, quedan purificados por su alquimia espiritual y le presentan sólo su vertiente atractiva. Mi hijo, que tiene una sensibilidad de caballerito de la Tabla Redonda, prefiere, sin embargo, entre sus juegos, aquél en que pueda hacer de ladrón. Y es que su alma sólo deja pasar del ladrón real aquellas cualidades en efecto deseables: la audacia, la serenidad, el afán de aventuras. Del mismo modo, la muerte es para los niños una variación del escondite: el hombre se ausenta para reaparecer en medio de la alegría general. Por eso, en los cuentos de hadas, la muerte suele ser la carrerilla que se toma para una resurrección.

Esta literatura, genuinamente infantil, ha proyectado, sin darse cuenta, el secreto de la psicología pueril sobre ciertos objetos simbólicos, dotados de mágica eficiencia. La *¡Mesita, componte!*, la varita de virtudes poseen la gracia de convertir el universo en un paisaje habitado por cosas deseadas.

Pues bien; la auténtica varita de virtudes es el alma misma del niño.

Marzo, 1920

Pedagogía y anacronismo

Según oigo, es Kerschensteiner uno de los pedagogos más eminentes de la hora que corre. Sin embargo, me encuentro con que para el señor Kerschensteiner el fin general de la educación es educar ciudadanos útiles, en cuanto han de servir a los fines de un Estado determinado y a los de la humanidad[1]. Yo no concibo cómo un hombre de tan excelente criterio puede decir una cosa así. Ello da medida del descuido en que andan las ideas pedagógicas de nuestro tiempo. Esta trivialidad procede de múltiples causas; pero una de ellas es más fácil de definir que las demás y, en cierta manera, las resume todas. Me refiero al anacronismo constitucional que suele padecer el pensamiento pedagógico.

La pedagogía no es sino la aplicación a los problemas educativos de una manera de pensar y sentir sobre el mundo, digamos, de una filosofía. Nada importa a la cuestión

---

1. Kerschensteiner: *Begriff der Arbeitsschule*. 1922.

que esta filosofía sea un sistema científico riguroso o una ideología difusa. El dato importante está en que el pedagogo no ha sido casi nunca el filósofo de su pedagogía.

El pedagogo que escribe un libro en 1922 no fundamenta éste en las ideas filosóficas de 1922. Como él no es creador de las nuevas ideas y emociones que van a dominar mañana el espíritu colectivo, se ha contentado con recibir la filosofía de sus maestros, por tanto, de una generación anterior. En efecto, la pedagogía escrita en 1922 se nutre de la filosofía de 1890. Pero como además hace falta una larga campaña para que las ideas impresas en el libro lleguen a informar las leyes y la vida escolar, resulta que la doctrina de 1922 no empieza a ser vigente en las escuelas hasta 1940. Con lo cual venimos a la grotesca situación de que los niños de 1940 son educados conforme a las ideas y sentimientos de 1890, y que la Escuela, cuya pretensión es precisamente organizar el porvenir, vive de continuo retrasada dos generaciones.

La frase de Kerschensteiner citada hace un momento es un buen ejemplo de este anacronismo. En 1890 regía el alma europea una interpretación política de la historia y del hombre. Se pensaba todavía, con Kant y con Hegel, con Comte y Stuart Mill, que la existencia humana, a lo largo de los siglos, había sido como una preparación para la conquista de la libertad política y de un cierto orden jurídico que se denomina Estado. Pero hace ya un cuarto de siglo que esta manera de pensar inició su reflujo, y hoy sólo insisten en ella los rezagados, muy especialmente los rezagados típicos de nuestro tiempo, que son los políticos «izquierdistas». No creo que exista hoy en Europa ninguna cabeza «actual» a quien no produzca un efecto cómico que del gigantesco hecho humano se destaque como lo más importante, lo más valioso, el enteco atributo de la ciudadanía. Los pedagogos que quieran lealmente colocarse a la altura de los tiempos necesitan hacerse cargo de la formidable ampliación de horizontes lograda en los últimos decenios. Bajo una perspectiva de lontananzas mucho mayores cobra la evolución histórica del hombre un aspecto muy diferente del que tenía en la pasada centuria. El Estado moderno y aun el *ideal* del Estado moderno, que parecía a nuestros abuelos una forma definitiva, conclusión del paisaje histórico, aparece hoy como uno de tantos gestos momentáneos destinados a disolverse en el proceso incesante de la vitalidad humana. Se impone hoy de tal modo a nuestra mirada el carácter cósmico de la historia y del hombre, que cuanto acaece en la dimensión política tiene sólo una significación superficial.

Por esta razón, quien pese bien el sentido de las palabras «educación del hombre», no puede menos de soltar una carcajada cuando lee que el *fin* de la educación, nada menos que el *fin*, es educar ciudadanos. Sería como decir, con otras palabras, que el fin de la educación es enseñar a los hombres a usar el paraguas. ¡Ciudadano! ¿Y todo lo demás que el hombre es mucho más profundamente que ciudadano, más permanentemente? ¿Quién no advierte el increíble error de perspectiva que esa doctrina pedagógica comete?

Esta manera de pensar, además de errónea, me parece de una modestia excesiva. Se supone que la pedagogía debe adaptarse a la política, con lo cual, entre otras cosas, nos sometemos a un nuevo factor de anacronismo. Cuando se considera que es fin de la educación hacer de los niños ciudadanos útiles para los fines de un Estado determinado, se olvida que mañana, al ser hombres los niños, el Estado para el cual se los educó ha cambiado. Se les educa para ayer, no para mañana. Bien lo advierten ahora las inteligencias mejores de Alemania. Una generación educada para un Estado imperial, regido por principios autoritarios tradicionales, se ve obligada a vivir en un Estado democrático parlamentario.

No pretendo con esto negar que la educación haya de tener en cuenta que el niño de hoy va a ser mañana ciudadano o, en términos menos circunstanciales, elemento activo de una comunidad histórica determinada. Pero de esto a definir el *fin* de la educación como fabricación de ciudadanos hay un buen trecho. Y no basta ampliar la idea, como hace Kerschensteiner hablando de los fines de la humanidad, porque se entrevé desde luego que los fines aludidos son también políticos, bien que vagamente internacionales.

Yo espero que nuestro siglo reobre contra este empequeñecimiento de la obra educativa. Viene en Europa una ejemplar desvalorización de todo lo político. De hallarse en el primer plano de las preocupaciones humanas, pasará a rango y término más humildes. Y a todo el mundo parecerá evidente que es la política quien debe adaptarse a la pedagogía, la cual conquistará sus fines propios y sublimes. Cosa, por cierto, que ya Platón soñó.

Revista de Pedagogía, enero de 1923

[Para los niños españoles]

El porvenir de España depende enteramente de vosotros los niños españoles. Y dentro de vosotros, niños españoles, depende enteramente de que aprendáis o no aprendáis una cosa. ¿Sabéis cuál? Esto que habéis de aprender y cultivar en vosotros exquisitamente, niños españoles, es lo que en mayor grado faltaba a nuestros padres y nuestros abuelos. ¿Sabéis qué es? ¡Ah!, una cosa que parece muy sencilla. Ésta: distinguir entre personas.

No ignoráis que con el ejercicio y el adiestramiento consigue el hombre perfeccionar incalculablemente su capacidad de distinguir. El pintor llega a notar la diferencia entre colores que a los demás parecen iguales. El músico distingue las más leves divergencias entre los sonidos. Para el que es catador de vinos, como lo fue el padre de Sancho Panza, no hay dos vinos iguales. La palabra «sabio» significó en un principio el que distingue de sabores.

Pues bien, la vida de una sociedad y más aún la de un pueblo depende de que sus individuos sepan bien distinguir entre los hombres y no confundan jamás al tonto con el inteligente, al bueno con el malo.

Mirad: a la hora en que escribo esto para vosotros hay en España, desgraciadamente, muy pocos hombres inteligentes y de corazón delicado. Sólo esos hombres puros, espirituales, profundos y nobles podrían mejorar a la patria. Pero no logran que se les atienda.

Porque los españoles que ahora forman nuestra sociedad no saben distinguir entre hombres y, acaso de buena fe, creen que son inteligentes los que son más necios, que son buenos los que son más farsantes. Ya sabéis que hay enfermos de la visión los cuales ven grises los objetos azules. Una cosa parecida nos acontece hoy a los españoles: padecemos una perversión del juicio sobre personas. Se juzga inteligentes a esos vanos charladores que llaman «políticos». Se cree que es buen poeta, buen novelista, buen profesor el que más lugares comunes dice, el que mejor halaga al público repitiendo las tonterías que éste pensaba veinte años hace.

Y, en tanto, los mejores, los que verdaderamente valen son poco conocidos, nadie les hace caso o, tal vez, se les combate en todas formas.

¿Veis cuán importante sería que vosotros llegaseis a la madurez con una exquisita sensibilidad para distinguir entre el valer verdadero y el falso?

A este fin yo os recomendaría, entre otras, cuatro reglas o criterios:

1.ª No hagáis nunca caso de lo que la gente opina. La *gente* es toda una muchedumbre que os rodea —en vuestra casa, en la escuela, en la Universidad, en la tertulia de amigos, en el Parlamento, en el círculo, en los periódicos. Fijaos y advertiréis que esa *gente* no sabe nunca por qué dice lo que dice, no prueba sus opiniones, juzga por pasión, no por razón.

2.ª Consecuencia de la anterior. No os dejéis jamás contagiar por la opinión ajena. Procurad convenceros, huid de contagiaros. El alma que piensa, siente y quiere por *contagio* es un alma vil, sin vigor propio.

3.ª Decir de un hombre que tiene verdadero valor moral o intelectual es una misma cosa con decir que en su modo de sentir y de pensar se ha elevado sobre el sentir y el pensar vulgares. Por esto es más difícil de comprender y, además, lo que dice y hace *choca* con lo habitual. De antemano, pues, sabemos que lo más valioso tendrá que parecernos, al primer momento, extraño, difícil, insólito y hasta enojoso.

4.ª En toda lucha de ideas o de sentimientos, cuando veáis que de una parte combaten muchos y de otra pocos, sospechad que la razón está en estos últimos.

Noblemente prestad vuestro auxilio a los que son menos contra los que son más.

1928

Sobre el estudiar y el estudiante
(Primera lección de un curso)

I

Espero que durante este curso entiendan ustedes perfectamente la primera frase que después de esta inicial voy a
pronunciar. La frase es ésta: vamos a estudiar Metafísica, y
eso que vamos a hacer es, por lo pronto, una falsedad. La
cosa es, a primera vista, estupefaciente, pero el estupor que
produzca no quita a la frase la dosis que tenga de verdad.
En esa frase —nótenlo ustedes— no se dice que la Metafísica
sea una falsedad; ésta se atribuye no a la Metafísica, sino
a que nos pongamos a estudiarla. No se trata, pues, de la
falsedad de uno o muchos pensamientos nuestros, sino
de la falsedad de un nuestro hacer —de lo que ahora vamos a hacer: estudiar una disciplina. Porque lo afirmado
por mí vale no sólo para la Metafísica, si bien vale eminen-
temente para ella. Según esto, en general, estudiar sería una
falsedad.

No parece que frase tal y tesis semejante sean las más oportunas para dichas por un profesor a sus discípulos, sobre todo al comienzo de un curso. Se dirá que equivalen a recomendar la ausencia, la fuga, que se vayan, que no vuelvan. Eso ya lo veremos; veremos si ustedes se van, si no vuelven *porque* yo he comenzado enunciando tamaña enormidad pedagógica. Tal vez acontezca lo contrario —que esa inaudita afirmación les interese. Entre que pasa lo uno o lo otro —que ustedes resuelvan irse o resuelvan quedarse—, yo voy a aclarar su significado.

No he dicho que estudiar sea sólo una falsedad; es posible que contenga facetas, lados, ingredientes que no sean falsos, pero me basta con que alguna de las facetas, lados o ingredientes constitutivos del estudiar sea falso para que mi enunciado posea su verdad.

Ahora bien: esto último me parece indiscutible. Por una sencilla razón. Las disciplinas, sea la Metafísica o la Geometría, existen, están ahí porque unos hombres las crearon merced a un rudo esfuerzo, y si emplearon éste fue porque necesitaban aquellas disciplinas, porque las habían menester. Las verdades que ellas contengan fueron encontradas originariamente por un hombre y luego repensadas o reencontradas por otros que acumularon su esfuerzo al del primero. Pero si las encontraron es que las buscaron, y si las buscaron es que las habían menester, que no podían, por unos u otros motivos, prescindir de ellas. Y si no las hubieran encontrado habrían considerado fracasadas sus vidas. Si, viceversa, encontraron lo que buscaban, es evidente que eso que encontraron se adecuaba a la necesidad que sentían. Esto, que es perogrullesco, es, sin embargo, muy importante. Decimos que hemos encontrado una verdad cuando hemos hallado un cierto pensamiento que satisface una necesidad intelectual previamente sentida por nosotros. Si no nos sentimos menesterosos de ese pensamiento, éste no será para nosotros una verdad. Verdad es, por lo tanto, aquello que aquieta una inquietud de nuestra inteligencia. Sin esta inquietud no cabe aquel aquietamiento. Parejamente decimos que hemos encontrado la llave cuando hemos hallado un preciso objeto que nos sirve para abrir un armario, cuya apertura nos es menester. La precisa busca se calma en el preciso hallazgo: éste es función de aquélla.

Generalizando la expresión, tendremos que una verdad no existe propiamente sino para quien la ha menester; que una ciencia no es tal ciencia sino para quien la busca afanoso; en fin, que la Metafísica no es Metafísica sino para quien la necesita.

Para quien no la necesita, para quien no la busca, la Metafísica es una serie de palabras, o si se quiere de ideas, que aunque se crea haberlas entendido una a una, carecen, en definitiva, de sentido, esto es: que para entender verdaderamente algo, y sobre todo la Metafísica, no hace falta tener eso que se llama talento ni poseer grandes sabidurías previas —lo que, en cambio, hace falta es una condición elemental, pero fundamental: lo que hace falta es necesitarlo.

Mas hay formas diversas de necesidad, de menesterosidad. Si alguien me obliga inexorablemente a hacer algo, yo lo haré necesariamente, y, sin embargo, la necesidad de este hacer mío no es mía, no ha surgido en mí, sino que me es impuesta desde fuera. Yo siento, por ejemplo, la necesidad de pasear, y esta necesidad es mía, brota en mí —lo cual no quiere decir que sea un capricho ni un gusto—, no; a fuer de necesidad, tiene un carácter de imposición y no se origina en mi albedrío, pero me es impuesta desde dentro de mi ser; la siento, en efecto, como necesidad *mía*. Mas cuando al salir yo de paseo el guardia de la circulación me obliga a seguir una cierta ruta, me encuentro con otra necesidad, pero que ya no es mía, sino que me viene impuesta del exterior, y ante ello lo más que puedo hacer es convencerme por reflexión de sus ventajas, y en vista de ello aceptarla. Pero aceptar una necesidad, reconocerla, no es sentirla, sentirla inmediatamente como tal necesidad mía —es más bien una necesidad de las cosas, que de ellas me llega, forastera, extraña a mí. La llamaremos necesidad mediata frente a la inmediata, a la que siento, en efecto, como tal necesidad, nacida en mí, con sus raíces en mí, indígena, autóctona, auténtica.

Hay una expresión de San Francisco de Asís donde ambas formas de necesidad aparecen sutilmente contrapuestas. San Francisco solía decir: «Yo necesito poco, y ese poco lo necesito muy poco». En la primera parte de la frase, San Francisco alude a las necesidades exteriores o mediatas; en la segunda, a las íntimas, auténticas e inmediatas. San Francisco necesitaba, como todo viviente, comer para vivir, pero en él esta necesidad exterior era muy escasa —esto es, materialmente necesitaba comer poco para vivir. Pero además, su actitud íntima era que no sentía gran necesidad de vivir, que sentía muy poco apego efectivo a la vida y, en consecuencia, sentía muy poca necesidad íntima de la externa necesidad de comer.

Ahora bien: cuando el hombre se ve obligado a aceptar una necesidad externa, mediata, se encuentra en una situación equívoca, bivalente: porque equivale a que se le invitase a hacer suya —esto significa aceptar— una necesidad que no es suya. Tiene, quiera o no, que comportarse como si fuese suya —se le invita, pues, a una ficción, a una falsedad. Y aunque el hombre ponga toda su buena voluntad para lograr sentirla como suya, no está dicho que lo logre, no es ni siquiera probable.

Hecha esta aclaración, fijémonos en cuál es la situación normal del hombre que se llama estudiar, si usamos sobre todo este vocablo en el sentido que tiene como estudio del estudiante —o, lo que es lo mismo, preguntémonos qué es el estudiante como tal. Y es el caso que nos encontramos con algo tan estupefaciente como la escandalosa frase con que yo he iniciado este curso. Nos encontramos con que el estudiante es un ser humano, masculino o femenino, a quien la vida le impone la necesidad de estudiar las ciencias de las cuales él no ha sentido inmediata, auténtica necesidad. Si dejamos a un lado casos excepcionales, reconoceremos que en el mejor caso siente el estudiante una necesidad sincera, pero vaga, de estudiar «algo», así *in genere*, de «saber», de instruirse. Pero la vaguedad de este afán declara su escasa autenticidad. Es evidente que un estado tal de espíritu no ha llevado nunca a crear ningún saber —porque éste es siempre concreto, es saber precisamente esto o precisamente aquello, y según la ley, que ha poco insinuaba yo, de la funcionalidad entre buscar y encontrar, entre necesidad y satisfacción, los que crearon un saber es que sintieron, no el vago afán de saber, sino el concretísimo de averiguar tal determinada cosa.

Esto revela que aun en el mejor caso —y salvas, repito, las excepciones—, el deseo de saber que pueda sentir el buen estudiante es por completo heterogéneo, tal vez antagónico del estado de espíritu que llevó a crear el saber mismo.

Y es que, en efecto, la situación del estudiante ante la ciencia es opuesta a la que ante ésta tuvo su creador. Éste no se encontró primero con ella y luego sintió la necesidad de poseerla, sino que primero sintió una necesidad vital y no científica y ella le llevó a buscar su satisfacción, y al encontrarla en unas ciertas ideas resultó que éstas eran la ciencia.

En cambio, el estudiante se encuentra, desde luego, con la ciencia ya hecha, como con una serranía que se levanta ante él y le cierra su camino vital. En el mejor caso, repito, la serranía de la ciencia le gusta, le atrae, le parece bonita, le promete triunfos en la vida. Pero nada de esto tiene que ver con la necesidad auténtica que lleva a crear la ciencia. La prueba de ello está en que ese deseo general de saber es incapaz de concretarse por sí mismo en el deseo estricto de un saber determinado. Aparte, repito, de que no es un deseo lo que lleva propiamente al saber, sino una necesidad. El deseo no existe si previamente no existe la cosa deseada —ya sea en la realidad, ya sea, por lo menos, en la imaginación. Lo que por completo no existe aún, no puede provocar el deseo. Nuestros deseos se disparan al contacto de lo que ya está ahí. En cambio, la necesidad auténtica existe sin que tenga que preexistir ni siquiera en la imaginación aquello que podría satisfacerla. Se necesita precisamente lo que no se tiene, lo que falta, lo que no hay, y la necesidad, el menester, son tanto más estrictamente tales cuanto menos se tenga, cuanto menos haya lo que se necesita, lo que se ha menester.

Para ver esto con plena claridad no es preciso que salgamos de nuestro tema —basta con comparar el modo de acercarse a la ciencia ya hecha, el que sólo va a estudiarla y el que siente auténtica, sincera necesidad de ella. Aquél tenderá a no hacerse cuestión del contenido de la ciencia, a no criticarla: al contrario, tenderá a reconfortarse pensando que ese contenido de la ciencia ya hecha tiene un valor definitivo, es la pura verdad. Lo que busca es simplemente asimilársela tal y como está ya ahí. En cambio, el menesteroso de una ciencia, el que siente la profunda necesidad de la verdad, se acercará cauteloso al saber ya hecho, lleno de suspicacia, sometiéndolo a crítica; más bien con el prejuicio de que no es verdad lo que el libro sostiene; en suma, precisamente porque necesita un saber con radical angustia, pensará que no lo hay y procurará deshacer el que se presenta como ya hecho. Hombres así son los que constantemente corrigen, renuevan, recrean la ciencia.

Pero eso no es lo que en su sentido normal significa el estudiar del estudiante. Si la ciencia no estuviese ya ahí, el buen estudiante no sentiría la necesidad de ella, es decir, que no sería estudiante. Por tanto, se trata de una necesidad externa que le es impuesta. Al colocar al hombre en la situación de estudiante se le obliga a hacer algo falso, a fingir que siente una necesidad que no siente.

II

Pero a esto se opondrán algunas objeciones. Se dirá, por ejemplo, que hay estudiantes que sienten profundamente la necesidad de resolver ciertos problemas que son los constitutivos de tal o cual ciencia. Es cierto que los hay, pero es insincero llamarlos estudiantes. Es insincero y es injusto. Porque se trata de casos excepcionales, de criaturas que, aunque no hubiese estudios ni ciencia, por sí mismos y solos inventarían, mejor o peor, ésta y dedicarían, por inexorable vocación, su esfuerzo a investigar. Pero ¿y los otros? ¿La inmensa y normal mayoría? Éstos y no aquellos pocos venturosos, éstos son los que realizan el verdadero sentido —y no el utópico— de las palabras «estudiar» y «estudiante». ¡Con éstos es con quienes se es injusto al no reconocerlos como los verdaderos estudiantes y no plantearse con respecto a ellos el problema de qué es estudiar como forma y tipo de humano hacer!

Es un imperativo de nuestro tiempo, cuyas graves razones expondré un día en este curso, obligarnos a pensar las cosas en su desnudo, efectivo y dramático ser. Es la única manera de encontrarse verdaderamente con ellas. Sería encantador que ser estudiante significase sentir una vivacísima urgencia por éste y el otro y el otro saber. Pero la verdad es estrictamente lo contrario: ser estudiante es verse el hombre obligado a interesarse directamente por lo que no le interesa, o a lo sumo le interesa sólo vaga, genérica o indirectamente.

La otra objeción que habría de hacérseme es recordarme el hecho indiscutible de que los muchachos o las muchachas sienten sincera curiosidad y peculiares aficiones. El estudiante no lo es en general, sino que estudia ciencias o letras, y esto supone una predeterminación de su espíritu, una apetencia menos vaga y no impuesta de fuera.

En el siglo XIX se ha dado demasiada importancia a la curiosidad y a las aficiones; se ha querido fundar en ellas cosas demasiado graves, es decir, demasiado ponderosas para que puedan sostenerlas entidades tan poco serias como aquéllas.

Este vocablo «curiosidad», como tantos otros, tiene doble sentido —uno de ellos primario y sustancial, otro peyorativo y de abuso— lo mismo que la palabra «aficionado», que significa el que ama verdaderamente algo, pero también el que es sólo *amateur*. El sentido propio del vocablo «curiosidad» brota de su raíz, que da una palabra latina sobre la cual nos ha llamado la atención recientemente Heidegger: *cura*, los cuidados, las cuitas, lo que yo llamo la preocupación. De *cur-a* viene cur-iosidad. De aquí que en nuestro lenguaje vulgar un hombre curioso es un hombre cuidadoso, es decir, un hombre que hace con atención y extremos rigor y pulcritud lo que tiene que hacer, que no se despreocupa de lo que le ocupa, sino, al revés, se preocupa de su ocupación. Todavía en el antiguo español *cuidar* era preocuparse —*curare*. Este sentido originario de *cura* o cuidados pervive en nuestras voces vigentes curador, procurador, procurar, curar, y en la misma palabra cura, que vino al sacerdote porque éste tiene cura de almas. Curiosidad es, pues, cuidadosidad, preocupación. Como, viceversa, *incuria* es descuido, despreocupación, y seguridad —*securitas*— es ausencia de cuidados y preocupaciones.

Si busco las llaves es porque me preocupo de ellas, y si me preocupo de ellas es porque las he menester para hacer algo, para ocuparme.

Cuando este preocuparse se ejercita mecánicamente, insinceramente, sin motivo suficiente y degenera en prurito, tenemos un vicio humano que consiste en fingir cuidado por lo que no nos da en rigor cuidado, en un falso preocuparse por cosas que no nos van de verdad a ocupar; por tanto, en ser incapaz de auténtica preocupación. Y esto es lo que significan peyorativamente empleados los vocablos «curiosidad», «curiosear» y «ser un curioso».

Cuando se dice, pues, que la curiosidad nos lleva a la ciencia, una de dos, o nos referimos a aquella sincera preocupación por ella que no es sino lo que yo antes he llamado «necesidad inmediata y autóctona» —la cual reconocemos que no suele ser sentida por el estudiante—, o nos referimos al frívolo curiosear, al prurito de meter las narices en todas las cosas, y esto no creo que pueda servir para hacer de un hombre un científico.

Estas objeciones son, por tanto, vanas. No andemos con idealizaciones de la áspera realidad, con beaterías que nos inducen a debilitar, esfumar, endulzar los problemas, a ponerles bolas en los cuernos. El hecho es que el estudiante tipo es un hombre que no siente directa necesidad de la ciencia, preocupación por ella y, sin embargo, se ve forzado a ocuparse de ella. Esto significa ya la falsedad general del estudiar. Pero luego viene la concreción, casi perversa por lo minuciosa, de esa falsedad —porque no se obliga al estudiante a estudiar en general, sino que éste se encuentra, quiera o no, con el estudio disociado en *carreras* especiales y la carrera constituida por disciplinas singulares, por la ciencia tal o la ciencia cual. ¿Quién va a pretender que el joven sienta efectiva necesidad, en un cierto año de su vida, por tal ciencia que a los hombres antecesores les vino en gana inventar?

Así, de lo que fue una necesidad tan auténtica y vivaz que a ella dedicaron su vida íntegra unos hombres —los creadores de la ciencia—, se hace una necesidad muerta y un falso hacer. No nos hagamos ilusiones; en ese estado de espíritu no se puede llegar a saber el saber humano. Estudiar es, pues, algo constitutivamente contradictorio y falso. El estudiante es una falsificación del hombre.

Porque el hombre es propiamente sólo lo que es auténticamente por íntima e inexorable necesidad. Ser hombre no es ser, o, lo que es igual, no es hacer cualquier cosa, sino ser lo que irremediablemente se es. Y hay los modos más distintos entre sí de ser hombre, y todos ellos igualmente auténticos. El hombre puede ser hombre de ciencia y hombre de negocios u hombre político u hombre religioso, porque todas estas cosas son, como veremos, necesidades constitutivas e inmediatas de la condición humana. Pero el hombre por sí mismo no sería nunca estudiante, como el hombre por sí mismo no sería nunca contribuyente. *Tiene* que pagar contribuciones, *tiene* que estudiar, pero no *es* ni contribuyente ni estudiante. Ser estudiante, como ser contribuyente, es algo «artificial» que el hombre se ve obligado a ser.

Esto que al principio pudo parecer tan estupefaciente, resulta que es la tragedia constitutiva de la pedagogía, y de esa paradoja tan cruda debe, a mi juicio, partir la reforma de la educación.

Porque la actividad misma, el hacer que la pedagogía regula y que llamamos estudiar, es en sí mismo algo humanamente falso, acontece lo que no suele subrayarse tanto como debiera, a saber: que en ningún orden de la vida sea tan constante y habitual y tolerado lo falso como en la enseñanza. Yo sé bien que hay también una falsa justicia, esto es, que se cometen abusos en los juzgados y audiencias. Pero sopese con su experiencia cada uno de los que me escuchan si no nos daríamos por muy contentos con que no existiesen en la efectividad de la enseñanza más insuficiencias, falsedades y abusos que los padecidos en el orden jurídico. Lo que allí se considera como abuso intolerable

—que no se haga justicia— es correspondientemente casi lo normal en la enseñanza: que el estudiante no estudia, y que si estudia, poniendo su mejor voluntad, no aprende; y claro es que si el estudiante, sea por lo que sea, no aprende, el profesor no podrá decir que enseña, sino a lo sumo que intenta, pero no logra enseñar.

Y entretanto se amontona gigantescamente, generación tras generación, la mole pavorosa de los saberes humanos que el estudiante tiene que asimilarse, tiene que estudiar. Y conforme aumenta y se enriquece y especializa el saber, más lejos estará el estudiante de sentir inmediata y auténticamente la necesidad de él. Es decir, que cada vez habrá menos congruencia entre el triste hacer humano que es el estudiar y el admirable hacer humano que es el verdadero saber. Y esto acrecerá la terrible disociación, que hace un siglo por lo menos se inició, entre la cultura vivaz, entre el auténtico saber y el hombre medio. Porque como la cultura o saber no tiene más realidad que responder y satisfacer en una u otra medida a necesidades efectivamente sentidas y el modo de transmitir la cultura es el estudiar, el cual no es sentir esas necesidades, tendremos que la cultura o saber se va quedando en el aire, sin raíces de sinceridad en el hombre medio a quien se obliga a ingurgitarlo, a tragárselo. Es decir, que se introduce en la mente humana un cuerpo extraño, un repertorio de ideas muertas, inasimilables o, lo que es lo mismo, inertes. Esta cultura sin raigambre en el hombre, que no brota en él espontáneamente, carece de autoctonía, de indigenato, es algo impuesto, extrínseco, extraño, extranjero, ininteligible; en suma, irreal. Por debajo de la cultura recibida, pero no auténticamente asimilada, quedará intacto el hombre; es decir, quedará inculto; es decir, quedará bárbaro. Cuando el saber era más breve, más elemental y más orgánico, estaba más cerca de poder ser verdaderamente sentido por el hombre medio, que entonces lo asimilaba, lo recreaba y revitalizaba dentro de sí. Así se explica la colosal paradoja de estos decenios: que un gigantesco progreso de la cultura haya producido un tipo de hombre como el actual, indiscutiblemente más bárbaro que el de hace cien años. Y que la aculturación o acumulo de cultura produzca paradójica, pero automáticamente, una rebarbarización de la Humanidad.

Comprenderán ustedes que no se resuelve el problema diciendo: «Bueno; pues si estudiar es una falsificación del hombre, y además lleva o puede llevar a tales consecuencias, que no se estudie». Decir esto no sería, resolver el problema: sería sencillamente ignorarlo. Estudiar y ser estudiante es siempre, y sobre todo hoy, una necesidad inexorable del hombre. Tiene éste, quiera o no, que asimilarse el saber acumulado, so pena de sucumbir individual o colectivamente. Si una generación dejase de estudiar, la humanidad actual, en sus nueve décimas partes, moriría fulminantemente. El número de hombres que hoy viven sólo puede subsistir merced a la técnica superior de aprovechamiento del planeta que las ciencias hacen posible. Las técnicas se pueden enseñar mecánicamente. Pero las técnicas viven del saber, y si éste no se puede enseñar, llegará una hora en que también las técnicas sucumbirán.

Hay, pues, que estudiar; es ello, repito, una necesidad del hombre —pero una necesidad externa, mediata, como lo era seguir la derecha que me marca el guardia de la circulación cuando necesito pasear. Mas hay entre ambas necesidades externas —el estudiar y el llevar la derecha— una diferencia esencial, que es la que convierte el estudio en un sustantivo problema. Para que la circulación funcione perfectamente no es menester que yo sienta íntimamente la necesidad de ir por la derecha: me basta con que de hecho camine yo en esa dirección; basta con que la acepte, con que finja sentirla. Pero con el estudio no acontece lo mismo; para que yo entienda de verdad una ciencia no basta que yo finja en mí la necesidad de ella o, lo que es igual, no basta que tenga la voluntad de aceptarla; en fin, no basta con que estudie. Es preciso, además, que sienta auténticamente su necesidad, que me preocupen espontánea y verdaderamente sus cuestiones; sólo así entenderé las soluciones que ella da o pretende dar a esas cuestiones. Mal puede nadie entender una respuesta cuando no ha sentido la pregunta a que ella responde.

El caso del estudiar es, pues, diferente del de caminar por la derecha. En éste es suficiente que yo lo ejercite bien para que rinda el efecto apetecido. En aquél, no; no basta con que yo sea un buen estudiante para que logre asimilar la ciencia. Tenemos, por tanto, en él un hacer del hombre que se niega a sí mismo: es a un tiempo necesario e inútil. Hay que hacerlo para lograr un cierto fin, pero resulta que no lo logra. Por esto, porque las dos cosas son verdad a la par —su necesidad y su inutilidad— es el estudiar un problema. Un problema es siempre una contradicción que la inteligencia encuentra ante sí, que tira de ella en dos direcciones opuestas y amenaza con desgarrarla.

La solución a tan crudo y bicorne problema se desprende de todo lo que he dicho: no consiste en decretar que no se estudie, sino en reformar profundamente ese hacer humano que es el estudiar y, consecuentemente, el ser del estudiante. Para esto es preciso volver del revés la enseñanza y decir: enseñar no es primaria y fundamentalmente sino enseñar la necesidad de una ciencia, y *no enseñar* la ciencia cuya necesidad sea imposible hacer sentir al estudiante.

La Nación, 23 de abril de 1933

Sobre las carreras[1]

¿Han pensado ustedes bien en lo que es una carrera y en lo que es seguirla? Siempre que apretamos una palabra del Diccionario para precisar su sentido, descubrimos que es equívoca. Así, carrera significa primariamente correr desde un sitio hasta otro siguiendo una trayectoria. Luego se contrae un poco el sentido para referirse más especialmente a las carreras del estadio donde se concursa en vista de ganar premios. Más tarde viene ya la trasposición o metáfora y carrera se hace símbolo de la vida. Así en Cicerón: *Exiguum nobis vitae curriculum natura circumscripsit.*

La vida es representada como una carrera por un estadio —como un esfuerzo desde un primer momento hasta un último momento, a lo largo de una trayectoria determinada— es decir, de una cadena de haceres. Sin remedio, la vida no es un estar ahí ya, un yacer, sino un recorrer cierto

1. Primeras lecciones de un curso universitario.

314

camino; por tanto, algo que hay que hacer —es la línea total del hacer de un hombre. Y como nadie nos da decidida esa línea que hemos de seguir, sino que cada cual la decide por sí, quiera o no, se encuentra el hombre siempre, pero sobre todo al comienzo pleno de su existencia, al salir de su adolescencia, con que tiene que resolver entre innumerables caminos posibles la carrera de su vida.

Entre los pocos papeles que dejó Descartes a su muerte hay uno, escrito hacia los veinte años, que dice: *Quod vitae sectabor iter?* Es una cita de unos versos de Ausonio en que éste traduce otros pitagóricos bajo el título *Ex Graeco Pythagoricum de ambiguitate eligendae vitae.*

Hay en el hombre, por lo visto, la ineludible impresión de que su vida, por tanto, su ser, es algo que no sólo puede, sino que tiene que ser elegido. La cosa es estupefaciente: porque eso quiere decir que a diferencia de todos los demás entes del universo, los cuales tienen un ser que les es dado ya prefijado y que *por eso* existen, a saber, porque son ya, desde luego, lo que son, el hombre es el único y casi inconcebible ente que existe sin tener un ser prefijado, que no es desde luego y ya lo que es, sino que, por fuerza, necesita elegirse él su propio ser.

No entremos en la cuestión que va a ocuparnos a fondo durante el curso. Nos basta con reconocer que en la práctica efectiva de nuestra vida las cosas se nos presentan así, antes de que teoricemos, antes de que nos formemos una opinión sobre nuestra vida y sobre todo lo demás.

Ese ser que el hombre se ve obligado a elegirse es la carrera de su existencia.

¿Cómo la elegirá? Evidentemente porque se representará en su fantasía muchos tipos de vida posibles y al tenerlos delante notará que alguno o algunos de ellos le atraen más, tiran de él, le reclaman o llaman. Esta llamada hacia un cierto tipo de vida o, lo que es igual, de un cierto tipo de vida hacia nosotros, esta voz o grito imperativo que asciende de nuestro más íntimo fondo es la vocación.

Pero esto quiere decir que nuestra vida es, por lo pronto, una fantasía, una obra de imaginación. Y, en efecto, en todo instante tenemos que imaginar, que construir mediante la fantasía lo que vamos a hacer en el inmediato. Sin esa intervención del poder poético, es decir, fantástico, el hombre es imposible. Como ustedes ven, seguimos cayendo en sospechas estupefacientes. Ésta, casi, casi nos forzaría a afirmar que la vida humana es un género literario, puesto que es, primero y ante todo, faena poética, de fantasía.

En rigor, es así; sólo que conviene precisar de dónde vienen a nuestra fantasía esas vidas imaginarias entre las cuales necesitamos elegir.

Siempre que el hombre siente una necesidad lo primero que hace es buscar en su derredor, en el contorno en que él está en el mundo; en suma, en eso que llamamos «ahí», algo que pueda satisfacerla. Esto es muy importante, aunque ahora no vamos a desentrañarlo: revela que el movimiento más espontáneo o primero del hombre ante una necesidad es creer, más o menos, con una u otra confianza, que *lo que* necesita —esto es, *lo que* puede satisfacer su necesidad— está ya ahí a la mano, *y que, por tanto, no tiene que hacérselo*. Sólo cuando no lo encuentra ahí —en el mundo o circunstancia— se resuelve a hacerlo. Ahora bien, ese movimiento primero no se daría en el hombre si éste no advirtiese que, en efecto, tiene en todo instante necesidades, pero que, a la vez, tiene también ya, desde luego y sin hacérselas él, muchas cosas. Por tanto, que el hombre nace sintiéndose menesteroso de muchas cosas pero, a la vez, sintiéndose heredero y propietario de no pocas. El que tuviese la impresión de que no poseía absolutamente ninguna cosa para poder vivir, sino que en absoluto tenía que hacérselo él todo —por ejemplo, hasta una tierra donde sus pies pudiesen apoyarse y un aire que sus pulmones pudiesen respirar— no llegaría a vivir: en el mismo instante de sentirse en la vida se moriría de terror, de aniquilación.

Pues bien, ante la necesidad de elegir una vida, el hombre busca en su contorno para ver si ahí está ya lo que puede ser su vida —esto es, mira las de los otros hombres, las de los que ya están ahí, las de los hombres pasados. Y entonces encuentra que, en efecto, él es heredero de muchas líneas o trayectorias de existencia que los hombres pasados o simplemente mayores que él ya han cumplido o hecho. Éstas son las que, por lo pronto, reproduce en su fantasía; como ven ustedes, con una fantasía que no es creadora, sino reproductiva. Y sin necesidad de recurrir al pasado, encuentra que el contorno social donde él se halla está constituido por una urdimbre de vidas típicas: encuentra, en efecto, médicos, ingenieros, catedráticos, físicos, filósofos, labradores, industriales, comerciantes, militares, abogados, albañiles, zapateros, maestras, actrices, cupletistas, monjas, costureras, señoras de su casa, damas de sociedad, etcétera, etcétera. Por lo pronto, no ve la vida individual que es cada médico, o cada señora de su casa, sino que ve la arquitectura genérica y esquemática de esa vida. Unas de otras se diferencian por el predominio de una clase o tipo de haceres —el hacer del hombre de ciencia o el hacer del militar. Pues bien, esas trayectorias esquemáticas de vida son las «carreras» o carriles de existencia que existen ya notorios, definidos, regulados en la sociedad. El individuo no tiene que hacer ningún gran esfuerzo para representárselas y ver hacia cuál se siente llamado por una voz interior y alojarse en ella; esto es, decidir que su vida va a ser vida de médico o de catedrático o de diplomático o de albañil o de mujer de su casa o de dama elegante, o de castañera de la esquina.

Pero noten ustedes que la carrera de la vida, la vida que hay que elegir, es la de cada cual; por tanto, una línea o perfil individualísimo de existencia. Mas éste es el nuevo cambio de sentido que ha sufrido y que hoy tiene la palabra «carrera». Ha perdido el sentido individual que tenía en la frase de Cicerón para contraerse a significar los esquemas de vida, vidas típicas; esto es, genéricas, abstractas que el individuo encuentra preestablecidas en la sociedad. Son, pues, las «carreras» un concepto sociológico, que recibe también el nombre de «profesiones».

No afecta a la cuestión presente el hecho de que, en rigor, la palabra «carrera» tiene hoy un significado un poco menos extenso. En efecto, la albañilería o la carpintería no se suelen llamar «carreras» sino «oficios». Pero, claro está, que el «oficio» es también un esquema social de vida. ¿Por qué, sin embargo, el idioma ha separado la denominación en uno y otro caso? Hay tras esta duplicidad de nombres, en apariencia, tan mansa, algo tremendo que desde hace sesenta años mueve y dramatiza la historia. Se llama «carreras» a los esquemas sociales de la vida en que predomina el hacer espiritual —intelecto, científicos; voluntad, políticos, hombres de acción; imaginación, poetas, novelistas, dramaturgos— y «oficios» a aquéllos en que predomina el hacer de la mano, la mano de obra. La división, por lo visto,

318

más radical que la sociedad hace entre los destinos típicos sociales del hombre, es ésta entre hombres de espíritu y hombres de la mano. Desde hace sesenta años se batalla cruentamente sobre el área del planeta acerca de si esta división, que es un hecho, es, además, algo tolerable, si es justo o no; si aun siendo injusto, es irremediable. Y el punto más hondo y grave de la cuestión no es el que suele mover a las gentes —la diferente situación económica que «carreras» y «oficios» suelen llevar consigo—, sino este otro que voy a enunciar, pero no a desarrollar: ¿es el hombre por vocación albañil como es por vocación industrial, poeta o médico? Si los albañiles y peones de mina u obreros de fábrica lo fuesen por vocación siquiera con la frecuencia con que hay médicos e industriales por vocación, ¿encontrarían aquéllos tan insoportable la exigüidad de sus ganancias? ¿Es que la ganancia de muchos hombres de ciencia no es aproximadamente tan exigua, y en todo caso por completo desproporcionada a la intensidad y constancia de su esfuerzo? O, viceversa, ¿es la ganancia del obrero tan exigua que no deja holgura para que su oficio, es decir, lo que tiene que hacer —su trabajo—, se le pueda presentar como vocación? Y como lo que el hombre es por vocación lo es por sí mismo, por su más íntima y espontánea determinación, tendremos que las preguntas anteriores se condensan y subliman en ésta: ¿*Ser* albañil es *ser* hombre, como lo es *ser* poeta o *ser* político o *ser* filósofo?

Pero hecha esta advertencia de que para el asunto presente no hay distinción entre «carreras» y «oficios», tornemos a nuestro camino.

Las «carreras», he dicho, son esquemas sociales de vida, donde, en el mejor caso, por vocación y libre elección el individuo aloja la suya.

En cada época y lugar la sociedad está constituida por un repertorio de «carreras». Mas si comparamos cualquiera sociedad primitiva con la nuestra, pronto advertimos una ley histórica según la cual la sociedad en su evolución engendra una diferenciación progresiva de las carreras. En los pueblos salvajes el hombre tiene que elegir en un repertorio muy reducido: pastor, guerrero, mago, herrero, vate. Algunos piensan que las castas de la India no fueron primitivamente sino «carreras» que quedaban normativamente adscritas a la herencia; es decir, que sólo podía ser herrero el hijo de un herrero y sólo podía ser mago, esto es, sacerdote, brahmán, el hijo de un sacerdote. Cada una de estas castas tiene prefijado hasta en mínimos detalles la vida que el hombre ha de llevar; por ejemplo, hasta lo que ha de comer y con qué condimento, el traje, con quién se puede casar y con quién no, cómo ha de saludar al encontrar a otro hombre de otra casta, etcétera.

Frente a ese escaso número de carreras o profesiones que hay en la sociedad primitiva, la actual presenta al individuo una gran cantidad de ellas. Los haceres se han diferenciado al complicarse y se han especializado. En los pueblos salvajes el sacerdote es a la vez ingeniero, porque la técnica misma, como hacer, no se ha separado de la magia y del rito sacro. Para que una canoa navegue bien no es menester sólo que el que la hace sea un buen carpintero de ribera, sino que además ha de saber pronunciar ciertos conjuros y fórmulas de religioso ritual. De aquí los «pontífices» en Roma. Hoy, en cambio, el sacerdote no tiene nada que ver con el ingeniero y aun la ingeniería se ha radiado en muchas carreras diferentes.

Esto plantea un problema de interés: la vida es una trayectoria individual que el hombre tiene que elegir para ser. Mas las carreras son trayectorias genéricas y esquemáticas: cuando se elige una por vocación, el individuo advierte muy bien que, no obstante, esa trayectoria no coincide con la línea exacta de vida que sería, en rigor, su precisa, individual vocación. Quiere, sin duda, ser médico, pero de un modo especial en que van insertos muchos otros haceres vitales que no son la medicina y su práctica. Esto nos permite perfeccionar la idea anteriormente dada de vocación. En rigor, es una abstracción decir que se tiene vocación para una carrera. *La vocación estricta del hombre es vocación para una vida concretísima, individualísima e integral, no para el esquema social que son las carreras,* las cuales, entre otras cosas, dejan fuera muchos órdenes de la vida sin predeterminarlos. Por ejemplo, el ser médico no implica si se va el hombre a casar o no.

La carrera, pues, no coincide nunca exactamente con lo que tiene que ser nuestra vida: incluye cosas que no nos interesan y deja fuera muchas que nos importan. Al alojar en ella nuestra vida notamos que su molde estandarizado nos obliga tal vez a amputar algo de lo que debía ser nuestra vida; es decir, nos impone sin más y *a priori* una dosis de fracaso vital. Al crecer la diferenciación de las carreras aumentan, por un lado, las probabilidades de coincidencia entre el individuo y el molde social de su vida, es decir, su profesión; tendrá que cargar con menos haceres que no le interesan. En España hoy el que siente vocación por las ciencias exactas no necesita ocuparse con las ciencias físicas ni las químicas ni las naturales. En otro tiempo hubiera tenido que cargar su vida con toda esa obra muerta, muerta para él porque no era su vida vocacional.

Pero, en cambio, trae esto consigo una tragedia inversa para el hombre. Al circunscribirse cada vez más al hacer profesional, es evidente que la carrera asume menos lados de nuestra vida; esto es, deja fuera de su carril más dimensiones del hacer que integra la vida entera de un hombre. Y esto significa, que cada vez queda el hombre menos absorto y tomado y orientado e informado por su carrera. Y como fue elegida como trayectoria principal de la vida, como norma y perfil de vida, la carrera llena cada vez menos esta misión, dejando imprecisas las cuatro quintas partes de nuestro vivir. Es la tragedia del especialismo. De aquí, que aun sin salir del orden intelectual, el hombre de hoy que sabe mejor que nunca lo que tiene que hacer, esto es, que opinar en los asuntos de su carrera, por ser ésta tan especial, se encuentra con que sabe menos que nunca lo que tiene que opinar y hacer en todo lo demás del universo y de su existencia.

Ello es que, sin disputa, haciendo el balance, resulta que la multiplicación de las carreras ha hecho que el hombre se sienta cada vez menos satisfecho y llenado por ellas y, consecuentemente, sienta menos apego a su profesión, se sienta menos ligado a ella. Lo cual nos lleva a preguntarnos: entonces, ¿por qué las siguen los hombres?, ¿por qué han hecho que se especialicen y diferencien tanto?

Esto nos hace caer en la cuenta de que no hemos aún advertido lo más importante en esa realidad que son las carreras.

Recuerden ustedes: aparecen éstas cuando el individuo tiene que elegir su vida. *Quod vitae sectabor iter?* Esta necesidad le hace buscar la pauta para su vida en el contorno social. Ve allí, en efecto, otros hombres viviendo vidas diversas que se agrupan en tipos: médicos, catedráticos, industriales, etcétera. Dicho así, parece como si cada uno de estos hombres hubiese fraguado libérrimamente su tipo de vida. Pero no hay tal: a cada uno de ésos le aconteció lo mismo: halló ante sí ya médicos, industriales, etcétera. Pero algo más hallaron ellos y el de ahora, en su contorno social: además de los catedráticos de carne y hueso que están viviendo ese tipo de vida, hallaron puestos vacíos de catedráticos y de industriales, etcétera —y, sobre todo, hallaron que si esos hombres desaparecían, sus vidas quedaban como alvéolos huecos que la sociedad mantiene por su cuenta, porque ella, la sociedad, no los individuos que las ocupan, ha menester de esas vidas. La sociedad necesita en cada momento un cierto número de servicios —servidos cada uno por un cierto número de hombres: necesita tantos médicos, tantos catedráticos, etcétera. Pues bien, esto son propiamente las carreras —necesidades sociales. Por eso, están ahí siempre llenas de hombres o vacías esperándolos. Por eso, la evolución de las carreras no obedece sólo a la necesidad de los individuos, sino también a la social y por eso, a veces, lleva esa evolución a estadios en que ambas necesidades entran en conflicto.

Originariamente —ello no tiene duda— eso que es hoy una carrera —por ejemplo, la filosofía, la milicia— fue vocación genial y creadora de un hombre que sintió la radical necesidad íntima de hacer filosofía o de combatir estratégicamente. Entonces o en cualquier momento que esa condición se repita, el hacer filosófico y el guerrero son su plena realidad, son en absoluto lo que esas palabras pretenden significar —y no modos deficientes o menos reales de lo mismo. Pero entonces no son una «carrera». Ésta no es algo individual, aunque sólo individuos pueden seguirlas, esto es, serlas. La carrera es una realidad social, una necesidad del cuerpo colectivo que exige el ejercicio de ciertas funciones para él inexcusables; más o menos y sólo entendida así no es la carrera un modo deficiente, como lo es cuando se la considera desde el individuo.

¿Es que a ustedes se les hubiera ocurrido hacer metafísica si la filosofía no fuese una función social que la sociedad, al fin y al cabo, parece necesitar y por ello la fomenta, sea con cátedras, sea por el hecho de la publicación de libros, del respeto colectivo hacia los que los escriben, o de lo que es más atractivo, del denuesto y el odio del vulgo; en suma, del prestigio que es un atributo dinámico puramente social adscrito a ciertas cosas?

No, habituémonos a tomar las cosas con pulcritud en su desnuda y pura realidad. Declarémoslo, pues, con toda formalidad doctrinal: para aquéllos que han venido aquí a hacer metafísica, ésta es, por lo pronto, una cosa que hace la sociedad, una función colectiva y porque colectiva, permanente. En suma, algo que en principio hay que hacer; quiero decir, que alguien tiene que hacerlo porque, a lo que parece, es importante, valioso, estimable. La metafísica es para nosotros, primero que otra cosa, una institución, una organización social, como la política, la sanidad pública o el servicio de incendios o el verdugo. La sociedad necesita, por lo visto, que un tanto por ciento de sus miembros reciba cierta dosis de opiniones metafísicas, como necesita que sean vacunados.

Fíjense que para Platón no era esto. La filosofía no era una función social. Como no la había aún, la sociedad no sentía su necesidad. Esto es lo curioso de la sociedad: que ella no es nunca original ni creadora. Ni siquiera se producen en ella necesidades originales. Es siempre un individuo quien las siente primero. Por sentirlas, crea la obra que las satisface y entonces, sólo entonces, la experimenta como necesidad y hace de su cultivo un oficio, profesión o magistratura.

Pero una vez que la filosofía, que, en su origen y en su plena realidad es un hacer individualísimo, se desindividualiza, esto es, se objetiva en instituto u organización social, cobra independencia frente a los individuos y adquiere una como vida propia. Aunque digo «una como vida», no crean que se trata de una metáfora. Se trata de una forma peculiar de vida, distinta ciertamente de lo que es la vida cuando ésta es de un individuo; por tanto, una forma secundaria del vivir, que, en su hora, habremos de estudiar. El ejemplo más claro de esta independencia y subsistencia que cobra el hacer desindividualizado y objetivado socialmente es el Estado. El Estado fue originariamente el mando que un individuo, por su fuerza, su astucia, su autoridad moral o cualquier otro atributo adscrito a su persona, ejercía sobre otros hombres. Esa función de mando se desindividualiza y aparece como necesidad social. La sociedad necesita que alguien mande. Esta necesidad de la sociedad, esto es, ya objetivada en ella, es el Estado, que existe aparte de todo individuo singular, que éste encuentra ya ahí existiendo antes que él y al cual tiene, quiera o no, que someterse.

Lo propio acontece con la filosofía o metafísica. Primero no hay filosofía, sino los individuos que filosofan; esto es, que hacen y crean la filosofía. Así en Grecia fue primero, no un sistema de ideas, sino el modo de vivir de ciertos hombres, sobre todo los pitagóricos; fue *bíos theoretikós*. Pero una vez que hay filosofía, ésta es una realidad social anterior a los filósofos individuales y a los estudiantes de filosofía. Unos y otros la encuentran ya ahí hecha antes de que ellos sientan la necesidad original de ella. Al decir que está ahí «hecha» no digo que esté acabada de hacer, conclusa, que no quede mucho y aun infinitamente mucho que hacer en ella, sino que toda una parte de ella, no me importa si mayor o menor, está ya ejecutada, cumplida. Por eso se presenta a nuestros ojos como un hacer u ocupación vital; por tanto, como un tipo de vida de perfil conocido y determinado; en suma, como un carril o *bíos*. Esta carrera, en concurrencia con las demás, ejerce presión sobre nosotros pretendiendo atraernos. Nos hallamos, pues, ante las carreras en la misma situación que el hombre ante las mujeres. Cada mujer es una permanente incitación para que nos enamoremos de ella. Pero como hay muchas, nuestro sentimiento elige. Hace algunos años escribí un largo estudio, que en forma de libro sólo se ha publicado en Alemania[1], sobre la elección en amor, asunto muy complicado que no vamos a reiterar ahora. Quedémonos con lo más vulgar de él. Decimos que hemos elegido para enamorarnos la mujer que más nos gusta. La elección de carrera es algo parecido: es una cuestión de gusto, de afición.

Y con esto cerramos el círculo de nuestra cuestión. Recordarán ustedes que era ésta: ¿Por qué están ahora aquí aquéllos de entre los estudiantes que no son meros estudiantes, que no son los que igual que aquí podían estar ahora en una clase de teneduría de libros, sino que han venido a hacer metafísica por una necesidad íntima y referida

1. Publicado posteriormente en español en el libro *Estudios sobre el amor*. Revista de Occidente. Madrid. [En esta misma colección, en *Estudios sobre el amor y otros ensayos*, pp. 80-122].

concretamente a la metafísica o filosofía? ¿Era esta necesidad la que sintieron Platón, Aristóteles, Leibniz, Kant?

No —fue mi contestación. Pero aclarar en qué consiste la diferencia nos obligó a decir cuanto antecede. Ahora está bien claro ante nosotros. Ese grupo de ustedes ha venido aquí porque ha elegido la carrera de filosofía, hacia la cual sentía vocación. Esta vocación es, por lo pronto y escuetamente, afición. La filosofía es uno de los muchos figurines de vida, de hacer que hay ahí y es el que más ha gustado a ustedes. La afición es un motivo auténtico, íntimo, espontáneo que tiene el carácter de un deseo o apetito hacia una cosa —en este sentido es una innegable y sincera necesidad. ¿En qué se diferencia de la que Platón o Descartes sintieron? En estas dos notas esenciales: 1.ª Ustedes, y claro está que yo también a la hora de ustedes, no necesitaban propiamente hacer metafísica sino que necesitan satisfacer el gusto, el apetito que en ustedes ha despertado la metafísica ya hecha, el tipo de hacer y vivir que ésta es. 2.ª La necesidad que es la afición no es la sensación dolorosa, angustiosa de que no haya ahí algo que absolutamente nos es menester, sino al revés, es la necesidad deliciosa de complacerse asimilándonos algo que hay ya ahí. La necesidad angustiosa, esto es, la necesidad propiamente tal o menesterosidad, lleva a un hacer que es un crear lo que no hay. En cambio, la necesidad deliciosa lleva a un hacer que es un aprehender o captar lo que ya hay. Por eso el hacer metafísica de ustedes es un aprenderla.

Platón y Descartes, en cuanto tales, no sentían afición a la metafísica: al contrario, detestaban lo que había ahí ya hecho con ese o parecido nombre. La metafísica o el vocablo que en su lugar usasen denominaba para ellos algo negativo, un hueco o vacío terrible que en su vida sentían; en suma, algo que no había, algo que faltaba. No era un lindo tipo de vida sino, por el contrario, la sensación de no vivir. Por eso, para ellos vivir tuvo que ser, a la fuerza, hacer filosofía, como el náufrago, a la fuerza, tiene que agitar los brazos, nadar. No es una imaginación mía: Platón pone en boca de Sócrates, también en la *Apología*, estas palabras: una vida sin filosofía no se puede vivir.

De donde resulta que desembocamos en esta extraña definición de la metafísica: «el hacer metafísico en su modo plenario y más real comienza por ser un sentir la imposibilidad de todo hacer, la falta de sentido de todo vivir, lo invivible que es la vida». ¡Díganme ustedes si esto se parece mucho a la afición a la carrera de filosofía!

Pero ahora, presumo, caerán ustedes en la cuenta de por qué con tanta minucia he analizado los motivos que les han hecho venir aquí y lo que es «seguir una carrera». Ahora ven ustedes que se trataba nada menos que de estudiar los diversos modos de realidad que la metafísica significa, a fin de que no se confundan y poder aislar el modo primario, ejemplar y auténtico; esto es, poder definir la metafísica e iniciar con ello su construcción.

Ésta se nos presenta en modos que no son el primario con lo cual padecemos un error de óptica, que era forzoso corregir. Nosotros vemos la metafísica como algo que está ya ahí, y bajo una perspectiva determinada, a saber, la social e histórica, la del individuo que nace en un cierto estado de la evolución social e histórica; eso es también verdad. Pero es una verdad parcial e insuficiente, una verdad que oculta la decisiva. Y la decisiva es ésta: que la metafísica es, en su primaria autenticidad, aquel hacer u ocupación humana que se inicia cuando caemos en la cuenta de que todos nuestros demás haceres y ocupaciones, todo nuestro vivir es por sí negativo, ilusorio, absurdo y sin sentido; por tanto, que es todo lo contrario de lo que a primera vista nos parece: tan positivo, tan lleno de cosas, tan real, tan él mismo. Por ejemplo, para no dar ahora sino un ejemplo. Nos parece que vivimos positivamente porque dirigimos nuestra vida conforme a ciertas verdades proporcionadas por las ciencias o por la simple experiencia. Pero de pronto caemos en la cuenta de que esas verdades son muy cuestionables y que aunque no lo sean, como pudiera ocurrir con las matemáticas, ignoramos su fundamento y su relación con el resto de las cosas, de modo que flotan sin último asiento en un fondo de vacío, absurdo y falto de sentido y firmeza. Pero si todas nuestras ideas carecen últimamente de fundamento, por tanto, de sentido y realidad, como todo el resto de nuestra vida es lo que es merced a nuestras ideas y en función de ellas, carecerá también de sentido y realidad. No será lo que parece ser y el presunto vivir será no-vivir, intento fracasado de vivir, invivible vivir.

Pero caer en la cuenta de esto es, *ipso facto*, caer en la cuenta de que el vivir verdaderamente positivo, el vivible será aquél que consista en darse o hacerse un fundamento firme, en asegurar su realidad. Mas hacer eso es, tal vez, el auténtico hacer metafísica, o dicho en otra forma, metafísica es, en última verdad, lo que hace el hombre cuando lo hace por eso, por esa menesterosidad, y no lo que hace cuando simplemente la «estudia» o la elige como carrera y la aprende o enseña.

Lo cual —repito una vez más— no es desvalorizar ninguno de estos haceres, sino tan sólo colocarlos en su rango de

modos deficientes o secundarios y hacer notar que no exis-
tirían si la metafísica no fuese, antes y por encima de todo,
ese desesperado afán de llenar con sentido y dar realidad a
la vida que es, sin ella, vacío y nulidad de sí misma. De aquí
que no se hace metafísica sino en la medida en que se
deshace o da por no hecha la que ya está hecha y se llega
así a su raíz avivando en nosotros esa conciencia de menesterosidad radical que es sustancia de nuestra vida.

El error óptico a que antes aludía se desvanece ahora. La
metafísica se nos presenta como un cúmulo de pensamientos y doctrinas que ha ido atesorando la humanidad —algo,
pues, que a los ojos parece positivo. Enterarse de estos
pensamientos y aprender esas doctrinas, será hacer metafísica. Pero ahora hemos averiguado que esos pensamientos y
doctrinas, a su vez, carecen de sentido y realidad *si no se los
toma* como reacciones de hombres parejos a nosotros ante
esa sensación de inanidad, invivibilidad de la vida. Es decir,
que aunque haya ahí metafísica, nosotros tenemos que
comportarnos como si no la hubiera y resolvernos a hacerla como el primer hombre que la inició. Todo hombre está
obligado si quiere de verdad vivir a comportarse como un
primer hombre, a ser el eterno Adán, a avivar en sí los
temas y resortes esenciales, permanentes de la vida. Sólo en
el camino de intentar esta repristinación y simplificación
de la vida se encuentra con que no es ni puede ser un primer hombre, sino que es el hombre número tantos en la
cadena larguísima de hombres, de generaciones que se han
sucedido. Sólo entonces, después de ese intento, descubre
lo que es ser, por fuerza, sucesor; mejor dicho, heredero —a
diferencia del animal que sucede pero no hereda y, por eso,
no es un ente histórico.

Hablando, pues, con rigor, hace realmente metafísica el que se encuentra con la necesidad inexorable de hacerla, de buscar una realidad a su vida por haber caído en la cuenta de que ésta por sí no la tiene —por tanto, de hacerla aunque no estuviese hecha y como si nadie la hubiese hecho antes—, pero, a la vez, se encuentra, quiera o no, con metafísicas ya hechas. Noten ustedes que tan radical o primario es lo uno como lo otro: el caer en la cuenta de que hay que hacerla y el caer en la cuenta de que ya se ha hecho por otros. Ambas —la metafísica como necesidad nuestra y la metafísica como obra de otros, como historia— son dos hechos brutos o ineludibles con los cuales, queramos o no, topamos. Lo cual quiere decir que nuestro hacer, nuestra labor, es, desde luego, desde su raíz, colaboración con el pasado de esta ciencia y de ese pasado con nosotros. Sin remedio, hacemos metafísica desde un lugar determinado de la historia de la filosofía, y en general, de la historia humana.

Con esto decimos ya algo muy importante y que pronto desarrollaremos, a saber: si hacer metafísica es lo que en esta hora constituye nuestra vida, no podemos vivir utópicamente y ponernos a hacer filosofía eligiendo el lugar del tiempo desde el cual la vamos a hacer. Tenemos que vivir en 1934 y esta fecha significa un nivel determinado en la evolución de la vida humana, por lo pronto, de la vida filosófica, del hacer metafísico. Tenemos que contar con lo que la filosofía ha sido hasta aquí y ensayar si podemos seguir en eso que hasta aquí ha sido. Lo primero que el hombre tiene que hacer es contar con su historia por la sencilla razón de que él es histórico, nace en un punto de la trayectoria general humana, nace de un pretérito y lo lleva en sí, es un pretérito —todo lo que me ha pasado hasta 1934.

Este imperativo de evitar la utopía y contar con la historia tiene un primer sentido conservador: se trata, en efecto, de ver si se puede seguir en la filosofía hecha hasta aquí, de si eso que la filosofía ha sido coincide con lo que buscamos. Sin embargo, tiene un segundo sentido que no es tan conservador, puesto que impera contar con el pasado ciertamente, pero con el pasado *hasta aquí*. Por tanto, es un imperativo de actualismo y equivale a exigir que se viva a la altura del tiempo.

Pero aún tiene un tercer sentido. Éste: Contamos con el pasado para ver si lo que él ha hecho coincide con la metafísica que nosotros sentimos que hay que hacer; por tanto, para ver si la metafísica tradicional satisface la exigencia o necesidad de la metafísica futura. Si el resultado de nuestra indagación fuese afirmativo, nos quedaríamos en lo pasado o actual. En uno u otro caso, noten ustedes que es la metafísica futura, la que hay que hacer, la nuestra, quien decide sobre la tradicional y no al revés. Ahora bien, conservador es, en última esencia, quien toma como norma de su futuro lo que hay en el pasado por no confiar sino en lo que una larga permanencia histórica ha abonado. Mas aquí es, en definitiva, nuestro futuro quien se erige en norma última y decisiva sobre nuestro pasado. Véase cómo este imperativo histórico es, pues, a la vez, tradicionalismo, actualismo y futurismo. Ni podría ser otra cosa porque el hombre es en todo momento esos tres: pasado, presente y futuro.

Con esto hemos terminado la definición de la metafísica como carrera y vocación profesional. Ello nos ha permitido determinar el sentido que la expresión «hacer metafísica» tiene referido al grupo de ustedes que vienen aquí movidos por afición sincera a este género de estudios. Y habrán notado que para ello hemos necesitado distinguir ese hacer de otro inferior y otro superior, de la metafísica que hace quien la estudia como podía estudiar otra cosa cualquiera, porque es sólo «estudiante», y de otro superior que era el de los grandes filósofos. Noten ustedes que sólo por la necesidad de aclarar lo que es metafísica como vocación profesional, hemos hablado de este otro hacer que es el de los grandes filósofos. Ahí, entre ustedes, ahora no los hay. No tenía, pues, sentido real que yo hablara de ellos. Se trataba, pues, de una anticipación por lo pronto irreal.

Con todo ello queda concluso el análisis de por qué han venido aquí cuantos han venido a hacer metafísica en un sentido más estricto.

Ahora vamos a los otros —a los que han venido por otros motivos a hacer metafísica en un sentido menos estricto.

Fíjense bien en lo que acabo de decir. Ello implica que hay aquí personas las cuales no han venido a hacer metafísica, en el sentido de que, definiéndose todo hacer por su motivo, el motivo que los ha traído no es la metafísica como asignatura, ni la metafísica como vocación profesional.

¿Por qué han venido entonces? ¡Vaya usted a saber! —se dirá— pero con gran error. No; se sabe, por lo menos, con suficiente aproximación, se sabe sin necesidad de que nos hagan individualmente sus confesiones. ¡Bueno fuera que a estas horas nadie pretenda ser un absoluto arcano para los demás! No: el hombre no es, en principio al menos, un misterio para el hombre. Sólo en el caso de que entre ustedes hubiera un hombre supergenial que fuese él la invención de una forma nueva, inaudita e inédita de humanidad podía ocurrir que no supiésemos por qué ha venido.

Conocemos la vida humana: sabemos que es enormemente rica en modos y formas diferentes. Como la naturaleza física parece inagotable, infinita y acaso, como ésta, lo sea en última instancia. Pero la naturaleza física ha sido reducida a un sistema delimitado de formas de movimiento y merced a ello se conoce lo que en ella es posible y lo que es imposible. Apenas hay fenómeno corporal que no obstante su singularidad no quede comprendido en alguna de esas formas de movimiento.

Parejamente, la vastedad e ilimitación de la vida humana no excluye que sepamos cuáles son los tipos de comportamiento a que puede reducirse. Podíamos enunciar y describir todos esos tipos. No niego que sean muchos y esto nos impide, por falta material de tiempo, exponerlos ahora, pero afirmo que son limitados y, en principio, agotables. Pues bien, prácticamente no hay probabilidad alguna de que nadie de ustedes escape a alguno de esos modos genéricos de comportamiento humano que nos son notorios. Si, al fin y al cabo, nos entendemos unos a otros en el trato social es porque poseemos de antemano, démonos cuenta o no de ello, una clara idea de las diversas posibilidades o tipos o modos de ser hombre, y al encontrar uno individual, lo alojamos en aquél de esos tipos que nos parece más afín con él. Cómo se produce ese saber y cuáles son los fundamentos de su verdad son cosas que no voy a tratar ahora. Baste decir que la claridad de ideas sobre el repertorio de modos humanos aumenta conforme la vida avanza y es un resultado de lo que suele llamarse «la experiencia de la vida» —un tema sobre que otro día tendremos que hablar. De aquí que cuando se ha llegado a la madurez se posea un saber *a priori* sobre cómo son los hombres que se presentan ante uno, que casi con verlos basta. Automáticamente nuestra mente los consigna a un cierto tipo de humanidad. Por eso, no interesan los datos concretos que sobre tal individuo nos den. ¿De qué nos pueden servir, si tenemos ya, desde luego, la ley de su vida? De aquí que el hombre maduro se interese *espontáneamente* —fíjense que digo espontáneamente— menos en los otros hombres, en el trato con ellos y se entregue más a los otros lados de la vida que no son el trato con los prójimos —como amistad, amor, polémica—, sino que son creación abstracta: ciencia, industria, política. Se comprende: el trato con el prójimo aburre ya un poco. Porque el encanto del trato es, en definitiva, lo que puede tener de imprevisible. No sabemos aún bien quién es el otro y esperamos que toda esa porción de él que nos es desconocida haga cosas admirables, las cuales ignoramos y no presumimos. Es decir que, como toda nuestra vida, el lado de ella que es el trato —amistad, amor, polémica— vive de crédito, de esperar lo inesperado. Por eso en la juventud tiene tanta fuerza la vida —porque aún no ha comenzado a agotar el crédito que ha abierto a ésta y espera siempre que más allá del hoy y de lo que ya ve y tiene, haya tras el horizonte actual paisajes maravillosos, mujeres geniales, hombres admirables, empezando por sí mismo. El joven vive a cuenta de un sí mismo maravilloso que espera ver surgir en él mañana.

Mas el hombre maduro, lo mismo que conoce ya de antemano a los prójimos, se conoce a sí mismo. Sabe cuáles son sus poderes y cuáles sus límites. Espera menos de sí lo inesperado.

Sin embargo, aquí tocamos, a su vez, el límite de ese saber sobre las formas y tipos de la vida. En la ciencia de la naturaleza, con ser un conocimiento tan pleno y logrado, tan ejemplar, no están resueltos todos los problemas. Todo saber, por firme y amplio que sea, termina en una periferia de problemas. Lo mismo acontece al saber de lo humano. Cuanto he dicho sobre lo que en éste hay de positivo, es verdad. Pero yo no he dicho que sea absoluto. No es, en efecto, absolutamente imposible que ahora me esté oyendo un hombre supergenial cuyo módulo de humanidad me sea perfectamente desconocido. Se sabe mucho de la vida, mucho más de lo que se suele creer; por eso he subrayado este lado positivo de ese saber —pero no se sabe todo. El hombre maduro no sabe tampoco absolutamente de lo que él mismo será capaz mañana. Tras su convicción práctica de que será incapaz de esto o de lo otro, alienta la convicción absoluta e irreductible del «¿quién sabe?» Precisamente su saber, su experiencia vital le recuerda que varias veces en el pasado se dio por concluso, creyó poseer un dibujo definitivo de sus capacidades e incapacidades y luego, súbitamente, se encontró con el brote inesperado de una nueva capacidad o de un más alto grado en la que ya se reconocía. Es decir, que si en comparación con el joven el maduro vive menos del crédito, de lo imprevisible como tal, éste no ha desaparecido de su vida. Ya veremos cómo no podría ser —ya que el crédito, lo imprevisible es un órgano esencial de la vida, una de sus vísceras. Sin embargo, la diferencia entre ambas edades es clara y podría formularse así: la vida juvenil gravita hacia lo imprevisto como tal, la madura hacia lo ya conocido —aquélla, pues, se nutre principalmente de lo que la vida tiene de indelimitado o infinito, ésta de la conciencia de limitación y de finitud.

Precisados así la extensión y límites del saber que poseemos sobre los tipos o modos de ser hombre, resulta claro que cuando el hombre en su madurez trata con los jóvenes, se encuentra con un saber *a priori* de sus diferentes modos que prácticamente es completo. Porque noten ustedes que el problema queda aquí reducido. No se dice que conozca todos los modos posibles de la vida humana, sino sólo los modos posibles de la etapa más sencilla de la vida humana: la juvenil. Y, sin embargo, también aquí hay que no dejar silenciada una reserva, una limitación, si se quiere que quede correctamente dibujada la línea estricta de ese saber. El hombre maduro conoce los diferentes modos de ser joven: en una juventud dada distingue, pues, con suficiente precisión las diferencias que hay entre unos jóvenes y otros. Pero unos y otros pertenecen a una misma juventud, que tiene ciertos caracteres comunes de humanidad. Esto es lo que yo llamo una generación. Ahora bien, precisamente eso que constituye una generación como tal —que es precisamente lo común a todos los individuos de un cierto tiempo— es siempre una forma genérica de vida nueva. Y esto es lo que el hombre maduro corre siempre el riesgo de no saber, de no percibir: ese germen de innovación vital de que la generación no se da cuenta —repito— hasta el punto de que, con frecuencia, lo que ella comienza por decir con la pretensión de que sea su confesión, su característica, es lo contrario de la efectiva innovación que ella es: mejor dicho, que va a ser. La cosa es paradójica, pero inexorable. La juventud no averigua, no sabe la peculiaridad de su destino vital hasta que no deja de ser joven —allá entre los veintiséis y los treinta años—, lo mismo en el hombre que en la mujer. ¡Extraña pero innegable condición! Propiamente, la juventud, que es tan parlanchina, es, en lo esencial, muda: no tiene voz. Lo que parla no es suyo, sino el tópico de la generación anterior. Ésta es quien pone su voz en la laringe del joven: se trata, pues, de una faena de ventriloquia.

La situación, pues, es ésta: la juventud comienza por ser misterio y arcano para sí misma. Pero también lo es para la madurez. Por tanto, bajo inauténticas coincidencias la verdad es que las dos generaciones en cuanto generaciones no se entienden. ¿No significa esto declarar que la historia es una permanente discontinuidad? Sin duda: en ciertas cosas decisivas el bloque de una generación se levanta frente al bloque de la otra como dos acantilados incomunicables. Por eso la historia es, en una de sus caras, polémica y cambio. Bien: ¿pero no es, por otra parte, la historia continuidad? Toda idea o sentimiento humano viene siempre de otra idea o sentimiento nuestro o de otro hombre. No hay posible vacío. *Historia non facit saltum.*

La Nación, septiembre-octubre de 1934

Instituto de Humanidades

Sentido de las nuevas humanidades

La palabra «humanidad» —*humanitas*—, probablemente un invento verbal de Cicerón, significó primero aproximadamente lo que en el siglo XIX se decía con los vocablos «civilización» o «cultura», por tanto, un cierto sistema de comportamientos humanos que se consideraban ejemplares y a que los hombres grecolatinos de la época helenística creían «por fin» haber llegado. No significa, pues, la condición humana y el carácter problemático de su destino ni la innúmera y antagónica variedad de sus modos de conducirse. Por una sorprendente y hasta paradójica coyuntura, durante la Edad Media, en la mente de árabes y cristianos, que eran hombres de Dios, esta ejemplaridad humana, puramente humana, enunciada por *humanitas*, refluyó sobre todo lo que habían sido Grecia y Roma; es decir, sobre la Antigüedad, ungiéndola con un carácter magistral, de suerte

que, por una de sus caras, la Edad Media íntegra resultó
ser un movimiento, lento al principio, luego uniformemen-
te acelerado, de absorción de la obra filosófica y poética,
jurídica, política y artística de griegos y romanos. Esta absorción de tan enorme masa de residuos mentales tuvo que
disgregarse y articularse en una pluralidad de disciplinas,
cuyo conjunto se impuso en los estudios universitarios me-
dievales como otro hemisferio del saber contrapuesto a las
ciencias de lo divino o teológicas. De aquí que el singular
humanitas se dispersase en el plural Humanidades. Al cambiar de número el término cambió de significación. Mientras la *humanitas* era un cierto modo de comportamiento
real por parte del hombre, las Humanidades significaron
sólo una serie de conocimientos y enseñanzas, cuyo tema
era, a su vez, las obras poéticas, retóricas, históricas, jurídicas, didácticas que griegos y romanos tuvieron a bien
engendrar. Por tanto, eran las Humanidades conocimientos de conocimientos, enseñanzas de enseñanzas, alimento
enrarecido y de escasas, aunque algunas, vitaminas con que
ha pretendido nutrirse el Occidente durante siglos. Menéndez
Pelayo llamó a los estudios clásicos «medula de león». Sos-
pechamos que exageraba este señor. Claro es que todo
aquel torrente de prosas y versos antiguos arrastraba algún
poso de realidad humana, a saber, la referencia que hacían a
la vida efectiva de griegos y romanos. Pero en las Humanidades esa vida trasparecía sólo oblicuamente. La atención iba
dirigida, sobre todo, a las palabras y por eso, cuando en el
siglo XV culmina todo este movimiento de absorción, la actividad intelectual aparece dominada por la disciplina que
era clave para todas las demás: la ciencia de las palabras, la
gramática. Se llamó a aquello Humanismo, es decir, la dic-

tadura de los gramáticos. El hecho es de sobra grotesco, pero está ahí sin remedio y «ahí» quiere decir dentro de nosotros los occidentales que no hemos acabado todavía de digerir y, merced a ello, de eliminar nuestro abolengo humanístico, toxina aún operante en las entrañas de la vida europea.

Mas al alzarse de nuevo sobre el horizonte, como un cometa pavoroso, la urgente duda del hombre respecto a sí mismo fue menester desentenderse de meras ejemplaridades y ponerse a estudiar los hechos de la multiforme realidad humana. Hízose esto primero empleando, con algunas modificaciones, el mismo instrumental de conceptos que tan fértil rendimiento había dado en las ciencias naturales. El empeño, como no podía menos, fracasó y entonces hubo que postular un tipo nuevo de ciencias que estudiasen el hombre por su lado más peculiar, el cual escapa a cuanto se había llamado «naturaleza» y le diferencia específicamente del animal, la planta y el mineral. Pero acaece que hasta ahora ese convoluto de ciencias no ha encontrado un nombre que podamos pronunciar con satisfacción. Verdad es —y el hecho debía ser más notorio— que las ciencias no han tenido casi nunca un bautismo afortunado. La lengua les ha proporcionado nombres ineptos, con frecuencia ridículos. Valga como ejemplo superlativo de inexpresividad y ridiculez el nombre «filosofía», que sólo sirve para despistar. Tan es ello así, que acaso en uno de los coloquios-discusiones proyectados para este primer curso del Instituto, mostremos haber sido esta palabra escogida circunstancialmente con el propósito deliberado de despistar, y no, como suele creerse, por un pujo de modestia ni sincero ni irónico. El cómo y el porqué precisos de este acontecimiento no ha sido nunca hecho manifiesto a pesar de que constituye un ejemplo soberano, apasionante por su dramatismo, de lo que *pasa* a las palabras cuando se hace su historia como es debido, esto es, sabiendo verlas como lo que son, como algos humanos vivientes a quienes, por lo mismo, les *pasan* en efecto cosas y hacen que les pasen a los hombres que las usan, las desusan y las abusan —por tanto, evitando dejarlas ser «sólo palabras», mariposas exánimes clavadas con un alfiler en el diccionario o en la gramática.

La primera expresión con que, al lado de las inveteradas Humanidades, se intenta apellidar las ciencias de lo humano o, por lo menos, una gran parte de ellas es la que usan los franceses, y por eco, usamos nosotros: ciencias morales y políticas. Este nombre recurre desmañadamente a la operación de enganchar una tras otra dos palabras y tras ellas dos cosas, renunciando a su expresión unitaria y dejándonos la sospecha de que aún serán menester nuevos enganches, con lo cual nos parece asistir más bien que a la nomenclatura de un sistema de ciencias a la formación de un tren mixto. Además, no se ve cómo en aquel nombre pueda alojarse la lingüística ni la hermenéutica, ni la retórica y poética y falta en él sitio nada menos que para la teoría general del hombre. La teoría de la sociedad o sociología tiene que encogerse dentro de la Política cuando ésta es sólo un capítulo de aquélla, revelándose con ello que a comienzos del siglo XIX, fecha aproximada en que cuajó esta denominación, se seguía como en tiempos de Aristóteles. Los griegos todos, incluso Aristóteles, eran ciegos para la realidad que hoy llamamos «sociedad». No acertaban a verla y, en su lugar, percibían sólo el Estado. El caso es que Aristóteles, con su pasmosa sensibilidad para los hechos, palpa tenuemente que Estado y sociedad no son una misma cosa. Pero esto le lleva sólo a decir, sin mucho compromiso, que hay otras sociedades, por ejemplo, la familia, distintas del Estado, lo cual no hace sino remachar que para él el Estado era, por lo menos, una sociedad; en rigor, la sociedad por excelencia. La percepción de que familia o Estado no son sociedades, sino algo que hay en la sociedad, que en ella acontece, les fue negada. Esta ceguera, ni que decir tiene, no les es imputable ni siquiera es extraña. Es naturalísima. Porque toda realidad está pronta a ocultarse —ya lo dijo Heráclito— y cada una posee un determinado coeficiente de ocultación. La cifra máxima en este poder de clandestinidad corresponde a Dios y por ello su advocación más filosófica debiera ser la de *Deus absconditus*. Si el escolasticismo hubiese sido más auténtica filosofía se habría preguntado más perentoriamente por qué Dios se esconde tanto en vez de contentarse con atribuirlo a su infinitud y a su exuberancia. Pues bien, entre las cosas humanas es la sociedad la menos patente, la que más se disfraza detrás de otras. El Estado es su más obvia máscara, y a ello se debe que todo el pensamiento sociológico griego nos llegue en forma de Tratados de Política. Pero no hay razón para que hoy, al querer nombrar lo social y hacerlo manifiesto, sigamos llamándolo con la careta que lo ha tapado.

Peor anda el asunto si atendemos al otro vagón del título: ciencias morales. El vocablo «morales» reverbera ante nosotros equívocamente. Es el tornasol que cambia de color según sea el ángulo de nuestra mirada. ¿Son las ciencias morales teorías normativas de la conducta humana, es decir, Ética, el doctrinal de las buenas costumbres? Para el latino, en efecto, el sentido fuerte de la palabra *mores* era

343

el de las costumbres que son como es debido. ¿Son, más bien, las ciencias morales el estudio de las costumbres todas, sean buenas o malas? Ya el cuitado Lévy-Bruhl contraponía ambas significaciones en el título de uno de sus primeros libros: *La morale et la science des moeurs*. Mas aun con esta ampliación queda angosto el panorama. Lo humano no es sólo la costumbre. Hay, junto a ella, lo desacostumbrado, lo insólito, lo único. Es más, la costumbre presupone la acción original, creadora e inaudita que va a convertirse y degradarse en uso.

Esta dialéctica nos fuerza a retirarnos de esos dos primeros sentidos y entender desde más lejos la expresión «ciencias morales». Entonces nos envía una significación sin duda amplísima, pero puramente negativa. Lo moral sería simplemente todo lo que no es material o físico. Es, en efecto, el valor coloquial, irresponsable y vago, que la voz tiene cuando se usa en el café o en el refectorio, y lleva, por ejemplo, a decir que Descartes es «moralmente» el autor de los asesinatos cometidos en la Revolución Francesa. En esta acepción, decir «ciencias morales» vale tanto como si, frente a las ciencias naturales, hablásemos elusivamente de las «ciencias otras».

Si ahora reenganchamos los dos componentes del título y subrayamos su disyunción —ciencias morales y políticas— caemos en la cuenta de que acaso las ciencias morales representan aquí el punto de vista general sociológico, mientras las políticas se reducen a las ciencias del Estado, es decir, a las ramas del derecho y de la administración. Pero ¿qué pretende este acotamiento? ¿Es que las ciencias políticas son ajenas a lo moral, son ciencias «inmorales»? Y así sucesivamente podríamos seguir largo rato perdiéndonos en esa denominación que en vez de señalarnos un camino se nos va liando a los pies.

Tal vez por todo esto prefirieron los alemanes llamar a las disciplinas que estudian lo peculiarmente humano «ciencias del espíritu» —*Geisteswissenschaften*. Pero no somos con ello más felices. Esta denominación es desorientadora, porque no nos hace saber qué cosa sea el espíritu y nos hace saber demasiado las cien cosas contradictorias que se han dicho que es. El término «espíritu» no nombra un fenómeno y, por tanto, algo incuestionable, sino que es ya una interpretación, mejor dicho, es muchas interpretaciones distintas entre sí, que pululan dentro del vocablo, mordiéndose las unas a las otras y causándonos incertidumbre y desasosiego. Se comprende muy bien, como ya hemos recordado alguna vez, el mal humor de Schopenhauer frente a las innumerables «filosofías del espíritu» surgidas en su tiempo que le llevó a preguntar: *Geist?... Wer ist denn der Bursche!* «¿Espíritu?... Bueno, pero ¡quién es ese mozo!»

Sorprende que, encontrándose en tal perplejidad no se haya recurrido antes, por lo menos en nuestros países latinos, a la espléndida palabra «humanidades» para designar las disciplinas todas que se ocupan de los hechos exclusivamente humanos. Pocas veces se ofrece una ocasión tan favorable para dar nombre a una serie de investigaciones y conocimientos. La voz Humanidades es hoy el nombre de una cosa muy determinada que fue en otros tiempos y ya no existe, a saber, una cierta configuración de los estudios ya pretérita. Su significado es arqueológico; entenderla supone ya cierto saber y, en consecuencia, es a estas fechas más bien un signo terminológico que una palabra de la lengua. Además, aun como término, apenas se la emplea. Pero

basta con ahuyentar de ella este sentido demasiado restric-
to y dejarla funcionar en su espontaneidad para que, sin
más, *nos diga* precisamente lo que ahora queremos nombrar: el conjunto de los hechos propiamente humanos. Es
curioso que esta palabra parece como si, por su propia virtud, hubiera intentado siempre significar eso y lo extraño
prima facie es que no se le haya permitido nunca vivir efectivamente en la lengua emitiendo su más natural sentido.
Sólo ha podido explayarse cuando, aquí o allá, alguien la
ha empleado estilísticamente, es decir, alzando un poco las
faldas a la gramática. Pero la facilidad con que, estilizando,
podemos hacer que «humanidades» diga, sin más, «cosas
sólo humanas» demuestra que es ésta su más espontánea
significación, reprimida en ella por un adverso y raro
destino. Claro es que lo raro y extraño de este caso —una
palabra amordazada— tiene clara explicación que resultaría
aquí inoportuna. Ahora bien, ésta es la diferencia entre el
término de una terminología y la palabra de una lengua:
aquél no dice lo que dice sino porque nosotros se lo hacemos decir previa una definición. Si no sabemos ésta no lo
entendemos. Mas la palabra de la lengua nos comunica su
sentido, nos lo dice, de suyo, antes de todo acuerdo especial y deliberado. De tal modo no necesitan una definición
previa las palabras de la lengua que en rigor tampoco tole-
ran una definición posterior. De aquí que sea una tontería
y revela desconocer por completo lo que es una lengua reírse demasiado de los apuros que pasan los académicos para
definir los vocablos cuando hacen un *Diccionario de la lengua*. La palabra natural nos proyecta con prodigiosa eficacia sobre un círculo del mundo objetivo. El centro de ese
círculo —por tanto, de la significación de la palabra—, es

clarísimo, pero su dintorno es flotante. Por esta razón la palabra nos *dice* muy bien algo, pero nos lo *define* o delimita muy mal y es ella misma indefinible. Cuando la gente vitupera a los académicos, comete el *quid pro quo* elemental de confundir el diccionario con una enciclopedia, como si la misión de aquél fuera definir las cosas y no procurar circunscribir aproximadamente los vagabundos significados de las palabras. Esta tarea es desesperante porque se afana en perfilar lo sin perfil.

La dicción «Humanidades» liberada así y pudiendo actuar como voz vulgarísima nos consigna directamente a los fenómenos en que la realidad humana aparece, y ello sin limitación alguna y sin prejuzgar la más tenue interpretación. Es, pues, el ideal para nuestro propósito, puesto que ése es el tema de las ciencias postuladas y no hay mejor nomenclatura para una disciplina que señalar con el índice las cosas de que se ocupa. Sólo falta hacer que ese nombre de unas cosas enuncie, a la vez, la faena de conocimiento que a ellas se dedica. Así, Humanidades va a significar para nosotros a un tiempo los fenómenos que se investigan y estas mismas investigaciones. Sin duda, es también un equívoco, pero que no estorba mayormente, como no causa daño apreciable que «historia» designe a la vez la historia como *res gestae* y la historia como historiografía.

Al proponer esta modificación en el uso del vocablo «humanidades» nos encontramos en una situación curiosa. Porque, evidentemente, se trata de un neologismo, pero en este caso la nueva dicción tiene el aire de ser más vieja, de más rancio hábito que su valor establecido. Es como si, por vez primera, la palabra Humanidades cobrase su *étymon*, su verdadero, plenario y perenne sentido.

Propósito e invitación

Sin esta aclaración semántica, el título *Instituto de Humanidades* que damos a nuestra organización en proyecto no coincidiría con su propósito. Pero habiéndola hecho, hemos conseguido de paso adelantar en qué consiste éste. Quisiéramos emprender una serie de estudios sobre las más diversas dimensiones en que se desparrama el enorme asunto «vida humana». Para ello buscamos una amplia colaboración. Desde hace mucho tiempo, en las ciencias naturales se trabaja en equipos. Las investigaciones sobre el hecho humano han llegado a un punto que reclama una organización parecida. El tamaño de lo que tal organización supondría, en cuanto a medios y fuerzas vivas, es tal que su más sobrio aforo invita a la renuncia anticipada y a una inmediata parálisis. Por tanto, no se trata aquí de empresa semejante. Mas ¿por qué no intentar un ejemplo, y aun éste en formato minúsculo, de lo que podrían ser esos estudios y esas investigaciones en común? Creemos haber llegado a ciertos puntos de vista y a determinados métodos que permiten renovar en su raíz misma muchas de las tradicionales disciplinas históricas e incoar otras hasta ahora desconocidas. La lingüística, por ejemplo, que es entre todas las Humanidades la ciencia más avanzada y que ha logrado, en efecto, un glorioso, admirable desarrollo, necesita, a nuestro juicio, ser de nuevo cimentada y fertilizada mediante dos ciencias funcionalmente anteriores a ella. Una es la *Teoría de la lengua* que estudia a ésta en un estrato previo al atendido por la cuestionable *Lingüística general*. Fuera de España se ha hecho ya algún ensayo de *Teoría de la lengua*. Pero ésta, a su vez, demanda una investigación más radical y previa a ella, de que no existe el menor asomo ni dentro ni fuera de España. Es el estudio que llamamos *Teoría del decir*, donde el fenómeno del habla es sorprendido verdaderamente en su *status nascens* y hace ver la palabra como lo que, en efecto es, a saber: nunca «mera palabra» y sin consecuencias, siempre acción grave del hombre en su vida y uno de los lados más dramáticos de su destino.

Cosa pareja acontece con la filología y especialmente con la filología clásica, torso de las antiguas «Humanidades» que tan magnífica expansión gozó en el siglo pasado y hoy yace inerte, prisionera en un callejón sin salida. Es preciso instaurar los principios de una nueva filología que obligue a los textos a decir mucho más y más rigorosamente controlable de lo que han hecho hasta ahora. Esto nos arrastra a la forzosidad de construir en forma por completo distinta de la usada la historia literaria y, en general, la historia de las demás artes y de las ideas.

En nuestra perspectiva, la *Etnología* asciende a un rango que hasta la fecha no se le había reconocido. Verdad es que se trata de una Etnología responsable, que se exige mucho a sí misma y deja de ser, como hasta aquí fue, la «casa de fieras» en la ciudad de las Humanidades. Es necesario mostrar que también los salvajes «tienen razón» para poder presumir de tener alguna nosotros.

La base de todo ello es la *Historiología*, disciplina que nunca ha sido acometida en serio, dando lugar a que los libros de historia, cualesquiera sean sus virtudes y méritos singulares, contengan materia tan vagarosa y sin compromiso y hablen del pasado como de algo ajeno a nosotros, siendo así que constituye nuestros propios entresijos. *La historia tiene que tener razón*, es razón narrativa, una narración que explica o una explicación que consiste en narrar. Es inadmisible la conducta habitual de la historia que se fatiga en probar, a veces con una superflua ostentación de rigor, los datos que maneja pero no prueba lo que ella dice sobre esos datos y aun rehuye plantearse las cuestiones de realidad humana que anuncian, con lo cual resulta que siendo los libros de historia los más fáciles de leer son los menos inteligibles. No se hace nada con decir que pasó esto y esto y aquello, porque entonces nos quedamos sin saber qué es esto y qué es aquello y nos encontramos simplemente ante palabras sin sentido propio. Si se nos cuenta sólo que César «pasó el Rubicón», nos quedamos *in albis*, porque es una expresión infinitamente equívoca. Innumerables individuos humanos han pasado y siguen pasando el Rubicón y en cada uno de los casos la frase enuncia una realidad humana distinta. Sería menester explicar bien el valor que ello tiene en el caso de César, pero acontece que a pesar de ser uno de los hechos sobre que más se ha escrito, continúa sin esclarecer suficientemente, y como es el acto en que comienza todo el resto de la historia romana, sigue este resto —que es, nada menos, el Imperio Romano— siéndonos un enigma. En aquel acto se atascó Mommsen y en él seguimos atascados. Si aquello hubiera sido elucidado se volverían, sin más, transparentes muchas cosas que hoy acaecen. Es preciso que la historia, al menos en principio, se comprometa consigo misma a «explicar todo», a «dar la razón» y exhibir el porqué, un porqué ciertamente muy distinto del porqué determinista que impera en las ciencias naturales. Nos irrita leer al irritado Tácito porque pretende ofrecernos espectáculos atroces; pero como no los explica, como no los hace «verosímiles», quedan fuera de nosotros sin lograr sernos efectivamente atroces. Hay que iluminar por dentro la atrocidad antigua si se aspira a estremecernos hoy y gracias a ello precavernos frente a atrocidades inminentes. O cambiando de humor, murmuremos que la historia futura deberá decir a la usada lo que el miembro de aquel tribunal en una Academia de Caballería decía a un examinando: «¡Eh!..., ¡que aquí se explica todo! ¡No es como en Infantería!»

En cuanto a la *Economía*, bien se manifiesta que anda menesterosa de refundición en un sentido bastante próximo al literal. Originada en el siglo XVIII, sazón de pensamiento abstracto y formalista, sigue siendo un cuerpo de doctrina ajeno a espacio y tiempo, y su rigidez geométrica ha hecho de ella un petrefacto. En su preámbulo dice de sí misma que es una ciencia social, pero al abrirla no encontramos por ninguna parte sus presuntas vísceras sociológicas. Las promete y se olvida de ellas. Se impone el ensayo de hacer efectivo su carácter de ciencia social, y como lo social es histórico, de volverla a fundir en el crisol de la historia para que de rígida se torne teoría flúida, dinámica, que acompaña al hombre en sus inevitables mudanzas sin perder por ello su misión normativa, es decir, descubrirnos qué es lo económico en cada situación económica.

Cortemos aquí esta serie de sugestiones puesto que se trata únicamente de insinuar las nuevas y fecundas posibilidades que atisbamos aun en el caso de disciplinas tan conocidas y tradicionales como las citadas. Tenemos un programa ideal de lo que pudiera ser el *Instituto de Humanidades*. En él, junto a las ciencias fundamentales, que no queremos especificar aquí porque sus nombres parecerían abstrusos o desviadores y al lado de los grandes estudios sobre el pasado, habría la sección de investigaciones metódicas sobre el presente hasta el día, la información sobre el mundo humano en la actualidad, «observación masiva» sobre las gentes de nuestro país, donde podrían hallar sugestiva tarea numerosos equipos de jóvenes, etcétera, etcétera.

Pero más vale no hablar aquí de ese programa imaginario, ya que su ejecución queda hoy fuera de toda probabilidad. Por el contrario, nos importa insistir en que lo que ahora intentamos es cosa de mínima cuantía y no más que un ensayo de ensayo. Por un lado, necesitamos probarnos a nosotros mismos cuáles son nuestras efectivas fuerzas, y por otro es preciso ver si realmente existen personas que deseen colaborar con nosotros. En cuanto a nosotros, protestamos anticipadamente si se quiere confundir la declaración de que entrevemos todas esas nuevas sabidurías posibles con la pretensión de poseerlas. Si así fuera no necesitaríamos de los demás. En verdad, nuestra relación con todo ese saber se reduce más bien al apetito.

Por lo que hace a eventuales colaboraciones la cosa es más problemática. Porque un conglomerado de causas trae consigo que el cuerpo colectivo de cada país, por ejemplo, el nuestro, se haya vuelto sobremanera opaco. Su intransparencia no permite conjeturar lo que de verdad hay dentro de él. Precisamente porque los gestos colectivos se acusan tanto no dejan ver a su través cómo son los individuos, las personas, qué piensan, qué sienten, qué les falta, qué les sobra. Dada la apariencia de las cosas y si fuésemos de talante pesimista, comenzaríamos por creer que lo que les sobra es justamente verse incomodados con invitaciones como la presente a un entusiasta esfuerzo intelectual. Mas nuestra pronta disposición a aceptar que sea así, nos echa

a la espalda el pesimismo dejándonos con la sobrada serenidad para preguntarnos si, a pesar de todo, no habrá
quienes experimenten vocación parecida a la nuestra. Sí, ya
sabemos que el ambiente es de pesadilla y que en discursos,
periódicos y tertulias se habla, como hace justo mil años,
del próximo «fin del mundo» y de la civilización. Pero, no
obstante, acaso haya también algunas personas que están ha-
bituadas a admitir esa eventualidad por pensar, como nosotros, que el «mundo» y la civilización, ni más ni menos que
ahora, han estado y están siempre prestos para acabar, según
corresponde a cuanto es contingente. Siempre la humanidad
ha «vivido sobre un volcán». El planeta es, en efecto, un volcán y lo sorprendente es que hasta ahora se haya compor-
tado con tan mesurada eruptividad. La civilización es una
telaraña y pasma que sus tenues filamentos no se hayan
quebrado muchas veces, cada cuatro o cinco generaciones. La
vida humana es íntegramente peligro, y por lo mismo es íntegramente responsabilidad. No hay, pues, ahora razón especial ni bastante para acoquinarse y suspender el deporte
más constitutivo del hombre, que es teorizar.

Colaboradores, oyentes, público

No nos dirigimos al público, no lo buscamos. Se trata de
formar un grupo de colaboración completamente privada,
que no pretende ejercer la menor influencia sobre la
vida nacional ni practicar proselitismo, y si imprimimos y
repartimos este prospecto es porque no hallamos otro
modo de poder llegar a las contadas personas que, desconocidas de nosotros e ignorándose mutuamente, pueden

interesarse en trabajar juntos sobre estas cuestiones y con los mismos métodos.

La mayor parte de los temas en que vamos a ocuparnos, por su propio carácter, excluyen automáticamente las grandes audiencias. Invitamos a unos cuantos para trabajar en un rincón.

Mas, por otra parte, quisiéramos evitar a nuestro ajetreo toda facción propia de las sociedades secretas que son características de dos momentos en la vida de un pueblo: aparecen en cierto estadio de su etapa primitiva, por tanto, en la hora de su formación, y reaparecen en la hora confusa de su disolución. De aquí que si bien no nos dirigimos al público ni lo buscamos, tampoco lo rechazamos amaneradamente. La investigación, la ciencia, el conocer o como se le quiera llamar —también para esta noción falta en el léxico palabra decente—, procede atravesando fases muy distintas. Una de esas fases consiste en labores radicalmente incompatibles con toda publicidad, más aún, que sólo pueden ser cumplidas en la más rigorosa soledad de la persona. Hay otra en que la gestación científica no sólo tolera sino que exige el confronte de lo que cada cual cree haber hallado, de las dificultades con que tropieza, de los complementos que necesita con el sentir de otros cofrades sumergidos en el estudio del mismo tema u otros afines. Es la oportunidad del coloquio y la discusión. Ha sido un error en los tiempos modernos no dar la debida importancia a este aspecto de la colaboración que se verifica en forma de diálogo o disputa, máxime si, como parece, cada día será más ineludible trabajar en equipo. En esta fase la investigación, emergiendo del arcano personal donde se inicia, se hace ya visible. ¿Por qué, entonces, no dejarla ver a quienes no se sienten capaces o deseosos de colaborar, pero sí de interesarse en la faena? Es el momento en que el esfuerzo mental no ha llegado todavía a ser obra, es decir, resultado firme, meta lograda, doctrina formal. Es aún la inteligencia en movimiento que vislumbra, analiza, busca, ensaya, que tropieza con la arista de la objeción y se hiere la frente, que se corrige e integra con lo descubierto por otro, que pasa por instantes de ceguera y terco aferramiento a un error, que despierta a nuevas luces, que se pierde una y otra vez en sus propios afanes y desespera y resucita; en suma, el drama mismo del pensar, una de las escenas más maravillosas que existen. ¿Por qué no hacer de ello, para un círculo no muy numeroso de oyentes, espectáculo que compense un poco el multitudinario de los partidos de fútbol? El *Instituto* no tiene designio docente. No se propone enseñar sino aprender —aprender lo que no se enseña porque nadie lo sabe aún. Pero no cabe duda que si logra existir y funcionar, esta porción del trabajo hecha a la vista de una discreta asistencia tiene más valor didáctico que cualquiera escuela. Nada hay como la presencia del pensamiento mismo haciéndose para suscitar vocaciones, alertar las cabezas y hacerlas sacudir la chabacanería intelectual que hoy las corrompe.

Por estas razones, junto al grupo de los colaboradores, instituimos en nuestra organización un cuerpo de oyentes y lo consideramos órgano de suma importancia en la convivencia de nuevo sesgo que aspira a ser el *Instituto*. Creemos así poder servir a muchos de algo, y ellos, recíprocamente, nos son menester como una cálida atmósfera humana que nos acompañe, nos abrigue y nos presione. Esto nos ayudará a huir de las dos cosas que menos quisiéramos ser: herméticos y mandarines.

Pero hay más: como todos nuestros temas son variaciones del tema general «vida humana» y éste posee un *sex-appeal* formidable, pudiera acontecer que alguno de nuestros cursos despertara interés —o la forma deficiente del interés que es la curiosidad— en un número bastante crecido de personas. Tal probabilidad, cualquiera que sea su grado, nos preocupa de antemano en esta hora de proyectar nuestros trabajos e invitar a otros para una privada colaboración. Pues el hecho significaría vernos consignados a topar con el público, que es precisamente a quien no nos dirigimos. ¿Qué hacer en caso semejante? ¿Tiene sentido que nos neguemos a ser oídos, pedantemente desdeñosos de ese eventual público? No confundamos las cosas. No desdeñamos al público, lo que sería una actitud estúpida. Lo que hacemos es no contar con él, porque, queramos o no, ya lo hemos dicho, la mayor parte de nuestras labores excluye su participación, y además porque no se le puede pedir ni constancia ni dedicación. Lo que haremos, si esa anormal abundancia de oyentes afluyese a algún curso, sería trasladar éste a un local de ocasión, suficientemente amplio, fuera de nuestro domicilio en *Aula Nueva*, que es una habitación de menor burguesía con espacios de exigua capacidad. Pero ha de entenderse que ese traslado a un auditorio mayor representa sólo una extrapolación en la conducta normal de nuestro Instituto.

Impecuniosidad del Instituto

En fin, aunque faltasen estas razones para no reducir nuestra convivencia a los colaboradores en los estudios y ampliarla a un contorno de oyentes no tendríamos más remedio que hacerlo por una consideración que queremos declarar de la manera más taxativa. El Instituto de Humanidades tiene que sostenerse con las matrículas de los oyentes a sus cursos y coloquios-discusiones. La cosa no admite escape porque el Instituto carece en absoluto de medios económicos. Nosotros mismos no los tenemos propios y nos faltan los ajenos. Con ser todo aventurado en nuestra iniciativa, el punto más problemático de ella es, como suele en España, el factor crematístico. De suerte que encima de ser tan dudosa la existencia de sincero interés por este género de trabajos, tenemos que empezar pidiendo sacrificios.

BAJO EL SIGNO DE LA CALMA

Cuando en tiempos recientes se hizo por vez primera con energía y perentoriedad, la pregunta: ¿Qué es el hombre?, se descubrió muy pronto que *no era nada de* lo que hasta ahora se había presumido. La consecuencia de este descubrimiento debió ser la admisión de que no sabemos lo que es el hombre y un animoso empeño en ir averiguándolo. Pero el tipo de hombre que hoy predomina está poseído por la básica creencia de que él lo sabe ya todo —es, por definición, no «el hombre de la calle», sino el hombre «al cabo de la calle», el hombre que no sabe no saber—, el fanático. De aquí que en su mente la averiguación de que *el hombre no era nada de* lo que se había creído hasta ahora se transubstanció, sin más, en la firme doctrina de que *el hombre no es nada*, y se desembocó con velocidad inoportuna, con injustificado atropellamiento, en un nihilismo tan radical como arbitrario. Frente a ello el *Instituto de Huma-*

nidades siente el orgullo de su propia ignorancia, la cual es incuestionable privilegio del hombre y máximo aperitivo que nos mueve a emprender una serie de esfuerzos en común para intentar ir respondiendo a aquella desesperada pregunta. Y todo ello con calma jovial —un temple tan «existencial» como puedan serlo iracundias, acedías y angustias, sobre tener la ventaja —diría un «humanista»— de ponernos bajo la protección directa de Jove, ya que de él procede la jovialidad. Esta calma humana lleva signo contrario a la que suele atribuirse al bovino, la cual, si nos arrojamos a afirmar que el animal la siente, sería un sosiego regalado, hecho de insensibilidad para el peligro. Mas la calma del hombre es la que él mismo briosamente se crea en medio de la congoja y del apuro, cuando al sentirse perdido grita a los demás o a sí mismo: ¡Calma! No parece asentarse en fundamento bastante la calidad privilegiada que algunos pensadores de hoy quieren conceder a las «situaciones extremas», rehabilitando cierto romántico frenesí de Kierkegaard. No es en la «angustia» sino en esa «calma» que la supera y pone en ella orden, donde el hombre puede verdaderamente tomar posesión de su vida y, en efecto, «existir»: en ella propiamente se humaniza. Lo único que hay que decir contra la calma es lo mismo que hay que decir contra la angustia y contra toda otra emoción pura en que el hombre quiera radicar su existencia: que cada cual lleva en sí el germen de una viciosidad particular. Todo temple humano puede «ser en forma» o en modo deficiente. Así, la calma puede degenerar en cotidianeidad, mera adaptación y conformismo, como la angustia, degradada en manía o pavor, frenetiza y envilece al hombre.

Firmado José Ortega y Gasset y Julián Marías, 1948

[Boletín número uno del Instituto de Humanidades]

En el prospecto donde exponemos la idea de un *Instituto de Humanidades* aludimos a nuestro propósito de que su organización llegue a constituir una nueva forma de convivencia intelectual que permita y fomente la participación vivaz de muchas personas en el cultivo de las ciencias de lo humano. A este fin, no nos contentamos con los tres modos de actuación que el prospecto designa: cursos, investigaciones y coloquios entre los colaboradores con la asistencia de oyentes. Quisiéramos hacer más intensa y más íntima la relación entre todos los que deseen participar en nuestro círculo de convivencia y uno de los modos de intentar esto es que con frecuencia nos dirijamos a ellos en breves escritos, comunicándoles aclaraciones sobre el sentido de nuestros trabajos, anunciándoles tareas futuras, incitándoles a interesarse en ciertos temas que por serles desconocidos o inhabituales pueden parecerles abstrusos, cuando son apasionantes, dándoles noticia expositiva de libros, doctrinas y acontecimientos científicos. Viceversa, desearíamos, en respuesta a estas misivas nuestras, recibir de ellos observaciones, preguntas, objeciones, críticas, petición de consejos para el estudio, etcétera. Nosotros procuraremos con la mejor voluntad y sin ahorrar esfuerzo contestar de modo satisfactorio a estas indicaciones que nos lleguen.

En cumplimiento de este programa, inauguramos con las presentes páginas la serie de nuestras sencillas comunicaciones. En ellas desarrollamos con mayor amplitud que la oportuna en el prospecto, el sentido que para nosotros tiene la institución de lo que hemos llamado «coloquios-discusiones». De cuanto hemos propuesto son estas reuniones de nuevo estilo lo que consideramos, si se logra su ejercicio, de mayor eficacia, tanto para los interlocutores que en ellos actúen como para los oyentes que a ellos acudan.

* * *

El proyecto de realizar coloquios-discusiones se inspira en dos intenciones, una interna al trabajo científico mismo, otra externa, que se refiere al destino social de ese trabajo.

La razón interna es la siguiente.

La ciencia en su desarrollo obliga inexorablemente al especialismo, es decir, que *sólo es hoy hombre de ciencia el especialista*. Esto es así sin que quepa sofisticar ni atenuar su fatalidad. Pero no confundamos las cosas: de que el hombre de ciencia tenga que hacerse especialista no se sigue ni va implicado que la ciencia, ella, sea «especialista». Como esto es también firme —según veremos enseguida—, resulta que el hombre de ciencia vive su ineludible sino de especialista con un fondo turbio de conciencia. Me refiero a que todo hombre de ciencia se da cuenta, como no puede menos, de que en su especialidad intervienen otras. No hay ninguna ciencia que no esté mediatizada por otras. Ahora bien, el especialista, como tal, ignora esas otras ciencias que se entreveran con la suya y acepta una lamentable dualidad o interna contradicción en su trabajo, a saber: se acostumbra a ser muy meticuloso en lo especial de su especialidad, pero, a la vez, como no tiene más remedio que usar conceptos, supuestos y principios de otras especialidades, renuncia a manejarlos con responsabilidad y rigor y opta por acogerse en esos temas a los más ramplones «lugares comunes». Por ejemplo: el que se ocupa de historia de España se ocupa, claro está, de la sociedad, colectividad o nación española, pero suele tener de lo que es «sociedad», «colectividad», «nación», ideas aproximadamente iguales a las que posee su portero o el conserje de la Academia. Mas pensar que quepa hacer nada remotamente parecido a una «historia» sin disponer de nociones muy claras sobre esas cosas y otras muchas con ellas trabadas es completamente vano. De ello se da cuenta el historiador al uso, pero lo calla, y este es el fondo turbio de conciencia a que antes aludí.

La expresión adecuada para tal situación es simplemente ésta: que el saber de todo hombre de ciencia está constitutivamente mechado de ignorancias. ¿Por qué no se han de hacer constar éstas? ¿Por qué no mostrarlas? Si se hiciese así, se habría convertido en institución científica imprescindible la colaboración de los hombres de una ciencia con los hombres de otras que ignoran aquélla, lo mismo que aquéllos ignoran éstas. De ese modo, el saber del uno se articularía en el hueco que es la ignorancia del otro, con lo cual se obtendría un saber compacto, sin agujeros, lo menos queso de Gruyère posible. Así quedaría subsanada la contradicción antes dicha: que el hombre de ciencia es, por fuerza, especialista, pero la ciencia, ni a la fuerza, lo es.

Cuando en el prospecto hemos insinuado que en nuestro *Instituto* se va a dar un valor positivo no sólo a los saberes sino también a las ignorancias, apuntábamos a esto y nuestra sugestión tenía un carácter formal y sustantivo, con bastante recámara.

La ciencia arrastra en Occidente una historia demasiado vieja para no ser ridículo que los hombres de ciencia actuales se comporten como «nuevos ricos» del saber. Es, en efecto, ridículo que no resulte constantemente paladino y como cosa que va de suyo, la evidencia de que todo saber particular se apoya en ignorancias y va llevado, por decirlo así, en brazos de éstas. De aquí que en el *Instituto* debamos resolvernos a ostentar igualmente y con la misma satisfacción lo que cada cual sabe y lo que cada cual ignora. Esperamos poco de los eternos marisabidillos y menos, claro está, de los marisabidones. Pongamos un ejemplo. El tema de cariz más especial entre los anunciados para este primer curso es el titulado *Las Nubes* de Aristófanes y Sócrates. Pues bien, sería una tontería suponer que en ese tema es a los helenistas a quienes corresponde principalmente la palabra. La historia de su tratamiento demostrará precisamente que los helenistas —y señalo a los grandes— apenas si han dicho sobre el asunto más que inepcias y si alguna luz cabe sobre él —cosa nada segura— es más probable que venga de gentes que no saben griego y han tenido que leer en traducciones a Aristófanes, Platón, Jenofonte y demás doxografía y biografía socráticas. Pero una vez dicho esto no se vaya a tergiversar como si hubiésemos declarado que en el estudio de esta cuestión huelgan los helenistas, cuando se trata precisamente de hacer constar la necesidad mutua que unos de otros tienen los especialismos.

Si se quiere que las disciplinas de Humanidades vuelvan a cobrar su auténtico vigor es preciso intentar la reintegración de la ciencia en su unidad orgánica, procurando compensar por todos los medios posibles su dispersión especialista que es, por otra parte, ineludible. Nuestros coloquios-discusiones pueden ser la expresión corpórea, más aún, personalizada de la confluencia de disciplinas diversas en el estudio integral de un tema. La confianza que tengo en la fertilidad de este procedimiento voy a demostrarla andando, porque me propongo intervenir en los cuatro coloquios anunciados. Ahora bien, me interesa que conste lo siguiente. Yo he elegido libérrimamente esos cuatro asuntos y los he elegido precisamente porque se refieren a disciplinas en que soy gran ignorante. Digamos, para que la verdad quede más estricta, que sólo en la cuestión Aristófanes-Sócrates puedo entrar con algún saber propio, pero aun [en] este caso se trata de un saber muy parcial, porque versa no más que sobre uno de los factores —Sócrates. Sin empacho alguno voy, pues, a hacer gran ostentación de mis desconocimientos. Esto, en primer lugar, declara que la ética de nuestros coloquios no permite a nadie buscar el lucimiento de su persona y mucho menos esforzarse y complacerse en quedar encima del prójimo. Ambas cosas no sólo estarían fuera de lugar, sino que son sustancialmente extemporáneas. Es un error creer que las pasiones son modos permanentes del hombre a lo largo de toda su historia y que, por tanto, no están, como lo están las demás cosas humanas, condenadas a tener su tiempo y su destiempo. La vanidad de saber y, más en general aún, la vanidad intelectual es hoy una actitud formalmente anacrónica. La situación a que ha llegado el hombre en el presente la hace imposible en cuanto pasión normal. Las razones son muchas, pero ahora que rozamos la cuestión sólo de paso, importa destacar tres. Primera: en el ámbito vivaz de todos los pueblos predominan hoy de manera casi exclusiva los intereses de las masas —pertenezcan éstas a una clase social o a otra. No queda, pues, atención pública vacante para contemplar a los intelectuales, valorarlos conforme a una jerarquía de méritos y aplaudir sus actuaciones. Segunda, menos externa que la anterior: el saber mismo, la función intelectual misma ha dejado de ser, como fue hasta hace poco, una *performance*, un ejercicio de destreza y virtuosismo frente al cual sólo quedaba a las gentes el papel de espectadores encargados de presenciar la acrobacia, de admirar y ovacionar a sus autores. Nuestro Occidente ha padecido siempre este vicioso destino merced al cual el meollo de su cultura quedaba fuera de la vida normal y colectiva, como algo aparte y de excepción que sólo unos pocos poseían y ejercitaban, que los demás no entendían pero necesitaban venerar a crédito. Esto daba al saber y a la inteligencia el aspecto de que fuesen *mester de juglaría*[1]. Hoy, por fortuna, las cosas han variado. La mengua de la atención pública para el juglar de la

---

1. La última generación en que esto plenamente acontecía es la de Unamuno y Bernard Shaw, pues ambos pertenecen a la misma. De aquí que en su magnífica gesticulación, referida constantemente a un público de espectadores, nos aparezcan como grandes «excéntricos musicales» del pensamiento, el saber y las letras. Nótese que este diagnóstico no envuelve censura alguna. Ellos cumplieron su destino siendo así, como nosotros fallaríamos el nuestro intentando repetir aquel «número».

ciencia y el ingenio, empalmando con la evolución interior del pensamiento mismo, ha dado lugar a que la función intelectual se considere como una dimensión tan natural de la vida humana que no tiene sentido hacer ante ella aspavientos ni de pasmo en el público ni de presuntuosidad en el actor. Saber, tener ideas, urdir poemas, escribir novelundios son hoy cosas «que van de suyo» como trabajar en la fábrica, vender en el mostrador o viajar en el autobús. Por fin —y ya era hora—, ser intelectual no es ser nada de particular. Hoy, en efecto, es todo el mundo un tanto o un cuanto intelectual[1]. La tercera razón es la más íntima, pero sólo hay aquí espacio para sugerirla. No era verosímil que habiendo desembocado la vida humana en una situación tan crítica como la presente sólo las ciencias y la función intelectual gozasen de un temple tranquilo y satisfactorio. Repárese en que a tan grave situación se ha venido porque las bases mismas, los principios últimos de la vida colectiva se hicieron cuestionables y fueron cuestionados. Como las cosas lanzadas a la discusión y a la disensión eran las extremas, fue inevitable que, por lo pronto, surgiesen movimientos extremistas. Algunos fingen creer que esas cosas

---

1. Nada tiene que ver con este hecho la cuantía absoluta de interés por los temas intelectuales que exista hoy en cada país y aun en su conjunto. No es cuestión de la cantidad, sino de la forma que adopte el interés, y esta forma se caracteriza hoy por la naturalidad y la generalidad con que se presenta la «actitud» intelectual. Cuando ahora un obrero, aunque no sea marxista, nos lee, no se comporta pasivamente como mero lector, sino que, desde luego, toma postura de émulo porque él también «tiene sus ideas» frente o junto a las nuestras. Esto podrá en su detalle dar ocasión a algunos efectos cómicos, pero, como fenómeno general, me parece admirable, y si los intelectuales de profesión no saben aprovecharlo demostrarán ser unos imbéciles.

tan básicas y primordiales no debieron nunca ponerse en cuestión y que si se ha hecho fue por culpa y pecado de determinadas gentes, consecuentemente responsables de la catástrofe. Si así fuera, la situación carecería de gravedad o, tal vez mejor dicho, su gravedad sería superficial. Pero ellos saben muy bien que a su creencia le falta la radical sinceridad. Si reconocían —como la verdad reclama— que la quiebra y volatilización de aquellos principios básicos no es criminal faena de nadie determinado y responsable, sino coyuntura a que tenía que llegar por sí mismo el proceso histórico de nuestra civilización, precisamente por el lado que de inexorable tiene, se hubieran visto forzados a contemplar sin atenuaciones la gravedad profunda, sustancial de la situación presente. La simple sospecha de tener que soportar tan terrible visión les hizo comenzar por cegarse para ella y ese terror anticipado se originaba, a su vez, en que de antemano se sentían incapaces de resolver problema tan tremendo como éste: un mundo al que se le han roto los principios. De modo que, paradójicamente, su fingido diagnóstico relativamente optimista procedía de un efectivo y radical pesimismo. Porque les falta fe en la posibilidad de curar el mal si éste es tan grave, prefieren suponer que es menor, en tanto que nosotros, más confiados en su posible curación, quedamos en franquía para representarnos su abismática profundidad.

[Apuntes para una Escuela de Humanidades en Estados Unidos]

1.º ¿Qué número de estudiantes consideran ustedes posible y conveniente reunir allí?

2.º ¿Qué estudios *previos* se supone que traen?

3.º ¿A qué clases económicas pertenecen en su mayor parte?

4.º ¿Se piensa en estudiantes de Colorado y Estados próximos o de todo el país?

5.º ¿Admite usted la posibilidad de que ni siquiera conceda grados? ¿Qué otro aliciente y finalidad suponen ustedes que puede atraer a Aspen a esos estudiantes?

Como detesto pensar cosas vagas, necesito el conocimiento de esos datos para formalizar mi opinión.

Entre tanto que recibo esos datos voy rápidamente a exponerle cuáles eran mis ideas cuando, hallándome aún en Aspen, prometí a usted enviarle un programa de lo que en el futuro me parecía que podía hacerse educacionalmente en Aspen. Perdóneme que no lo haya hecho antes pero le ruego tener en cuenta que he vuelto de mi intensísimo viaje por Alemania —he tenido que hablar sobre Goethe en Hamburgo, en Stuttgart y sobre más graves cosas en la nueva Universidad de Berlín— a mediados de septiembre. Traía muchos compromisos urgentes de trabajo para Alemania, además tuve que ponerme a preparar el segundo año de mi *Instituto de Humanidades* que comienza dentro de dos días con un largo curso mío bajo el título *Man and People* (estudio a fondo del hecho social, es decir, de los fenómenos más elementales y más fundamentales de la realidad *society*), más toda otra serie de cursos y coloquios en que necesito intervenir personalmente.

Como me entrego totalmente a aquello que vivo —es la única técnica que existe para hacer las cosas bien y para ser uno mismo plenamente—, me entregué totalmente, durante aquellas dos maravillosas semanas, a Aspen, es decir, que absorbí hasta la médula de mi persona aquel contorno. Esto hizo que entrasen en mí muchas cosas y que reaccionase a ellas. De aquí que entre muchos otros temas, encontrase un día inmediatamente ante mí, de golpe y juntas, las ideas que someramente paso a exponerle.

La palabra «universidad» lleva una significación nuclear: estudios superiores, *Hochschule*. Pero unidas a esa significación nuclear lleva (en todas partes, pero ahora me refiero sólo a los Estados Unidos) muchas otras connotaciones. Cuando intento transportar a su proyecto de Aspen la palabra «universidad», esas connotaciones me lo impiden. En cambio veo ante mi imaginación vía libre si prescindo de esa palabra conservando de ella su significación nuclear: Estudios y educación superiores. Una vez que partiendo de esta idea consigamos precisar la *nueva* empresa, tal vez no haya inconveniente y hasta sea recomendable que volvamos a usar la palabra como nombre de la *novísima* institución.

Puestas así las cosas yo veo en la iniciativa de ustedes una magnífica posibilidad para crear algo completamente nuevo, necesario hoy en América y que, poco a poco, puede atraer hacia sí, tanto en estudiantes como profesores, algunas de las mejores fuerzas intelectuales de ese país.

Al prescindir del vocablo «universidad» nos hemos liberado de los compromisos —pavorosos por su variedad y cantidad— que el término implica, y podemos dibujar una figura de «escuela superior» *muy reducida de enseñanzas* pero sumamente densa de eficacia educativa y de un *estilo pedagógico, por tanto, humano* superlativamente acusado, claro, *seductor* y con enorme poder de succión sobre la mejor conciencia americana.

Sería lo siguiente:

1.º Se crea una Escuela Superior de estudios de Humanidades. Por humanidades entiendo no sólo las tradicionales —que se resumen en el estudio de Grecia y Roma— sino todas las disciplinas que estudian el hecho específicamente humano, incluso —y aun muy principalmente— sus problemas más actuales.

Razones que invitan a intentarlo: en América hay un desequilibrio extremo a favor de la educación naturalística (= no humanística), física, biológica y técnica. Se trataría, pues, de *concentrarse* en los temas de cultura deficientemente atendidos en la mentalidad americana. Nótese que aun en Europa sentimos la necesidad de atender *más* y en *nuevos modos* a los problemas del hecho «Hombre». De aquí, entre otros muchos otros síntomas, la fundación de mi *Instituto de Humanidades*.

2.º La Escuela Superior de Humanidades no sería —al menos por ahora— un centro de «investigaciones» sino un ensayo de ciencia *sintética*. En mi *Misión de la Universidad* postulo la urgente necesidad de crear la ciencia de las síntesis, quiero decir, un tipo de labor intelectual científica que se *especializa* en crear «cuerpos sintéticos de doctrina» en todas las disciplinas para hacer posible la *educación en una síntesis total* de la vida humana.

3.º Consecuencia de 1 y 2 es que la nueva Escuela presentaría un cuadro de disciplinas muy reducido. Las ciencias físicas y biológicas se contraerían a una sola disciplina. Esto no es utópico. Si ustedes van hoy a Alemania y preguntan qué figuras intelectuales son las más salientes, oirán que les dicen: véase Weizsäcker y Jordan. Ahora bien, los libros más recientes y característicos de ambos son:

Jordan: *Die Physik und das Geheimnis des organischen Lebens. Physik im Vordringen.*

Weizsäcker: *Die Geschichte der Natur.*

Pues bien, esos libros son literalmente esa *única* disciplina concentradora de todas las físicas y biológicas.

Las demás disciplinas *sensu stricto* humanísticas pueden verlas indicadas o sugeridas en mi *Misión de la Universidad*. A las allí expresas, que son sólo las fundamentales, habría que añadir otras hasta contar en total unas quince o veinte.

A este cuadro de disciplinas constitutivas, hay que agregar *breves y eficaces enseñanzas menores, de carácter instrumental* en la medida en que concretamente las necesiten tales o cuales estudiantes. Por ejemplo, soltarles un poco más en latín, griego y algún otro idioma; lo esencial y claro de la ciencia económica incluso la historia económica, etcétera... Estas enseñanzas menores podrían darlas, como complemento de su trabajo, los mismos profesores que expongan las *grandes disciplinas constitutivas*.

4.º La enseñanza sintética se haría a base de *una biblioteca con muy pocos volúmenes* pero genialmente escogidos. Su escasez no tendría un sentido de privación, de defecto sino, al revés, positivo y premeditado. Pues se trataría de enseñar a leer, esto es, a *absorber de verdad* un libro importante. Por tanto, aplicando también a la lectura los principios de concentración o condensación y de síntesis. Se trata de ensayar una educación y una cultura que sean puro nervio, sin tejido adiposo y exuberancias linfáticas.

Hasta aquí he hablado sólo del lado propiamente *docente*. Ahora comienzo con el lado propiamente *educativo*. Y también en él es posible, deseable y urgente proceder al ensayo de ciertas novedades.

El arte de vivir consiste en aprovechar toda circunstancia, incluso la que parece negativa, para obtener de ella un rendimiento óptimo. Intentémoslo en este caso.

El hecho de que la nueva Escuela hubiera de instalarse en Aspen, lejos de toda gran ciudad, en un contorno geográfico exaltador por su belleza —lo que se llama en historia de la pintura *Heroische Landschaft*— pero con dos estaciones de clima contrapuesto —delicioso en verano y áspero el resto del año—, invita a que se ensaye un *estilo* educacional del carácter que no sólo es nuevo sino necesario como *un fermento parcial* en la vida del país.

Mi idea es ésta:

La técnica industrial de Estados Unidos ha inundado el mercado de maravillosos objetos. Merced a ellos el *confort* de la existencia americana es elevadísimo. Pues bien, tengo la impresión de que el hombre americano *padece* un exceso de confort. ¿No es arbitrario decir esto? ¿Cabe hablar de un *confort excesivo*? ¿No es deseable, más aún, *esencial*, que el confort humano sea ilimitado precisamente para que nada material le sea dificultad y pueda precisamente *vacar a ser hombre*? Sin duda. ¿Cómo puede entonces haber una unidad de medida que permita calificar de excesivo un determinado nivel de confort?

A mi juicio esta unidad de medida existe y nos es manifiesta en el principio mismo que nos hace desear y fomentar el confort. Dije que éste es deseable y esencial para que el individuo humano, libre de estorbos materiales, pueda *vacar a ser hombre*, es decir, a vivir con intensidad su íntima persona y entregarse de lleno a pensar, imaginar, querer, sentir. El hombre es «interioridad». Pues bien, podremos decir de una dosis de confort que es excesiva siempre que no produzca este efecto y el hombre se entregue a él en vez de entregarse a sí mismo. Ahora creo poder ser entendido si digo que, a mi juicio, el hombre americano *maneja demasiados objetos*. El ámbito de su vida personal está demasiado ocupado por utensilios, trebejos. He tenido la impresión durante mi viaje de que el hombre americano corre el riesgo de *perderse en los objetos*, de vivir *de* objetos y *en* objetos. Pues no se trata sólo de su manejo, de ocuparse con ellos, sino de preocuparse excesivamente de ellos, desearlos, ilusionarse con ellos, obsesionarse con su producción y su adquisición, sacrificar a estas dos cosas demasiado de sí mismo, de su ilusión, de su imaginación, de su atención, de su energía. Si este temor que expreso tuviera algún viso de verdad nos hallaríamos ante un caso de confort *excesivo* frente al cual conviene reobrar.

5.º De aquí que en mi opinión la educación de la nueva Escuela Superior debe ser *estilizada* con el carácter de in-confortable. Los estudiantes llevarían una vida sumamente sobria en todos sentidos. Gozarán de muy pocas comodidades —siempre que la incomodidad no pueda producir mengua de su capacidad de trabajo y de su alegría.

La nueva Escuela, que será «ática» en su lado docente, será «espartana» en su lado educativo. Mediante ella se logrará *poner de moda* en América, no el prescindir de objetos, pero sí el *poder prescindir alegremente* de ellos.

Pero el carácter «espartano» no se reducirá a eso que he llamado «sobriedad» sino que consistirá en deber los estudiantes ejercitar su resistencia a esfuerzos físicos y a la *continuidad de ciertos esfuerzos*. Pertenecerán al sistema de obligaciones escolares ciertos *trabajos forzados*, no de carácter ornamental, sino útiles *para* Aspen: abrir caminos, construir puentes, disponer jardines, edificar casas y lugares de reunión. En Hamburgo, donde fui a hablar sobre Goethe desde Aspen, el bombardeo destruyó la Universidad. Pues bien, el edificio de ella donde hablé ha sido perfectamente reconstruido, ladrillo sobre ladrillo... por los mismos estudiantes.

Por tanto, el primer principio *educativo* de la Escuela será:

A— El «espartanismo».

Pero la vida americana, por el modo como se ha formado el país, padece un *déficit* de fuerzas *socialmente* aristocráticas. Nótese que digo social y no *políticamente* aristocráticas. A ello obedece que le falte, quiero decir, que posea en dosis insuficiente, una *cualidad característica y esencial en todo pueblo verdaderamente fuerte*, a saber, la elegancia. Se ignora

373

por completo que es un ingrediente y, a la vez, un síntoma de toda vida auténticamente enérgica. El porqué es así no puedo ahora hacerlo ver en pocas palabras, precisamente porque es un asunto muy hondo. Pero me comprometería a hacer en Aspen un curso de seis lecciones que se titularía simplemente así:

Elegancia.

Me atrevo a vaticinar que si lo hago se llevarán ustedes las manos a la cabeza sorprendidos de que no se hayan dicho nunca sobre ese tema cosas tan obvias, tan evidentes y tan *humanamente importantes* como las que yo habría enunciado.

He dicho que educativamente la Escuela promoverá un estilo «espartano» al enseñar y fomentar la sobriedad. Pero Esparta no consistía sólo en sobriedad y cuanto en este concepto he incluido —energía, dureza, continuidad en el esfuerzo, aguante, etcétera...— sino que significaba para todo hombre griego este otro atributo: elegancia. Cuando el griego se representaba la destreza intelectual saltaba en su mente esta palabra: «aticismo»; mas cuando quería representarse la elegancia, la palabra que en su mente saltaba era ésta: «dorismo». Lo elegante en la cultura helénica fue siempre lo *dórico*, Esparta.

Por tanto, el segundo principio educativo deberá ser:

B— La elegancia.

Ésta debe penetrar, informar la vida íntegra del hombre —desde el gesto y el modo de andar, pasando por el modo de vestirse, siguiendo en el modo de usar el lenguaje, de llevar una conversación, de hablar en público, para llegar hasta lo más íntimo de las acciones *morales* e intelectuales. Nuestra manera de reaccionar ante lo que el prójimo nos hace puede ser elegante o inelegante. Apoderarse de las acciones de una gran compañía industrial puede hacerse elegante o inelegantemente. En fin, es bien notorio que de un problema matemático —por ejemplo, el de demostrar un gran teorema— se puede dar una solución «elegante». Quien quiera precisarse a sí mismo cuáles son los rasgos que hacen elegante un razonamiento matemático comprenderá, como iluminado por un relámpago de intelección, *todo* lo que llevo insinuando sobre la *virtud vital humana* llamada «elegancia».

Pero este segundo principio educativo nos lleva por sí mismo a un *tercer* lado de la nueva Escuela.

Dije que el clima de Aspen con su canto y discanto de invierno y estío impone a la vida que allí se lleva dos formas distintas, que se polarizan y complementan en un afortunado ritmo anual. También a esta circunstancia hay que extraerle su *ratio paedagogica*.

Sería deseable que los estudiantes tuviesen sus vacaciones en invierno. Sería deseable, en cambio, que en verano permaneciesen allí.

El espíritu de la nueva Escuela debe negarse a hacer nada caprichosamente y porque sí, debe resistir a cuanto sea «querer sacarse las cosas de la cabeza». Debe, por el contrario, consistir en *ceñirse a la realidad* y, como el buen navegante de vela, *ceñirse al viento* y saber ir de bolina, a fin de extraer sus normas siguiendo la inspiración que toda realidad lleva dentro y que, si se la mira con respeto, devoción y entusiasmo, nos comunica.

Dócil al ritmo cósmico, la Escuela tendrá dos formas de vida: la inverniza que dura prácticamente todo el año y la estival que va de comienzo de julio a fines de septiembre.

La diferencia entre ambas debe ser radical. El espartanismo invernizo, *sin renunciar* a sus normas básicas, debe complementarse con lo más contrapuesto a él: con Versailles.

Aspen es y, sobre todo, puede ser en grado intenso el lugar de veraneo más elegante,

the glass of fashion and the mould of form,

como Shakespeare dice.

Este mundo *auténticamente* elegante deberá ser atraído precisamente por el estilo espartano de Aspen, es decir, que se le hará considerar como elegante *no contar* con grandes hoteles lujosos, teatros, etcétera, etcétera, sino, al revés, moldearán durante ese tiempo veraniego su elegancia de lujo a la elegancia de sobriedad. Es preciso contar sobre todo con mujeres de verdad «distinguidas».

Aquí viene a insertarse todo lo que Aspen es y puede ser *aparte* por completo de la nueva Escuela: deportes estivales en los deliciosos valles con la nieve al fondo, *saison de haute musique*, etcétera.

Junto a esto la Escuela *añadirá* en estío a su *curriculum* normal una serie de cursos y conferencias —no muy numerosos— que reúnan allí a cinco o seis personas de *sumo rango intelectual*. Es *imprescindible* para que sea fértil su convivencia que posean aproximadamente el *mismo nivel* mental. No importa que uno piense A y el otro B. Lo que importa para que sea fecunda su reunión es que sus opiniones contrapuestas A y B se produzcan al mismo nivel. En cambio, es estéril que dos piensen A pero cada uno a distinto nivel. (Guárdeme este juicio confidencial: la reunión de las personas que firmaron una carta dirigida a *mister* Hutchins sería totalmente infecunda porque son personas de muy diferente nivel intelectual y sus conversaciones sólo pueden producir un guirigay).

Los temas de esos cursos, conferencias y coloquios deberán ser muy vivaces, hondamente humanos y, aun habiendo de ser tratados con todo rigor científico, de gran interés para el público en general.

Con esta articulación del Aspen como *social summer season* y el Aspen escolar se consiguen de un golpe varias cosas.

Una: los estudiantes que han vivido el resto del año fuera del «mundo», quiero decir de toda «mundanidad», se ven súbitamente sumergidos en él —y en el «mejor mundo»—, intelectual y socialmente.

No es necesario que los estudiantes traten de modo individual e inmediato a las personas que integren ese «mundo selecto» —selecto por su «elegancia social» o por su altitud intelectual. *Basta* con que los vean vivir. Este vivir de aquellas personas —femeninas o masculinas— irradia su ejemplaridad sobre las almas jóvenes de modo muy suficiente aun no entrando en relaciones personales. Hace cincuenta años esto pasaba en Europa: en muchos lugares —por ejemplo, en los «días de moda» en los teatros o en las grandes ceremonias científicas o literarias, los jóvenes tenían ocasión de *ver*, simplemente *ver*, a esas figuras ejemplares y esto actuaba sobre ellos, sin darse cuenta, con el carácter de modelos. La forma desorganizada, vulgarizada de la vida social en estos años ha hecho que esa posibilidad desaparezca y, sobre todo, las mujeres muy jóvenes, las *girls* no encuentran ocasión para recibir la formidable, decisiva impresión que es la *presencia de un modelo*. Conviene que las *girls* vean, desde cierta distancia, a esas mujeres ejemplares, que las vean *ser*, moverse, ostentar sus *good manners*.

Otra: se obtiene, a la vez, la utilidad inversa: que la «gente elegante» se encuentre por su parte sumergida en un medio intelectual y moral elevado, *sugestivo* y severo, es decir, en una dimensión de «elegancia» que suelen desconocer o tener menos presente. Como las *gens du monde* son mucho más sensibles y perspicaces de lo que se suele creer —Descartes hizo constar reiterada y expresamente que él pensaba lo contrario—, se sentirán rápidamente cargadas como de una nueva y exquisita electricidad, se interesarán por los esfuerzos intelectuales, perderán su horror —en parte justificado— hacia toda «pedagogía».

Se trata, pues, de crear en los veranos de Aspen un «mundo». Pero un «mundo» no es una aglomeración fortuita de individuos. Es preciso que esa convivencia quede *informada* por la unidad. No es poco, para lograr esta unificación, que asistan a los cursos y conferencias, a los cursillos y festivales —como aconteció ya en el Goethe Bicentennial con su paralelo musical. Pero esa unidad *no cuajará* si no hay un *instrumento de convivencia general* en Aspen que sea permanente. ¿A qué me refiero bajo este título?

Presumía usted en su carta, *dear mister* Paepke, que yo me iba a reír al recibir el anuncio de que proyectaban usted y sus asociados crear una Universidad en Aspen. Como ve usted la presunción no se ha cumplido. En cambio, creo bastante probable que sean usted y sus asociados quienes van a reírse al leer la última indicación de mi proyecto y que es ésta:

Lo que más falta hace en Aspen es un local donde quepan unas mil personas y en el cual puedan estar con holgura y comodidad, desayunar, hacer sus comidas, tomar el té, dedicarse a sus *drinks* y, en suma, encontrarse, *verse todas* juntas muchas veces al día. Sería como el *sitio de estar y coexistir unos para otros*, prácticamente todos, los concurrentes a Aspen. Este local no necesita ni debe tener más que su planta baja, con muros y techo de la menos costosa arquitectura y no creo que ofrezca dificultad lograr para él un buen servicio de restaurant, bar, etcétera. La superficie del local deberá estar formada por graderías a fin de que en su enorme espacio pudieran todos verse. Dejo a ustedes sonreír pero tengo mis largas razones para opinar que este *humilde detalle material es decisivo* para el proyecto que estas páginas brevemente sugieren.

El pecado mayor de lo que desde hace siglos se llama «espíritu» —yo detesto cordialmente la palabra— ha sido olvidar casi siempre que él no puede existir sin la llamada «materia» y no tener la consiguiente humildad de contar con ella.

Resumen de todo: se trataría de crear una Escuela Superior con el fin de educar a jóvenes, principalmente americanos, con la conciencia de que tienen que ser un grupo de la minoría directora que más tarde va a influir en todos los órdenes de la vida de los Estados Unidos.

Prólogo a *Schuld und Schuldigkeit der Universität*

A la hora de leer este ensayo se debe tener en cuenta que se trata de un impromptu escrito hace veintidós años y publicado, entonces, en español. Iba dirigido a la comunidad estudiantil en un período de disturbios, semanas antes del cambio de régimen que sustituiría la Monarquía por una República. En estos veintidós años se han llevado a cabo en todos los países de Europa transformaciones tan serias y decisivas que el problema de la reforma de la Universidad perdió importancia, se desvaneció incluso, viéndose las universidades obligadas o bien a cesar momentáneamente en su vida o bien a vegetar en la baja tierra de una existencia colectiva, sacudida por graves apuros y miedos.

Cuando leí este ensayo en su versión alemana, vi muy claramente la diferencia entre el presente y el período en el que este trabajo cobró vida. Esta diferencia consiste esencialmente en lo siguiente: las naciones continentales de antaño eran, aunque ya sociedades enfermas, sociedades normales al fin y al cabo. Conservaban su estructura y su perfil, de tal manera que cuando se hablaba de la Universidad se tenía ante los ojos esa forma de corporación colectiva nacional.

Las sociedades nacionales se encuentran hoy, sin embargo, en un estadio de tan radical remodelación, que no poseen en absoluto estructura alguna y su aspecto se ha difuminado. Razón de más para que las ideas de reforma aquí expuestas puedan conservar todo su valor e incitar a una reforma de la Universidad, en el caso que ésta algún día tenga nuevamente visos de poder llevarse a cabo.

Abril, 1952

[Apuntes sobre una educación
para el futuro]

I

El *Board of the Fund for the Advancement of Education* nos comunica su convicción de que «the *primary* problem in the advancement of education is the clarification of educational philosophy», pero que ésta es, a su vez, imposible de lograr sin «a general philosophical clarification as broad and deep as the whole sphere of fundamental ideas». A este razonamiento del *Board of the Fund* no parece que pueda oponerse ninguna objeción. La idea de la educación lleva inevitablemente a la idea de una teoría de la educación, y ésta, a su vez, reclama, con ineludible lógica, una teoría general de las cosas humanas, «a general philosophical clarification», en que la teoría de la educación pueda hallar sus sólidos fundamentos. Hasta aquí vamos en un impecable movimiento teórico que nos hace avanzar de una idea a otra.

Mas cuando el *Board of the Fund* quiere dar un paso más en su razonar, advierte que no puede porque al buscar esa «general philosophical clarification» se encuentra con que en vez de una existen hoy varias diferentes, contrapuestas y que chocan entre sí haciendo imposible una orgánica y sólida doctrina sobre la educación. Esta advertencia no es ya un mero paso en el puro razonamiento teórico, sino que es haber tropezado con un hecho bruto, con el hecho histórico en que estamos sumergidos, al que el *Board of the Fund* llama «the philosophical diversity of our time». Esto le lleva no a rectificar, pero sí a suspender su anterior razonamiento, convencido de que es ineludible aclarar este hecho, sus causas y sus consecuencias para la educación antes de seguir la trayectoria que comenzó por dibujar. Por esto nos propone que nos ocupemos de él.

Si ahora recordamos cuál fue el punto de partida, descubrimos que hemos llegado a una situación paradójica y que teóricamente parecería una contradicción, pues comenzamos diciendo que el «*primary problem* in the advancement of education» era «the clarification of educational philosophy», pero ahora resulta que antes de ese «*primary* problem» hay todavía otro al cual no hemos llegado por un razonamiento, sino que se nos ha impuesto en forma de hecho bruto: la «philosophical diversity of our time». ¿Era un error llamar [a aquél] *primary problem* para quien desea trabajar en el «advancement of education»? Yo creo que no; estaba bien llamado así porque en buen orden teórico era aquél el primario. Pero antes de toda teoría el hombre se encuentra siempre con un problema anterior en la realidad a todos los demás y que llamaremos «previo». En efecto, el hombre se encuentra siempre con un problema previo que es su tiempo, el tiempo en que le acontece vivir, cuyos rasgos son siempre distintos de los de otros tiempos. El carácter histórico de la realidad humana hace del hombre inexorablemente un siervo de la gleba que es «our time». Hay etapas en que ese problema previo apenas es percibido, apenas es cuestión, pero hay otras en que «our time» se interpone angustiosamente entre nuestra persona y todo lo que quisiéramos hacer y ser. Nos hallamos en una etapa de esta última clase, y por eso el *Board of the Fund*, al querer echar a andar, ha tenido que tropezar con «our time» bajo el aspecto de lo que llama «philosophical diversity» del presente.

Nos invita a que estudiemos esa «philosophical diversity», cada cual bajo el aspecto que le parezca más importante. Lo que acabo de decir indica cuál es el que voy a atender más en las conversaciones de estos días, y que puede formularse así: muchas veces en la historia ha existido «philosophical diversity» y, aun cuando siempre ha sido un estorbo para la educación, no ha solido ser una dificultad tan grave como lo es hoy. Se trata, pues, de que en el presente la «philosophical diversity» muestra caracteres de una gravedad insólita, tal vez única, pero estos graves caracteres se originan en la insólita situación general donde el hombre se encuentra hoy, que sólo puede aclararse si se tienen en cuenta todos los otros rasgos peculiares de nuestro tiempo.

Con esto queda anticipado cuál va a ser mi dictamen sobre la nueva Institución que el *Board of the Fund* proyecta. Ésta deberá ser, a mi juicio, completamente distinta de todas las que existen, pues no parece haber urgencia de crear un organismo más que siga cultivando las disciplinas tradicionales mientras hay un problema enorme, urgente, angustioso que espera ser estudiado a fondo por equipos de personas capaces. Este problema es el previo, es «our time». Cómo esto pueda concretamente hacerse es cosa que intentaré sugerir en alguna de las próximas sesiones. La forma de una Institución intelectual, si es ésta auténtica, justificada y original, viene dada por la peculiaridad del problema mismo sobre el cual se le encarga trabajar.

II

Parto de suponer que el *Board of the Fund* entiende por filosofía, según el uso que esta palabra tiene en la lengua común de América, toda idea o interpretación general del mundo y el hombre. En este sentido una religión es una filosofía, pero hay filosofías que no son religiones sino cuerpos de doctrina que son o pretenden ser científicos. «Philosophical diversity» significaría que en una colectividad, sociedad, pueblo, nación o como se le quiera llamar, existe una pluralidad de tales interpretaciones del mundo y del hombre. En este sentido la «philosophical diversity» ha existido casi siempre y en todas partes a lo largo de la historia, pues ha solido haber algunos individuos que pensaban sobre el hombre y el mundo de distinta manera que los demás. Mas entendida así no interesa a nuestro propósito la «philosophical diversity». Ésta empieza a interesarnos cuando cada una de esas filosofías ha sido adoptada y es sostenida por una porción amplia del cuerpo social. Entonces la «philosophical diversity» representa un índice del estado de disociación, de insuficiente cohesión en el cuerpo social. Esto ya es más grave que una simple divergencia en las maneras de pensar.

Vista así, en su realidad histórica, la «philosophical diversity» se nos presenta con dos dimensiones: una, la extensión de cada una de las filosofías en el cuerpo social; otra, el grado de divergencia y, por tanto, de incompatibilidad entre ellas. Estas dos magnitudes nos permiten poner en ecuación la importancia que en *cada* momento de la historia ha tenido la «philosophical diversity».

En Europa, hasta la Reforma, esas dos magnitudes, a saber: la incompatibilidad y la extensión de las diversas filosofías, no tuvieron verdadera importancia. El caso más agudo, pero breve en el tiempo y reducido territorialmente, fue la herejía albigense.

Mas la Reforma dividió en dos bandos varias naciones de Europa, y eso que se trataba de dos filosofías que tenían una base común —el cristianismo. Sin embargo, la escisión de los cuerpos sociales fue tan honda que originó la época llamada de «las guerras de religión». El cansancio de la lucha trajo consigo que, por primera vez, surgiese en Europa el principio de la tolerancia; al que el filósofo Locke dio expresión teórica.

Pero, a su vez, la tolerancia hizo posible que se extendiese por todo el Occidente una nueva filosofía, que no era religiosa: el racionalismo del siglo XVIII. Esta filosofía llevaba en sí un imperativo que hasta entonces no había actuado en la historia: el imperativo de reformar. Siempre se habían hecho reformas en tal o cual punto de la legislación y, a veces, la reforma había sido de grandes proporciones pero nunca se había sido «reformista», esto es, nunca se había reformado por principio y con la voluntad formal de reformar. Es más, precisamente las reformas más grandes no habían sido premeditadas, sino que fueron más bien resultados.

El cambio mayor en la historia antigua, que es la transformación de la República romana en Imperio romano, no fue realizado según una idea preconcebida. La verdad es que nadie, ni siquiera César, y menos aún Augusto, quiso por anticipado la extraña forma de Estado que fue el Imperio romano. Esto es verdad hasta tal punto que cuando hoy, retrospectivamente y con todos los hechos a la vista, intentamos definirlo como institución jurídica, no nos es posible. Fue un hecho gigantesco que no fue nunca un derecho.

El racionalismo del siglo XVIII se proponía reformar el Estado radicalmente. Este propósito era en sí mismo revolucionario, pues equivalía a romper en el orden político toda continuidad con el pasado. Tal intento tenía por fuerza que desembocar en el terrible acontecimiento que fue la Revolución francesa, y en los otros, menores de apariencia trágica, pero del mismo sentido que se produjeron en todas las naciones del continente europeo. Este racionalismo reformista era menos compatible con las religiones tradicionales que éstas entre sí. Por eso, la Revolución dejó más profundamente escindido el cuerpo social en cada nación que las guerras de religión. Esta escisión se ha perpetuado hasta el día actual.

Sin embargo, por muy divergente que fuera el racionalismo reformista de las filosofías religiosas antes reinantes, la incompatibilidad no era extrema. Bajo sus profundas diferencias quedaba aún un subsuelo de creencias comunes a que en la lucha se podía recurrir. Estas creencias comunes se pueden resumir en estos tres títulos: todos creían en la cultura —en las ciencias, en las letras, en las artes, en la técnica. Aunque con algunas reservas, las religiones se hacían solidarias de eso que acabo de llamar cultura. La segunda creencia común consistía en la aceptación de las normas morales que en los siglos precedentes habían sido establecidas. La tercera creencia era la idea de patria. Este fondo común, después de la turbulencia revolucionaria, quedó destacado y como en primer término, compensando la efectiva escisión que seguía existiendo en cada pueblo. Así fueron posibles las etapas de calma interior que las naciones gozaron durante el siglo XIX.

El panorama hasta aquí dibujado no lleva otra intención que hacer posible, por contraste con él, caracterizar, en poquísimas palabras, la «philosophical diversity» actual.

III

¿Qué rasgos de ella saltan más a la vista cuando se quieren buscar hoy las bases para una «educational philosophy»?

El racionalismo reformista era radical en la ejecución de su programa, pero el programa de sus ideas, es decir, su *philosophy*, no era radical, sino que conservaba, como he dicho, todo un fondo que le era común con las otras *philosophies*. La disociación del cuerpo colectivo se hizo muy profunda; por decirlo así, los dos segmentos de la nación quedaban separados hasta el suelo pero continuaban unidos en el subsuelo —en la fe en la cultura, en la adhesión a una moral común, en la fidelidad a la patria.

Mas a comienzos de este siglo, la expansión del socialismo inicia una situación nueva. El socialismo —me refiero a la filosofía socialista— no reconoce los valores de la cultura. No acepta la ciencia sino en la medida en que se ponga al servicio de la clase proletaria y análoga actitud adopta frente a las letras y las artes. Tampoco se inclina ante la idea de patria. Al contrario, reclama de los obreros que se disocien totalmente del resto de su nación y se unan a los obreros de los otros países. Con la agudización del socialismo en la forma del comunismo se da el último paso en la escisión. El comunismo ataca íntegramente la moral establecida sustituyéndola por otra que es contradictoria de aquélla. Por ejemplo, el hijo tiene obligación de delatar a su padre.

Con esto ha desaparecido por completo aquel subsuelo común sobre el cual las naciones de Occidente —y me refiero especialmente al continente— podían vivir con un residuo de unidad interior. Ahora, la incompatibilidad de las filosofías se ha hecho extrema.

De esta manera se ofrece a nuestra vista el primer rasgo característico de la «philosophical diversity» en nuestro tiempo, a saber, el extremismo. Porque inevitablemente el extremismo comunista ha motivado que se vuelvan extremistas otras filosofías. La negación extrema de la idea de patria suscitó las filosofías nacionalistas no menos extremistas e incluso las religiones tradicionales comienzan a adoptar actitudes extremas dondequiera que el poder público les es favorable.

No es, sin embargo, el extremismo a que acabo de referirme el rasgo que me parece más grave, con serlo mucho, en la actual «philosophical diversity». Hay otro lado del ingente fenómeno que debe preocupar más.

Hasta comienzos de este siglo el sistema de valores y de normas que llamamos «cultura occidental», había actuado como un freno que impedía las actitudes extremas. La cultura representaba un repertorio de instancias últimas a que era posible recurrir con la confianza de que imponían su autoridad sobre las almas. Por ejemplo: el hombre occidental tenía fe en la razón y ello hacía de ésta una instancia suprema a la cual someter las contiendas y las discrepancias.

Mas el predominio que aquellos extremismos han adquirido en amplísimas porciones del mundo occidental demuestra que el freno de la cultura se ha debilitado y esto no podría haber acontecido si la cultura occidental misma no se hallase en un estado anormal. Por ello, me parece difícil que pueda estudiarse adecuadamente la actual «philosophical diversity» si no se desplaza la atención a contemplar ese estado anormal de nuestra cultura, porque en todas sus dimensiones surgen fenómenos inquietadores desde hace treinta y cuarenta años.

Baste traer al recuerdo lo que hoy es la pintura o la música o la literatura. No se trata de la apreciación personal que esos productos nos merezcan sino de que ostentan caracteres incuestionablemente extraños, donde se manifiesta una voluntad de ruptura con la continuidad cultural no sólo de Occidente, sino de toda cultura conocida. La cosa es grave porque el arte, merced a que es un elemento muy tenue, suele ser la producción humana que más pronto acusa las tendencias profundas que germinan en el hombre, como el humo de las chimeneas anuncia los cambios de los vientos. Lo menos que se puede decir es que el arte de nuestro tiempo es todo él problemático y que en él se manifiesta también la condición de extremista, como si el arte hubiera llegado a su extremo.

Lo propio acontece con la técnica. Su prodigioso avance ha dado lugar a inventos en que el hombre, por vez primera, queda aterrado ante su propia creación. En nada como en esto aparece tan clara la situación actual del hombre, que es como si hubiera llegado al borde de sí mismo. La técnica que fue creando y cultivando para resolver los problemas, sobre todo, materiales de su vida se ha convertido ella misma, de pronto, en un angustioso problema para el hombre.

En fin, si dirigiésemos una mirada al fondo más íntimo de las ciencias fundamentales —física, matemática, lógica—, que son como las barras de oro que garantizaban el crédito de nuestra cultura, es posible que descubriésemos síntomas en algo parecidos a los más visibles y gruesos que acabo de recordar. Ahora bien, en este caso —y es ello una prueba más de la ejemplaridad de estas ciencias— esos síntomas desazonadores no proceden de una decadencia en las citadas disciplinas, de que sean cultivadas defectuosamente, sino todo lo contrario. Ha sido precisamente el glorioso progreso que aquellas ciencias han gozado en los últimos tiempos lo que ha producido el hecho que, acaso inadecuadamente, se suele llamar «la crisis de los principios en física, matemática y lógica».

De la manera más subrayada quisiera acogerme a lo que en este caso se manifiesta con perfecta claridad, a saber, que la situación difícil a que una actividad humana llega no significa, por fuerza, defecto o degeneración, sino que puede haberse originado en el progreso mismo de esa actividad. Por mi parte, generalizo esta advertencia extendiéndola a todo lo que antes he dicho. De este modo, el inventario de caracteres problemáticos que he hecho, aludiendo a fenómenos de todos sobradamente conocidos, no implica una visión pesimista de nuestro tiempo, pero sí lleva la intención de hacer notar lo siguiente.

La dificultad extrema en la actual «philosophical diversity» para elaborar una sólida filosofía de la educación que oriente un importante «advancement of the education», no parece que pueda, de manera fértil y firme, ser tratada si no se hace antes un estudio a fondo de la situación humana en nuestro tiempo. Ésta es de tal modo nueva y problemática que no puede ser interpretada y entendida mirándola desde el pasado, con los conceptos ya establecidos y más o menos tradicionales, sino que exige ser planteada como un ingente problema de nuevo estilo. Y lo que sorprende es que existiendo tantos hombres que tienen clara conciencia del problematismo de nuestro tiempo, que se sienten en su misma vida práctica desorientados y con frecuencia gravemente angustiados, no se haya intentado nunca estudiar enérgicamente y en amplia colaboración qué es y por qué es así nuestro tiempo. No creo que haya cuestión más importante ni más digna para ocupar la atención de un organismo, dedicado a intentar en grande el «advancement of the education».

IV

The Committee of the Board of the Fund manifiesta su convencimiento de que sería necesario crear una nueva institución con la finalidad de estudiar a fondo todas las cuestiones que es preciso aclarar si se quiere constituir una sólida «educational philosophy». Tanto en el *report* del *Committee* como en otras comunicaciones que nos han sido hechas, aparece en muchas de las fórmulas empleadas una conciencia muy viva de que nos encontramos en una situación confusa de ideas que impide proceder, sin más, a la elaboración de una «educational philosophy». Mas, por otra parte, *the Committee* parece orientar, desde luego, su proyecto en la figura de la *Royal Society* y esto, a mi juicio, modifica por completo el sentido de aquellas fórmulas. La creación de la *Royal Society* no partía de hallar ante sí una situación confusa de ideas y actitudes sino todo lo contrario, de una fe precisa y clara en la conveniencia de fomentar el cultivo de ciertas disciplinas científicas que durante el siglo anterior habían sido iniciadas y que, en efecto, iban a ser, en su magnífico desarrollo, el tesoro más característico de la cultura occidental en su época moderna. Ni la Universidad, tal y como era entonces, ni fuera de la Universidad existían organismos encargados de la investigación en el sentido de las nuevas ciencias. Motivo semejante llevó a la instauración del *Collège de France*. Éste se proponía estudiar las nuevas disciplinas humanísticas frente a la *Sorbonne* que perpetuaba las tradiciones intelectuales de la Edad Media.

Por este camino se llegaría a que la Institución proyectada fuese tan sólo una más entre los muchos organismos hoy existentes que se ocupan de las ciencias para nosotros ya tradicionales y de sus crecientes especializaciones.

Sin duda, añadir a las que ya hay una Institución más de este tipo es una obra estimable, pero no parece que su creación y funcionamiento modificase en medida apreciable la figura de nuestro estado cultural.

Reconozcamos —pues el hecho es de sobra patente— que vivimos una coyuntura cultural aproximadamente inversa de la que inspiró aquellas ilustres Instituciones. No es hoy urgente crear un nuevo organismo «to stimulate, support and give status to scientific inquiry» porque hay muchos que sirven esta función. En cambio, sí es urgente, como el *report* dice, «a clarification of the basic ideas and concepts of western culture». Este tema, debidamente precisado —luego haré alguna indicación sobre ello—, sí es una materia de gran magnitud histórica que no ha sido nunca estudiado cooperativamente y cuya clarificación sería una de las acciones más fértiles y de más profundas consecuencias para el inmediato porvenir. Haber tenido la conciencia de su importancia y haber sentido la voluntad de acometer la empresa bastarían para enaltecer el espíritu que reina en *the Board of the Fund*.

Pero es preciso no confundir ese magnífico tema con el habitual consistente en el progreso de las ciencias. Este progreso es más bien sobrado y lo que, en cambio, se muestra cada día más necesario y más urgente, es un progreso en la claridad sobre la situación presente del hombre occidental.

Debíamos sorprendernos más de que no se haya hecho ningún ensayo para reunir unos cuantos hombres de mentalidad adecuada que trabajen colectivamente y con continuidad sobre esta cuestión. ¿Cómo se explica la falta de tal intento? Tal vez proceda de varias causas, pero hay una que me interesa designar.

Hay en las ciencias y en los hombres que se interesan en su fomento una tendencia a no reconocer como problemas que pueden y deben ser científicamente estudiados más que aquéllos que surgen dentro del desarrollo interior de cada ciencia. Un problema humano que sentimos actuar gravemente sobre nuestras vidas pero que no se presenta con un perfil que permita adscribirlo a ninguna ciencia determinada, queda fuera de todo tratamiento intelectual riguroso.

Mas el caso es que las ciencias modernas —y cosa semejante cabría decir de las iniciadas en Grecia— nacieron de la resolución que algunos hombres tomaron de reflexionar sobre problemas que no gozaban de previa consagración teórica sino que eran problemas de la práctica humana. Recuérdese a Galileo joven ocupándose de las grúas, cabrestantes y poleas del puerto. Allí surgió la física. La biología que hasta muy entrado el siglo XVIII consistía casi exclusivamente en anatomía y sistemática se puso en movimiento para ser una ciencia completa gracias a que los médicos —no los teóricos de zoología y botánica— para curar a sus enfermos se decidieron a adelantar hipótesis e investigaciones, de las cuales nació la fisiología y, con ella, el enorme desarrollo de las disciplinas que estudian los cuerpos orgánicos.

Adhiero completamente al *report* del *Committee* cuando dice que «the clarification of educational thought depends upon a philosophical clarification as broad and deep as the whole sphere of fundamental ideas».

Pero esta empresa es tan extensa que amenaza con el peligro de que la nueva Institución se pierda en su vasto horizonte. Es preciso, pues, proceder paso a paso y representarse el trabajo que en aquélla ha de hacerse, dividido en etapas sucesivas.

Por ello pienso que el método práctico para llegar a una «educational philosophy» no es comenzar por obtener esa «philosophical clarification», cuyo perfil de cuestiones es difícil precisar de antemano. Lo primero, a mi juicio, es lograr una visión clara de la figura concreta que hoy tiene la vida del hombre occidental.

No conviene perder de vista la intención originaria que es la educación. Se trata de constituir un sistema educativo para las próximas generaciones. ¿No es ineludible sentirse en posesión de una idea clara sobre cuál va a ser, en sus líneas generales, la estructura de la vida dentro de la cual van a hallarse esas generaciones? Si creyéramos que en el presente predominan los rasgos tradicionales de lo que ha sido la existencia para el hombre occidental, tal vez podríamos despreocuparnos de hacer pronósticos sobre el inmediato porvenir. Pero la realidad es que el presente mismo nos es problemático. Esto obliga a estudiarlo lo más hondamente que sea posible, porque el porvenir fermenta ya en el presente, de modo que si se hace de la hora en que vivimos un serio diagnóstico, hay grandes probabilidades de que podamos formar un pronóstico acertado. No basta con las intuiciones fragmentarias de tal o cual pensador individual ni cabe contentarse con la fisonomía superficial de nuestro tiempo que los hechos a la vista ofrecen. Hay que proceder con rigor y amplitud a su estudio.

Por no seguir este método se ha hecho casi constitutivo en la pedagogía moderna un tenaz anacronismo sobre el que acaso tenga ocasión de hablar en nuestras conversaciones, pero que últimamente radica en que las ideas educacionales están casi siempre retrasadas respecto a las formas de la vida imperantes. Se olvida demasiado que la educación es preparar en el presente vidas futuras.

Pensando así yo me representaría la Institución X de esta manera:

1.º Se comenzaría por reunir un grupo de unas cuantas personas de superior capacidad, cuya primera ocupación sería llegar, aproximadamente, a un acuerdo sobre cuáles son los caracteres de nuestro tiempo más inquietantes y problemáticos.

2.º Una vez logrado eso, el grupo inicial, juntamente con el *Committee of the Board*, encargaría a equipos de hombres adecuados para que estudiasen a fondo cada uno de esos caracteres.